グローバル・マーケティング論

古川裕康 著

GLOBAL
MARKETING

文眞堂

はじめに

　企業経営を考えるうえで，グローバル・マーケティングは欠かすことができない。現在，ヒト・モノ・カネ・情報といった経営資源を国内市場のみから調達することは難しく，また海外の消費者と触れ合う機会も多いのが現状である。国境を越えたマーケティング活動を国際マーケティングと呼ぶが，その現代的な姿がグローバル・マーケティングである。本書はグローバル・マーケティングの役割，概念，動向を整理・分析・検討することを目的にして書かれている。

なぜ企業経営にグローバル・マーケティングの考え方が必要なのか。
いつ，どのように企業はグローバル・マーケティングへと足を踏み入れるのか。
どのようなプロセスを経てグローバル・マーケティングは展開されていくのか。
なぜ海外市場への適応だけでは成果が得られないのか。
何が各国・各地域の差異を決定づけているのか。

　本書ではこれらの点について，グローバル・マーケティングに関する既存研究を基に検討する。ただしグローバル・マーケティングの研究領域は極めて学際的である。グローバル・マーケティング研究は関連する研究領域の知見を得ながら発展してきた歴史を持つ。特に，開発経済論，国際経営論，国際貿易論，産業組織論，消費者行動論，多国籍企業論，ブランド論，文化論，マーケティング論（※五十音順）から影響を受けて発展してきたのがグローバル・マーケティング「論」の特徴である。角松（1983）は国際的なマーケティング研究は射程に消費者を含めた外部環境の広範な部分と企業内部の行動の双方を含むことから，経済学と経営学を架橋する役割も担っているとしている。本書ではこのような特徴を持つグローバル・マーケティングについて，関連領域の知見を踏まえながら捉え直している。

ニーズの収斂

　グローバル・マーケティングにおいて最も重要なポイントが「グローバル化とローカル化」のせめぎ合いである。このポイントには世界におけるニーズの収斂が関係している。1980年代，世界の市場は同質化し人々のニーズが収斂していくのではないかという議論が沸き起こった。Levitt（1983）は，将来今よりも格段に低いコストで人や物を全世界へ輸送できるようになると予測し，通信技術の発展が人々のニーズを画一的なものにしていくだろうと考えていた。これを踏まえて現在の状況を考えてみよう。今や各種流通コストが低下し，世界各地で企画・生産・製造・販売まで一貫して実施するグローバルSCM（SCM：Supply Chain Management）を展開する企業が登場している。またLow Cost Carrier（LCC）と呼ばれる格安航空会社が多く登場し，我々は安い価格で世界を移動できるようになった。そしてコミュニケーションの手段についても，低コストもしくは無料で情報交換や情報発信まで容易に実施できる時代となっている。

　このような時代であるにも関わらず，Levitt（1983）の主張するようなニーズの画一化が完全に進展しているとは考えられない。Ghemawat（2007）は，世界が今までより「違い」を意識する時代へ突入したと主張している。そのうえで，文化，制度，地理，経済の4側面が違いを生み出す要因であるとしている。また古川（2016）は，人々が諸外国への理解を深めることで，外国と自国との違いをこれまでよりも深く認識し感じるようになったと指摘している。

　更に今後，ヒト・モノ・カネ・情報はより容易に世界を駆け巡るようになるだろうし，ビッグデータやAIの進展・発展によってその効率性も高まるだろう。しかしその一方で1980年代に議論されたような市場の画一化は，今後も完全には進展しないと想定される。確かに部分的には消費者のニーズは収斂する傾向にあるが，未だに「違い」が重要視されている。グローバル化とローカル化が入り乱れた状態のことを「セミ・グローバリゼーション」と呼ぶ。セミ・グローバリゼーションの時代に，企業はいかに国・地域間の共通性と異質性をマネジメントすることができるのだろうか。

　グローバル・マーケティングという研究分野に与えられた使命はこの問いに答えることだと筆者は考えている。冒頭に示した複数の問いは全てこの問いに

繋がっている。異質性をマネジメントするためには，まず世の中にどのような
種類・内容の異質性が存在しているのかを十分に理解する必要がある。本書で
は同質性，そして異質性を企業はどのようにグローバル・マーケティング活動
において対応してきたのかといった点や，グローバル・マーケティングの観点
から思考を整理するための各種理論・フレームワークについて検討する。

社会経済とグローバル・マーケティング

　グローバル化とローカル化はダイナミックに揺れ動いている。たとえば自由
貿易協定に伴い流通の国際化が進展する時もあれば，保護主義に突き進むこと
で自国第一主義となる時もある。このようにダイナミックな変化を引き起こす
社会経済に企業活動は大きな影響を受ける。ただし社会経済を前にして，グ
ローバル・マーケティングをはじめとした企業行動が無意味かと言われれば決
してそうではない。もちろん社会経済が要因となって，企業行動が生まれるこ
ととなる。しかし企業行動そのものが，周囲にある環境を変化させることもあ
りうる。竹田（1998）は，社会経済は個別企業の戦略に影響をもたらすとして
いる。しかしその一方で，企業行動もまた社会経済へ影響をもたらすと主張し
ている。この繰り返しを以て，社会経済と企業行動が相互作用の形をとってい
るのである[1]。社会のグローバル化が進展すれば，それに伴い企業の国際化が
進む傾向にあるだろう。その結果，市場での競争が激化することが想定され
る。競争激化の結果，企業が国内外の取引先との提携を活発化させ，多国籍企
業が格段に安いコストで製品を生産・製造・販売することもあるだろう[2]。ま
た市場を支配してしまう様な模倣困難性を持つ製品やマーケティングで現地企
業に脅威をもたらす多国籍企業が出現した場合，国内産業を保護するための政
策が形成されるきっかけとなることも考えられる。

　また世界的な疫病についても社会経済の状況を大きく変化させた。2020年
に世界的流行となったCovid-19は世界の経済を分断し，企業の活動も制限さ
れるまでに甚大な影響をもたらした。しかしその結果として，インターネット
を介した企業活動は促進され，世界各国における人々とのコミュニケーション
はオンラインで活発化するようになった。Covid-19の世界的流行が結果的に
世界の地理的な距離を縮めたといえる。しばらくの間，各国の保護主義は継続

し経営資源の移動も減少することになるが，情報という資源に限れば国際的な移動は更に活発化するであろう。Google や Amazon の様に経営資源の中でも「情報」に強みを持つ企業の諸活動が，今後新たにグローバル・スタンダードを形成し，社会経済の姿を変化させていくことも考えられる。

　社会経済は一方的に企業行動を規定するものではなく，企業行動も社会経済に影響をもたらすのである。本書では社会経済に影響を受けながらも，それに影響をもたらす企業行動の一環としてグローバル・マーケティングを位置づけている。

製品と商品

　本書では一貫して製品と商品という呼称を使い分けている。本書において製品とは企業の提供する財のことを意味し，商品とは財と便益を合わせたものを意味している。グローバル・マーケティングに関するこれまでの諸研究においては製造業が主体として想定されることが多く，企業がどのように製品を作り，販売するかという点に焦点が当てられてきた。しかし近年では製品が保有する品質，機能性や価格の範疇を超えた価値の提供がマーケティングに求められている。この価値を本書では便益と呼び，第4章において整理する。グローバル・マーケティングにおいてサービスの役割が増大してきたことも製品と商品を使い分ける背景の一つである。既存研究が製造業を主体として検討されてきた以上，本書でも製造業が主体となる議論が多々登場するが，「ものづくり」のみに頼らない商品の創造がグローバル・マーケティングにおいては肝要である。

　また同様に本書では生産と製造という言葉も使い分けている。本書において生産とは，何もないところから天然資源等を用いて財を作り上げることや無形のサービスを作り出すことを意味する。そして製造とは，加工や組み立てを意味する。生産と製造には重複する箇所も多いが，意図的に言葉の使い分けをしている。

本書の構成

　図表 0-1 に本書の構成を示した。本書ではグローバル・マーケティングの役

割・進化を整理した後，その展開プロセスについて日本企業の抱える課題を踏
まえながら検討する。次に，市場参入における企業のモチベーションや参入形
態について取り扱い，市場環境について触れていく。市場環境に関しては，特
に国や地域に関するイメージやバイアス，そして文化について検討を重ねてい
る。そして本書の最後は，環境適合とグローバル・マーケティングへの反映に
ついて検討している。環境への適合やそれによる失敗は，グローバル・マーケ
ティングの展開に修正を加えることとなる。このように展開プロセスの検討，
参入形態の決定，環境の把握，環境への対応は循環し，グローバル・マーケ
ティングを発展させ続けている。そのため図表 0-1 においても矢印が循環する
形にしている。

図表 0-1　本書の構成

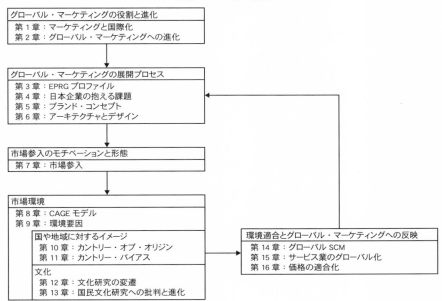

出所：筆者作成。

グローバル・マーケティングの役割と進化

　第1章と第2章においては，グローバル・マーケティングの役割と進化に焦点を当てている。グローバル・マーケティングを検討する場合，国内マーケティングの概念を理解しておく必要がある。

　そこで第1章ではまず国内マーケティングの概念を整理することにした。本書ではマーケティングを「何のために・誰に・いつ・何を・どこで・どのように提供するかに関する活動」と定義している。「何のために」という点が冒頭に来るのが本書におけるマーケティング定義の特徴的な点である。この点は，第3章，第4章，第5章の考え方とも繋がってくる部分である。また国内マーケティングが国境を越えて国際マーケティングへと移行するポイントについて整理し，国際マーケティングの現代的形態であるグローバル・マーケティングへの第1歩目について検討している。

　第2章では，国際マーケティングの進化について検討している。国内マーケティングが国境を超えることで，国際マーケティングの初期段階である延長マーケティングへ移行する。その後，多くの企業がマルチドメスティック・マーケティング，リージョナル・マーケティングといった段階へ移行し，最終的にグローバル・マーケティングへと進化を遂げることになる。国際マーケティングの諸段階においては世界標準化と現地適合化という点が重要な概念となる。本章では世界標準化－現地適合化を模索する考え方として，ハイブリッド方策，共通要素方策，複数パターン方策，共通分母方策，SCM，ブランド・コンセプト方策を整理した。

グローバル・マーケティングの展開プロセス

　第3〜6章においてはグローバル・マーケティングの展開プロセスについて取り扱っている。グローバル・マーケティングは企業要因，製品・産業要因，そして環境要因という順序で展開内容が検討される。

　企業要因の中でも本書が重要視しているのが企業のトップであるCEOの志向スタイルである。第3章においては企業トップの志向スタイルに関する研究としてEPRGプロファイルについて検討している。本章ではコカ・コーラ社の事例を基に，国際マーケティングの進化において企業トップの志向や方針が

どれほどの影響をもたらしているのかについて検討した。グローバル・マーケティングへの進化は，最適点を求めて一直線に突き進むものではなく，挑戦と失敗を繰り返しながら達成されていくのである。

　第4章では日本企業の抱える課題を通して，ニーズと便益の関係，マーケティング近視眼的問題，過剰品質問題について取り上げた。グローバル・マーケティングを通して単に消費者へ製品を届けるだけでなく，どのような価値を提供できるのか，世界の激変する動向の中において自社をどのように位置づけるのか，製品第一主義に陥っていないかといった点の理解がグローバル・マーケティング展開においては不可欠となる。

　続く第5章では，グローバル・マーケティングにおけるブランド・コンセプトの役割について検討した。国際的に事業を展開するにあたり，変化させてはならない部分と各国・各地域に合わせて変化（適合化）させなければならない部分が存在する。企業や展開ブランドの持つビジョン，ミッション，パーパス，コア・バリューといった点はブランド構築の要となる。この部分が展開国で異なれば，一貫性を欠きグローバル・ブランドは構築できない。本章では変化させてはならない部分をコア・コンセプトと呼び，各国・各地域に適合させる部分をサブ・コンセプトと呼んでいる。このようなブランド・コンセプト管理がグローバル・マーケティングにおいて肝要である。マーケティングの目的は，ブランドを構築することにある。

　第6章では，アーキテクチャと造形美としてのデザインの重要性について触れた。特に製造業においては，製品設計と国際展開の形態には深い関係性がある。海外を製造拠点として捉えた場合，自社の資本で海外に拠点を構築するのか，他社と提携しながら製品を作るのかによって進出形態は変化することになる。特に他社から提供されている部品を組み合わせて製造を実施する場合，模倣が最大の弱点となる。その点においては，造形美（デザイン）が差別化において重要な役割を果たすことになる。

市場参入のモチベーションと形態

　第7章においては市場参入について取り上げる。海外の市場に参入する際には，様々な動因（モチベーション）が存在している。競合他社には模倣できな

い能力を保有している場合，現地市場の資源や市場としての魅力が高い場合，取引に必要な各種コストを削減しようとする場合において，海外展開が実施されることとなる。特に自社で海外展開する範囲と，他社と協力しながら海外展開する範囲の割合によって参入形態（参入モード）は変化することになる。参入モードには主にライセンシング，フランチャイジング，契約生産，合弁展開（ジョイントベンチャー），クロスボーダー M&A が存在している。海外展開の計画内容，製品や産業の特性，展開予定国・地域の特徴によっても参入モードは変化する。

　また近年では，国内の競合他社と協力しながら海外の市場創りに注力する動向も出現している。国内では戦っていた競合であっても，海外市場という巨大な相手を前に協力する傾向は興味深い。本章では更に，市場参入におけるターゲティングにも触れている。高級品として参入し将来的にマスの消費者を囲い込むパターンと，マスの消費者を参入時に囲い込み，消費者のスイッチング・コストを高めるパターンが存在している。

市場環境

　第8〜13章においては市場環境について取り扱う。特に第10〜11章では国や地域に対するイメージ，第12〜13章では文化に焦点を絞っている。

　市場環境は文化・制度・地理・経済といった4側面から捉えることができる。第8章ではCAGEモデルから市場環境を捉える4側面について整理している。セミ・グローバリゼーションの世の中において，展開市場間の共通性と異質性の把握は必須である。文化・制度・地理・経済がグローバル・マーケティングへ与える影響の大きさは展開する製品や産業によって異なる。CAGEモデルでは母国と展開市場間の差異が小さい程，海外展開が発生しやすいとしている。しかし母国と展開市場間の差異が大きく，収益性が望めなくとも海外展開が生ずる場合がある。本章ではBOP（Base Of the Pyramid）市場，ならびに新興国・発展途上国におけるイノベーションの観点から本点について検討している。

　第9章では市場環境とマーケティングの関係性について検討している。「消費者ニーズの反映こそがマーケティングの真髄である」というのは誤解であ

る。マーケティングには消費者ニーズの反映だけでなく，消費者ニーズの「創出」も重要な役割として存在している。消費者ニーズをはじめとした市場環境への適応を追求し過ぎてしまえば，最終的にコモディティー化に陥る恐れがある。これはビッグデータや AI が急速に進展している現代においては特に注意しなければならない点である。本書ではデータドリブン・マーケティングのジレンマとしてこの点について検討した。

　特定の国や地域に対するイメージは消費者行動に影響を与える。第 10〜11 章では本点について取り扱っている。第 10 章においては，韓国によるコンテンツの海外展開と，各国・各地域における消費者の韓国製品関心度との関係性を検証している。検証の結果，コンテンツ戦略は当該国製品への関心度とポジティブな関係性が存在していることが明らかとなった。また第 11 章では，自国製品を積極的に購買しようとする消費者エスノセントリズムや特定国に対する嫌悪感・敵対心を意味するアニモシティを取り上げた。また外国に対して肯定的な態度の存在についても整理した。このようなカントリー・バイアスは時と共にダイナミックに変化する存在であるが，人々の行動と深く関連する要素であり定期的な理解・把握が求められる。

　文化はグローバル・マーケティングを検討する際に不可欠な要素の一つである。自社の組織マネジメントにおいても，現地の消費者理解においても，文化は常に大きな存在として立ちはだかる。第 12 章では，グローバル・マーケティングの文脈に限定しながら文化について整理している。文化はグループやカテゴリーとなる人々の間で共有され，学習によって後天的に習得する価値観の傾向である。また文化には，時と共に変化しやすいものと，変化が起きにくいものが存在していた。

　変化の起きにくい文化として国民文化という概念がある。国民文化の概念はグローバル・マーケティングの研究においても，実務においても大きな影響をもたらしている。しかしこの概念には批判も多く存在している。第 13 章においては国民文化概念にもたらされた批判について整理している。それだけでなく，本章では批判の一つを世界価値観調査（World Values Survey）のデータを用いて検証している。検証の結果，変化しにくいとされている国民文化にも変化が発生しており，特に国民文化に含まれる一つの指標は時と共に大きく変

化していることが示唆された。

環境適合とグローバル・マーケティングへの反映

　第 14～16 章では，市場環境に適合しながらグローバル・マーケティングを更に発展させる取り組みに焦点をあてている。

　第 14 章では世界各地で企画，生産，製造，販売といったバリューチェーンを展開し，世界規模で価値を創造するグローバル SCM を取り上げている。グローバル SCM は各国・各地域の制度に深く関係する性質を持つため，市場環境の変化に即してダイナミックに変化させざるを得ない。環境の変化を敏感に感知し，グローバル SCM を変化させるプロセスを経てグローバル・マーケティングの能力は構築されていく。

　第 15 章はサービスに焦点を当てた章である。いまや製品展開はサービス抜きに語ることはできず，製品とサービスは一体化しているものと捉えられている。ただしサービスが持つ無形性，品質の変動性，不可分性，消滅性，需要の変動性といった特徴が故に，サービスのグローバル化には多くのハードルが存在している。サービスのグローバル化には知識移転が重要な役割を担っている。本章では知識移転の形態と標準化－適合化の傾向の関係性についても検討している。

　最後に第 16 章では，グローバル・マーケティングにおける価格政策について検討している。特に（越境）EC の普及，人々のサービス評価の違い，シェア経済の浸透といった点が，海外市場における価格政策に大きな影響をもたらしている。同じ製品を異なる価格で海外展開すれば当然のことながら人々は不満を抱く。そのため所有権ではなく一時的な利用権といった形での価格展開や，現地に合わせたサービスの部分で価格を付加させる等といった取り組みが必要となるだろう。インターネットやサービスの発展に伴い，グローバルに価格政策を実施するにあたっては新たな視点が求められている。

　本書を読むうえで重要となるキーコンセプトは ① 環境への適合とニーズの創造，② 環境に左右されない一貫した軸の形成，③ 変化させない部分と変化させる部分の峻別，④ 一方的ではなく相互作用の関係の 4 つである。そしてこれらは「静－動バランス」を模索するという点で共通している。この観点を

頭の隅に置いたうえで，本書を読み進めて欲しい。

　なお本書の第5章，第9章，第10章については下記の発表論文をベースとして発展させたものである。

第5章

Furukawa, H. (2018), "Global Marketing Management Based on the Brand Concept : A Theoretical Framework", 『淑徳大学研究年報』, Shukutoku University, Vol. 1, pp. 241-252.

第9章

Furukawa H. (2019), "The Dilemma of Data-Driven Marketing in the Era of Big Data and AI : from the Perspective of Global Marketing and National Culture," *The Journal of Japan Society for Distributive Sciences (JSDS)*, No. 44, pp. 121-130.

第10章

古川裕康・寺﨑新一郎 (2018)，「原産国イメージと便益ベースイメージ研究の関係性」，『JSMDレビュー』，日本商業学会，第2巻，第1号，23-28頁。

[注]

1　竹田 (2000) では，社会経済と個別企業による戦略の関係について竹田 (1998) の議論を更に発展させ論じている。

2　本書において多国籍企業とは，複数国に跨って経営活動を展開している企業を意味する。

謝　辞

　本書は多くの方々の支えがあったからこそ執筆することができた。ここに感謝の意を表したい。

　まず私をグローバル・マーケティングの世界へ導いてくれたのが大石芳裕先生（明治大学）である。高校を卒業後，大学へ進学する気も無かった私は，大石先生の「反省しても後悔せず」というコラムを読みマーケティングの世界に深く足を踏み入れることになった。大石門下に弟子入りしてから何度も海外視察に同行させてもらい，調査の難しさや面白さだけでなく世界を自身の眼で見て肌で感じることの重要性を学ばせて頂いた。特に眼を輝かせて世界を周る先生の姿と，「現実を説明できない理論は無意味である」とする姿勢に，研究に対する取り組み方を学ばせて頂いた。そしてメールの書き方といった基本から，立ち振る舞いや人との接し方に至るまで，当時学生であった私が納得し理解しやすい言葉で熱心に教えていただいた。現在，私が学生に対して同じような愛の注ぎ方ができているかどうかが，教育活動において大事な基準となっている。大学入学から大学院の修了まで，9年間もの間，指導教官として根気強く筆者を育てて頂いた。大石先生が居なければ，私は研究者どころか，大学へすら入学していなかったかもしれない。心より感謝の気持ちを示したい。

　また大石先生の主催するグローバル・マーケティング研究会にも筆者は2008年から関わらせて頂き，グローバル・マーケティングの現場で起きていることを学ばせて頂いている。2020年現在において会員は3000名に及ぶ勢いで拡大し続けており，日本最大のグローバル・マーケティングに関する研究会となっている。本書においても，これまでの研究会で報告された内容を公開できる範囲で事例として挿入している。本研究会は参加者が年齢や役職を超えて対等に議論できる場となっている。そして産官学それぞれの会員が参加しているため，学術界で議論される一般性と実務界で発生する特殊性を架橋する必要性を常に，そして強く感じることができている。

　本書は大学院時代に私が同志と議論を重ね理解を深めてきた内容が骨格となっている。同時期に院生として在籍していた唐沢龍也先生（関東学院大学），

舟橋豊子先生（立命館大学），植木美知留先生（桃山学院大学），太田壮哉先生（近畿大学），原木英一先生（豊橋創造大学），そして留学生をはじめ現在実務で活躍している方々と，グローバル・マーケティング研究の現状と課題について日々共に議論した。本書には当時の議論を踏まえ，それぞれが論文や著書にした内容についても盛り込まれている。グローバル・マーケティングについて批判的に考えた日々が無ければ，本書も完成し得なかった。更に私が自立した研究者，そして教育者となってからも，原田将先生（明治大学），井上善美先生（淑徳大学），井上真里先生（中央大学），川端庸子先生（埼玉大学）には研究の内容に関することから，仕事に対する向き合い方に至るまで多くの助言を頂いた。この他，共同研究者の先生方も含め，私に関わってくださった全ての方々に感謝の気持ちを伝えたい。個別のお名前を出せずに恐縮だが，何卒ご容赦頂ければ幸いである。

　なお本書は日本大学経済学部の学術出版助成を受けたものである。学術書の出版に際し大きな後押しをして頂いた。また本書に出版の機会を与えてくださった株式会社文眞堂の前野弘太氏に感謝の意を表したい。

　最後に，本務校での仕事の傍ら研究活動をサポートしてくれている家族に感謝したい。本書は長男が生まれた 2018 年 11 月 30 日の翌日に構想を練り始めたものである。息子の成長と共に本書も完成していくことが嬉しく，執筆のモチベーションとなった。本書には泣いている息子を抱きながら執筆した部分も多く存在しているが，それも良い思い出である。そして妻からの応援や行き詰った時の励ましが，大きな力の源となった。家族のサポート無しには決して本書は完成しなかった。

　本書を妻の洋子と息子の稜に捧げたいと思う。

2020 年 11 月 30 日

古川裕康

目　　次

グローバル・マーケティングの展開プロセス

第 3 章　EPRG プロファイル ·····························39

第 4 章　日本企業の抱える課題 ·····················54

第 5 章　ブランド・コンセプト ·····················66

市場参入のモチベーションと形態

市場環境

図表目次

グローバル・マーケティングの
役割と進化

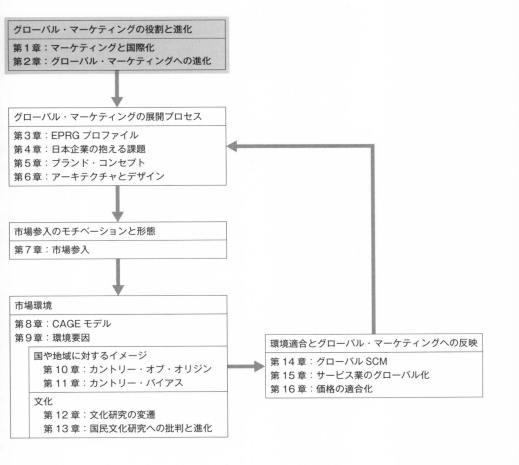

グローバル・マーケティングの役割と進化

第1章：マーケティングと国際化
第2章：グローバル・マーケティングへの進化

グローバル・マーケティングの展開プロセス

第3章：EPRG プロファイル
第4章：日本企業の抱える課題
第5章：ブランド・コンセプト
第6章：アーキテクチャとデザイン

市場参入のモチベーションと形態

第7章：市場参入

市場環境

第8章：CAGE モデル
第9章：環境要因
　　　国や地域に対するイメージ
　　　　　第10章：カントリー・オブ・オリジン
　　　　　第11章：カントリー・バイアス
　　　文化
　　　　　第12章：文化研究の変遷
　　　　　第13章：国民文化研究への批判と進化

環境適合とグローバル・マーケティングへの反映

第14章：グローバル SCM
第15章：サービス業のグローバル化
第16章：価格の適合化

マーケティングと国際化

　アメリカマーケティング協会（AMA：American Marketing Association）は，マーケティングを「消費者や顧客，パートナー，そして社会の大部分が価値を認める商品を，創造し，コミュニケートし，配送し，交換する行動，もしくは一連の制度やプロセスである」と定義している[1]。この定義からエッセンスを抽出すれば，何のために・誰に・いつ・何を・どこで・どのように提供するかに関する活動と言い換えることもできる。5W1H の観点で考えてみると分かりやすい。何のために（Why），誰に（Who），いつ（When），何を（What），どこで（Where），どのように（How）という観点から考えてみれば，相手にとって価値のある商品を提供することが可能となる[2]。そしてその

図表 1-1　マーケティングとは

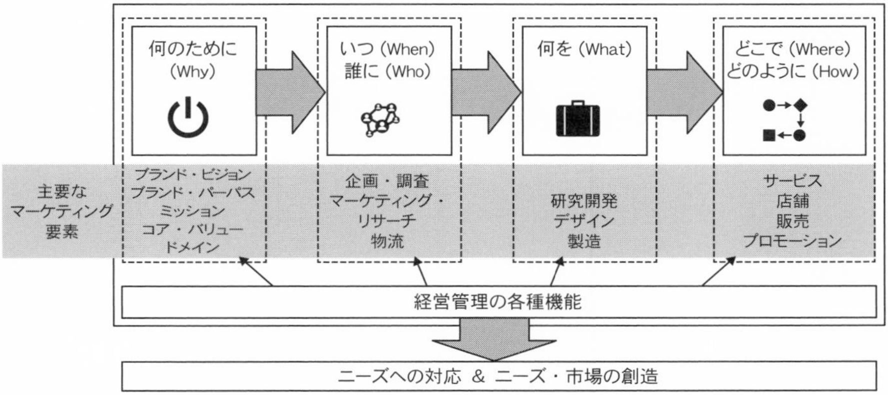

出所：筆者作成。

考え方がマーケティングそのものなのである。本書では何のために，誰に，いつ，何を，どこで，どのようにという観点からグローバル・マーケティングについて検討する。マーケティングは，企画，調査，研究開発，生産・製造，サービス，流通，店舗，広告に深く関係する活動である。またマーケティングは組織管理，人事，経理等々無しには機能することができない。そのためマーケティングは一部署内だけで完結できるものではなく，全社横断的に取り組まなければならないものである。

　適切なマーケティングを通して消費者や顧客，パートナーにとって価値のある商品を創造することができれば，価格によるインセンティブが無かったとしても彼ら自身から自社商品へ手を伸ばしてもらえる可能性を高めることができる。それでは価値のある商品を創造するためには何が必要となるのだろうか。マーケティングの考え方ではまず，相手方のニーズを深く検討することで新たな商品や，相手方の手元に届けるまでの流通の仕組みを創造することが求められる。ただしこれはニーズを取り入れるという意味だけでなく，ニーズを創出するという場合の意味も含まれている。ニーズや新しいトレンドを作り出すことができれば，競争業者の少ない市場で戦うことが可能となる。この点は第7章ならびに第9章，第16章において詳しく説明するが，自らの戦う土俵を創出することもマーケティングの重要な役割の一つである。

1　STP

　マーケティングの基本には STP がある。STP とはセグメンテーション（Segmentation），ターゲティング（Targeting），ポジショニング（Positioning）の頭文字を意味している。商品を市場に展開するためには，当然のことながら対象市場の状況を把握し良く理解しておく必要がある。

1−1　セグメンテーション
　STP の第1段階はセグメンテーションである。セグメンテーションとは市場細分化を意味している。つまり市場をいくつかの基準で細かく分類すること

で複数のかたまり（セグメント）に分け，各セグメントに応じたマーケティングを検討するのがセグメンテーションである。分類基準例としては年齢や性別等といった人口統計学的要素だけでなく，人口密度や気候，時差圏等といった地理的要素で市場を細分化することもある。また各国における人々の行動様式は多様であるため，商品の使い方，利用回数等といった行動的要素や，人々のライフスタイルや価値観といった心理的要素で市場を細分化することもあるだろう。なおセグメンテーションの基準例として人口統計学的・地理的要素を挙げたが，これらを用いた分類はデモグラフィック分類と呼ばれ，行動的・心理的要素を用いた分類はサイコグラフィック分類と呼ばれる。

1−2　アクセス・測定・共通性・利益・ローカライズ

　グローバル・マーケティングを展開するにあたり，次の4視点はセグメンテーションにおいて特に留意する必要がある。それらは ① 消費者，顧客，パートナーにアクセス可能であるか，② 市場の現状が測定できるか，③ 展開市場間の共通性と差異を認識できるか，④ 利益が見込めるか，⑤ ローカライズが可能であるかという点である[3]。どれほど素晴らしいマーケティングを展開できたとしても最終的に消費者や顧客，パートナーへ商品が届けられなければ意味がない。特にグローバル・マーケティングにおいては，世界各国がその対象になる。インフラが十分に整備されていなかったり，政治的・宗教的な理由で現地にアクセスできなかったりする場合も存在する。その点で ① アクセス可能であるかは最優先に検討しなければならない。

　たとえ現地の市場へアクセスが可能であったとしても，市場の現状がよく分からない場合，適切なマーケティングを展開することは困難になる。定量的・定性的な観点から，市場の情報が入手可能である必要がある。海外市場においては，相対的に情報の入手が難しくなる傾向にあり，国内市場と比べて十分な情報が得られないことも多い。しかしそれでも可能な限り多くの情報を収集・整理・分析できているかどうか，つまり ② 市場の現状が測定できているかどうかが最終的なマーケティングの成果に影響をもたらす。また市場の現状が測定できたとしても，対象国市場間において共通性や差異がどのような点に存在しているのかの認識も重要となる。③ 展開市場における共通性と異質性の認

図表 1-2 セグメンテーション

	① アクセス可能であるか	② 市場の現状が測定できるか	③ 展開国市場間の共通性と差異を認識できるか	④ 利益が見込めるか	⑤ ローカライズ可能か
デモグラフィック	・	・	・	・	・
サイコグラフィック	・	・	・	・	・

出所：筆者作成。

識がグローバル・マーケティングの第一歩ともいえる。

　マーケティングは営利組織の活動だけでなく，非営利組織の活動にも適用されることがあるが，特に営利組織の活動においては ④ 利益が見込めるかが重要となる。利益を念頭に置くのであれば，展開市場において最低限の規模があるかどうかが重要となる。ただし，一見利益が見込めない市場であっても営利組織が現地市場へ参入する場合がある。この点は第 8 章において説明する。

　そして最後に ⑤ ローカライズ可能かどうかという点も検討しなければならない。国際的に商品を展開する場合，母国市場で展開している商品と同一のものを展開する方が効率的であるが，どうしても各国市場に合せたローカライズが必要な場面がある。微細なローカライズで済む場合もあれば，大幅なローカライズが必要になる場合もある。ローカライズを実施するためには経営資源が必要となるが，それに耐えうる十分な経営資源が存在していなければ，当該セグメントへ展開することは難しくなる[4]。

1-3　ターゲティング

　そして STP の第 2 段階としてはターゲティングがある。ターゲティングとは商品の販売対象を定めることを意味している。セグメンテーションを実施することで当該市場にどのようなセグメントがあるのかを把握し，商品と最も相性の良い消費者，顧客，パートナーにターゲットを絞る。場合によっては競合他社の少ないセグメントに焦点を当てることもある。この場合は次に説明するポジショニングが先となり，SPT の順番となる。いずれにおいても，ターゲットが踏まえられることによって販売対象者を明確にするのがターゲティン

グの目的である。ターゲティングが不明瞭であると，適切なマーケティングを
検討出来なくなる。

　ターゲティングには商品志向，ニーズ志向の2パターンが存在する。商品志
向は商品の存在が前提となり，それにマッチするターゲットを決定するターゲ
ティングである。母国で開発された商品が受け入れられ易いと想定される海外
のセグメントを選択し，そこへ展開するパターンがこれにあたる。国際展開の
初期段階においては，商品志向のターゲティングが実施されることが多い。な
お第4章では商品志向（特に製品の品質や機能性追求）の行き過ぎが，グロー
バル・マーケティングに多くの課題をもたらしていることを説明する。一方で
ニーズ志向はターゲットの決定が起点となり，対象に合わせた商品へのローカ
ライズを実施する傾向である。近年ではユーザーイノベーションと呼ばれる消
費者，顧客，パートナーと共に1から新商品を開発する取り組みが起きている
ことも特筆すべき点である[5]。

　商品志向とニーズ志向のターゲティングは，「商品が先でターゲットが後」
なのか，「ターゲットが先で，商品は対象に合わせたもの」なのかが決定的に
異なるポイントである。ターゲティングの些細なプロセスの違いによって，グ
ローバル・マーケティングの形も最終的に大きく異なることになる。

図表 1-3　商品志向とニーズ志向

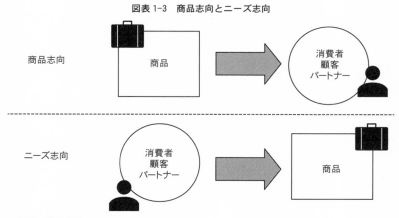

出所：筆者作成。

1−4　ポジショニング

　ポジショニングは各国市場における競合他社の位置をそれぞれ把握し，他社とは異なる独自性（差別化）を検討する段階である。どれほど良い商品が存在していたとしても，類似商品が既に大きく普及していれば，当該市場で活躍することは困難になる。類似商品が市場に溢れれば，価格競争が勃発する危険性さえある。商品が市場に投入されてからの時間によって，市場における消費者，顧客，パートナーの商品に対する認識は変化する。そのため同一の商品やブランドであっても，各国の市場によって展開内容や消費者，顧客，パートナーに抱かれているイメージが異なる場合がある。市場毎に競合がどのような位置取りで展開しているのかを一つ一つ検討しながら他社との同質化を避ける必要がある。

　セグメントの中から対象となるターゲットを決定し，競合他社とのポジショニングが検討されることでSTPが完成する。ただしSTPはマーケティングの基本であり，それだけで全て完結する訳ではない。STPの検証を踏まえて展開市場を変更する場合もあるし，特定のターゲットやポジショニングで戦うことを決定した後も具体的なマーケティングの内容を突き詰めていくことになる。

2　4Pから4C，4Aへ

　マーケティングを具体的なプログラムに落とし込むために古くから存在しているのが4Pの枠組みである。4Pは製品（Product），価格（Price），流通チャネル（Place），プロモーション（Promotion）の4つのPを取ったものであり，一般的にこの順番で語られることが多い[6]。4Pについても，グローバル・マーケティングの視点からは重要視される順番が異なり，流通チャネル（Place），価格（Price），製品（Product），プロモーション（Promotion）となる。流通チャネルとは，有形または無形の商品を消費者，顧客，パートナーへ届けるまでに必要な経路を意味する。セグメンテーションの箇所で説明した通り，各国市場で消費者，顧客，パートナーへアクセスできるかどうかは最優先事項であ

る。生産や製造過程を考えてみると，グローバル・マーケティングにおいては製品が国際的に国を移動しながら最終製品として価値を最大化していくことも多い。このような点についても流通チャネルにおいて検討される。

　価格とは，文字通り価格設定に関するものである。価格をどのように設定するかによって需要量も変化するし，消費者や顧客，パートナーが抱くイメージにも影響がある。また進出する国によって経済の発展度合いやそれに応じた所得水準も異なるため価格のローカライズが必要となることがある。たとえば発展途上国では所得水準も先進国に比べ相対的に低くなるため，先進国よりも低い価格設定をしなければ購買対象とすらならない場合がある。その場合，価格に応じた製品の作り込みも必要になる。製品の作り込みについては「新しい機能を付加させることのみ」と捉えられることがあるが，必要最低限の機能に絞り込む等をして新たな価値を生み出すこともグローバル・マーケティングにおいては肝要となる。流通チャネル，価格，製品の各施策が適切に実施されたとしても，消費者，顧客，パートナーに認知されていなければ世の中に存在していないことと同義である。ターゲットに認知してもらい，説得することがプロモーションに与えられた役割である。プロモーションには広告や人的販売，販売促進活動，パブリシティ，PR（Public Relations），IR（Investor Relations）等が存在している（唐沢（2015））。各国，各地域の特徴によって，どのような広告内容が認知・説得されやすいかは異なる[7]。

　4P は McCarthy（1960）によって提唱された枠組みである。その後，この枠組みに関して多くの批判がもたらされるようになった。たとえば，4P の枠組みは製造業を主眼としていて，サービス業や非営利組織にはそのまま適応できないのではないかといったもの。また全ての内容が企業視点で構築されており，消費者や顧客，パートナーの視点を取り入れて検討しなければ適切なマーケティングは検討することができないといったものが代表的な批判である（Booms and Bitner（1981），Sheth and Sisodia（2012））。前者に対応する形で 7P が開発された。これは既存の 4P にサービス業等にも適用できる 3 つの付加的な P（従業員：Personal，業務・販売のプロセス：Process，物的保証：Physical evidence）についての視点を取り入れたものである（Booms and Bitner（1981））。また後者の批判を踏まえて 1993 年には 4C の枠組みが提唱された

(Goi（2009））。4C は利便性（Convenience），費用（Cost），顧客価値（Customer Value），コミュニケーション（Communication）から構成されている。それぞれ 4P の流通チャネル，価格，製品，広告と対応関係があるが，消費者，顧客，パートナーの視点から再構成されているという点が異なる。

　現在では 4P や 4C は，4A という枠組みに進化を遂げている。4A の立役者はコカ・コーラ社である。コカ・コーラ社はこれまで 4P や 4C の枠組みを利用してマーケティングを展開していたものの，4P では消費者視点が不足しており，4C でも国際的にマーケティング活動を実施するためには十分に満足の得られるほどの成果を得られずにいた。そこで同社が考案したのが ① 入手容易度（Accessibility），② 支払い可能＆意思額（Affordability），③ 消費者の受容度合（Acceptability）といった基準からマーケティングを再構成することであった（Sheth and Sisodia（2012））。この 3 つの A はコカ・コーラの第二のレシピとも呼ばれている。Sheth and Sisodia（2012）によればコカ・コーラ社は 2000 年初頭，インドの農村部へ新規開拓を実施していたとされている。その際に掲げられていたのが，①②③ を考慮した，世界中の人々の手に届くような商品を，手の届く価格で，ニーズや期待を上回る様な心を満たす商品をというものであった。その結果として 2002 年に普通より小さいサイズ 200 ml のコカ・コーラを 10 セントで販売することを決定したとされている。最終的に農

図表 1-4　4P と 4A の関係性

4P ＼ 4A	ニーズや期待を上回るか Acceptability	支払い可能＆意思額 Affordability	入手容易度 Accessibility	認知度 Awareness
製品 Product	○	△	△	△
価格 Price	△	○	△	△
流通チャネル Place	△	△	○	△
プロモーション Promotion	△	△	△	○

注：○は主たる影響，△は付加的だが重要な影響を意味している。
出所：Sheth and Sisodia（2012），邦訳，63 頁。

村部の新規開拓は成功し1年間でインド国内での売り上げが約40％も上昇した。Sheth and Sisodia（2012）は，コカ・コーラ社の考案した3Aに認知度（Awareness）を追加し，4Aの枠組みとして提示している。④認知度（Awareness）は消費者，顧客，パートナーが商品についてどれほど認知しているか，購入を検討しているかといったことを意味する。1960年代に考案された4Pは企業による国際展開の経験を踏まえて4Aに進化している。なお4Pと4Aの関係性は図表1-4で示した通りである。

3　企業の国際化とマーケティング

　このようにマーケティングの考え方は企業の国際的な経験を基に変化を遂げてきた。しかしそもそもなぜ国内マーケティングだけではなく，国際的，そしてグローバルにマーケティングを展開する必要があるのだろうか。母国の市場規模が小さい場合，自ずと国際展開が必要になるのは理解しやすい。たとえば現在グローバルで活躍する企業に欧州企業が多いのも，そして韓国企業が当初から海外展開に積極的であったのも，母国市場の規模が関係していることが考えられる。また母国市場の規模が大きかったとしても，年々市場が縮小している，もしくは縮小が予測されている場合，やむを得ず海外進出に踏み出すことになる。

　一方で，企業規模拡大のために海外進出へ踏み出す例も多い。ここでの規模は売り上げや利益のみを意味するものではない。つまり海外進出をすることによって，経営資源をも成長させようと試みるのである。ここでもコカ・コーラ社の例を概観してみる。同社は1885年の創業以降，1902年に近隣諸国へ，そしてその後も積極的な海外進出を行なっている。その間，海外における消費者ニーズの把握や，コカ・コーラの原液だけを輸送して現地で炭酸水と共にボトリングする国際的な物流の効率化，製造コスト低減の方法等，他社には無い様々なノウハウを創出し，国家間の多様性や不確実性に対応できる能力等といった経営資源を創造してきた[8]。

　もし海外進出を躊躇えば，世界で経営資源を増大させ強靭な力を蓄えたライ

バルに，将来は国内市場をも席巻されてしまう可能性がある。前述の通り，以前に比べて現在は圧倒的に海外展開がし易い状況にある。裏を返せば，世界において優れたマーケティングの力を蓄えた海外企業も各国へ参入しやすくなっているともいえるのである。

4　国内マーケティングから国際マーケティングへ

ボーン・グローバルと称される企業があるように誕生してからすぐ世界展開を開始する企業も存在しているが，ここでは一般的な国内マーケティングから国際マーケティングへの進化を追うことにする[9]。多くの企業がまずは国内市場を対象にマーケティングを実施する。上述の通り，母国市場の規模によって，この段階に留まる長さは変化する。そして余力ができたところで商社を通じて海外へ輸出を始める（森下(1967)）。多くの場合，海外進出の第一歩は輸出から始まる。自らの力では無く，商社の力を借りて輸出を実施するため，これを間接輸出と呼ぶ。大石（2015）は国内生産・国内販売，そして間接輸出の段階までを国内マーケティングの範疇と定義している。そして商社を経由した海外展開から，自らの力を以て海外へ輸出する段階に推移することで国内マーケティングから国際マーケティングへと変化する。国際とは英語では International であり，この言葉は Inter と National の 2 つの言葉から作られている。つまり国（National）を自らの力で超える（Inter）ことが国際マーケティングの要件となる。国際マーケティングの特徴は，企業が海外進出の諸活動を考えるうえでマーケティングの存在を念頭に置いていることである（竹田(1985)）。国際マーケティングの概念は国内マーケティングの考え方と関連しているものの，国内マーケティングの論理を多国籍企業が主体となる国際マーケティングにはそのまま適用できない部分も多い。本点を踏まえ，国際マーケティングは国内マーケティングとは異なる理論分野であると位置づけられている（角松(1996)）。なお本書の主題であるグローバル・マーケティングは国際マーケティングの現代的形態である。国際マーケティングには諸段階が存在し，グローバル・マーケティングはその最終形態に位置づけられる。

図表1-5　国際マーケティングの進化と特徴

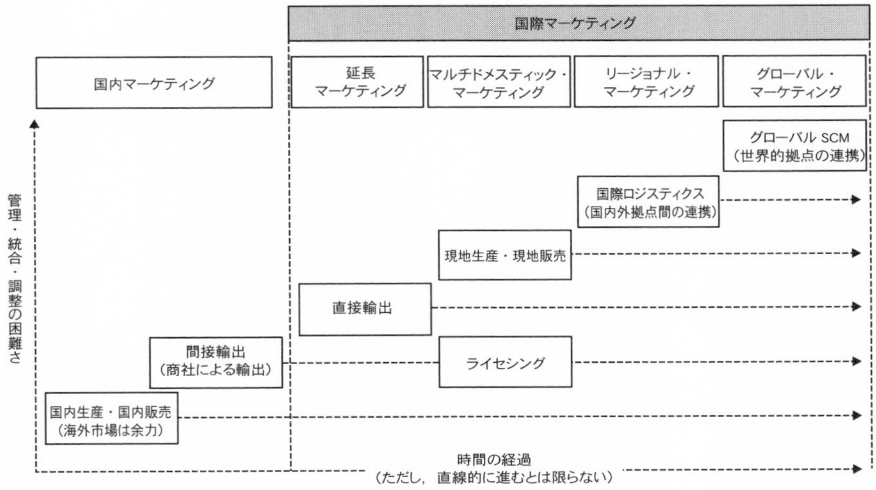

出所：大石（2015），2頁を基に筆者加筆修正。

　自らの力で海外へ輸出する状態のことを直接輸出と呼び，ここでは延長（エクステンション）マーケティングが展開されることになる。延長マーケティングとは，国内マーケティングを海外でそのまま展開するマーケティングを意味する。基本的に国内で展開していたマーケティングと同じものを展開することになるため，規模の経済が作用することになる。規模の経済とは，生産する量が増加するほど1製品あたりの費用が逓減することを意味する。製品の側面だけを考えてみても，国内だけでなく直接輸出先の需要も見込んで大量に生産することで1単位あたりのコストが低くなり利益を増大させることが可能になる。国内向けに作成したマーケティングで，海外においても売り上げや利益が増大するのであれば効率性が高まるのである。

　ただし当然ながら，海外市場では趣向も所得水準も異なる消費者，顧客，パートナーが存在しており，母国で展開されているものと同じマーケティングでは満足度が高まらない。また母国市場を対象にしている延長マーケティングでは各国市場での求心力が弱いことも多く，次第に現地ニーズへの対応を求められることになる。

図表 1-6　国内マーケティングと延長マーケティング

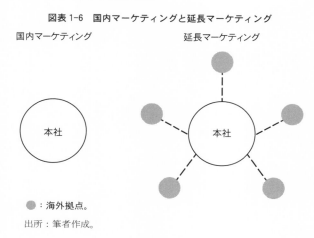

国内マーケティング　　　　　　　　　　延長マーケティング

本社

本社

●：海外拠点。

出所：筆者作成。

5　まとめ

　本章では，一般的なマーケティング概念が企業の国際経験を通してどのように進化してきたのかについて説明した。国際的にマーケティングを考慮する際は国内でのマーケティング活動と比べて，STP の重要視しなければならない内容が変化することが明らかになった。特に，現地の消費者，顧客，パートナーへいかにしてアクセスするかが重要となることが特筆すべき点である。代表的な 4P の概念であっても，多くの課題が発見され批判を受けながら 7P，4C，そして 4A と変化してきた。4A であっても，世界中の人々の手に届くような商品を，手の届く価格でという点が冒頭に来るのが特徴的である。4A はコカ・コーラ社が考案した枠組みが始まりとなっているが，大衆向けの消費材にしか当てはまらない枠組みという訳ではない。例えばサービス業や高級ブランドを取り扱うような企業・産業であってもターゲットの手に届けるための工夫は重要であるし，消費者や顧客，パートナーにとって手の届く価格を理解することが求められるのである。本章では最後に，国際化の第一段階として延長マーケティングが存在することを示した。しかし上述の通り，延長マーケティングには多くの課題が存在している。その課題を克服するために，国際マーケ

ティングは一般的にどのような進化を辿っていくのか。次章では本章において
整理しきれなかった図表 1-5 の残りの部分について整理していくこととする。

[注]
1　2017 年に承認された定義，https://www.ama.org/the-definition-of-marketing/（2020 年 2 月 28
　　日アクセス）。なお本書では AMA の定義に従ってマーケティングの対象を消費者，顧客，パート
　　ナーと記述することにする。
2　本書においては，製品を「財」，商品を「財＋その他の便益」と定義し言葉を使い分ける。便益
　　の詳細については後述する。
3　Kotler and Armstrong（2006）を基に，グローバル・マーケティングの文脈に合わせて筆者が再
　　構成・再定義している。
4　セグメントに応じた戦略策定については Porter, M.E.（1980）を参照。
5　ユーザーイノベーションについては小川（2013）が詳しい。
6　詳細については Govoni（2003）を参照。
7　例えば古川（2016）は国民文化圏における効果的マーケティング訴求内容について定量的に検証
　　している。
8　Coca-Cola company web サイト，ならびに Ghemawat（2007）を基に筆者が整理した。
9　ボーン・グローバル企業に関する詳細については Rialp et al.（2005）や嶋（2016），藤澤（2005）を
　　参照されたい。なお近藤（2004）はグローバル・マーケティングの概念が複雑で切り口も多いこと
　　を指摘し，同概念の理解を深めるためにも延長マーケティングから理解する必要があると述べてい
　　る。

第 **2** 章

グローバル・マーケティングへの進化

　前章では国内マーケティングから延長マーケティングへの移行について説明してきた。延長マーケティングは国際マーケティングの初期段階であるが，そこには大きな課題が存在していた。それは国内マーケティングの延長であるが故に現地のニーズに対し十分に対応することが難しいという点である。そこで延長マーケティングは，マルチドメスティック・マーケティング，そしてリージョナル・マーケティングへと進化することになる。国際マーケティングは一般的に経営資源を少しずつ獲得しながら進化する。Johanson and Vahlne (1977) は，企業の国際化プロセスは保有する知識の発展と関係性があると述べている[1]。国際化の進展度合いに応じて，知識をはじめとした経営資源の蓄積が起き，その蓄積によって国際マーケティングは進化していく。

1　マルチドメスティック・マーケティング，そして
　　リージョナル・マーケティングへ

　延長マーケティングの次に移行すると考えられているのが，マルチドメスティック・マーケティングである (Douglas and Craig(1989)，大石(1993a))。マルチドメスティックは，展開国のそれぞれを複数（マルチ）の国内市場（ドメスティック）と位置づけるマーケティングである。この段階において，本社は展開国のそれぞれにある程度権限委譲を行い，各国の担当者は各市場に合せてマーケティングを実施するようになる（大石(1993b)）。たとえば母国市場以外に4カ国へ展開しているとすれば計5パターンのマーケティングを検討す

ることになり，その分コストも増大する。マルチドメスティック・マーケティングにおいては，延長マーケティングの際には達成できなかった現地のニーズを考慮したマーケティングを実施することが可能となる。ただしその一方で，可能な限り規模の経済を損なわないようにしなければ，国際化の利点が多く損なわれてしまう。そこでマルチドメスティック・マーケティングの段階から，規模の経済を可能な限り多く残す部分と，現地のニーズに合わせる部分といった2軸のせめぎ合いが生じることになる。マルチドメスティック・マーケティングの課題は，どのようにして各国で生じるコストを抑えるか，そして規模の経済をどれだけ発揮することができるかという点にある。

　このような課題に際し，マルチドメスティック・マーケティングは次第にリージョナル・マーケティングへと移行することになる（Kotler et al.(2007)，Ghemawat(2007)）。リージョナル・マーケティングは，地域という視点を強調したマーケティングである。マルチドメスティック・マーケティングは進出国それぞれでの管理を強める傾向にあったが，それでは研究開発やマーケティングのコストが増大し規模の経済が損なわれやすいという課題を抱えていた。そこで進出国と類似点を持つ近隣国を巻き込んで，地域単位でマーケティング

図表 2-1　マルチドメスティック・マーケティングとリージョナル・マーケティング

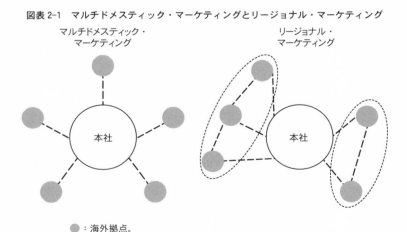

●：海外拠点。

出所：筆者作成。

活動を考えようとするのである。国単位で管理するよりも，地域単位での管理の方が規模の経済が獲得しやすい。また ASEAN に代表されるように，東南アジアの一部の国々では経営資源の国境を越えた移動が比較的容易となる様な政策がとられている。そこで企画・設計・生産・製造・組み立て・販売等のバリューチェーンを地域単位で展開することで効率的な商品づくりも可能となる。このようにリージョナル・マーケティングにおいては，進出国間の横の繋がりも強まる特徴が特筆すべき点である。

2　グローバル・マーケティング

　国際マーケティングは，一般的に延長マーケティングからマルチドメスティック・マーケティング，そしてリージョナル・マーケティングという形態に変化することをここまで概観してきた。リージョナル・マーケティングでは現地のニーズに寄り添いながらも，地域単位でマーケティングを管理することで規模の経済を確保するというバランスをとっていた。地域での最大公約数を探し出し，地域での効率性を追求するマーケティング展開によって規模の経済を獲得していたのである。

　セグメンテーションにおける，デモグラフィック，ならびにサイコグラフィックの内容を思い起こして欲しい。気候や時差等の地理的要素に関しては確かに地域毎に共通性が見られる傾向がある。しかしその他の要素については，国家間の共通性が特定の地域に集中しているとは限らない。たとえばライフスタイルや国民性には地域を超えて共通性が見られることもある。また企画，デザイン，部品製造，組み立て等というバリューチェーンについても，各国で得意とする分野が異なる。そのため地域という枠組みに捕らわれず，世界中の国々を移動させながら商品を作り込むことが最適な場合もある。以上を踏まえ，リージョナル・マーケティングは，グローバル・マーケティングへと進化を遂げることになる。

　本書ではグローバル・マーケティングを，国際マーケティングの現代的形態であり，母国市場と展開国市場を同等に扱いながら，世界規模で展開される

マーケティング・プログラム，プロセス，そしてブランド構築活動と定義する。グローバル・マーケティングでは，世界的視野に基づき規模の経済と各国市場における満足度の最大化が同時に模索される（大石(2000)）。そして展開国間の共通点を探し画一的な展開ができる部分で規模の経済によるメリットを獲得し，各国や各地域で現地のニーズに合わせなければならない点は現地に合わせた展開が実施される。母国市場を基準に考えるのではなく，母国市場も展開国の一つとして同列に扱われるのがグローバル・マーケティングの特徴的な点である。また技術やマーケティングに関するイノベーションの創出についても世界規模で展開し，拠点間での共有も実施される特徴を持つ（黄(2003)）。そしてグローバル・マーケティングの主体は資本力の大きい大企業のみに限定されるものではない（嶋(2000)）[2]。

　グローバル・マーケティングにおいては，リージョナル・マーケティング以上に画一化と現地ニーズへの対応といった両者の相克に悩まされることになる。グローバル・マーケティングにおいて，世界での画一的な展開は世界標準化（以後，標準化と略記する），そして現地のニーズに合わせた対応のことは現地適合化（以後，適合化と略記する）と呼ぶ。グローバル・マーケティングは，単に標準化のみを展開するマーケティングではない。展開国の中で標準化できる部分を模索しながらも，必要な範囲で適合化できる部分も併せて模索

図表 2-2　グローバル・マーケティング

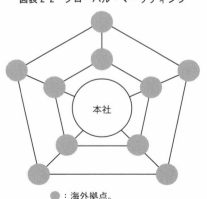

●：海外拠点。

出所：筆者作成。

図表 2-3　グローバル・マーケティングの例

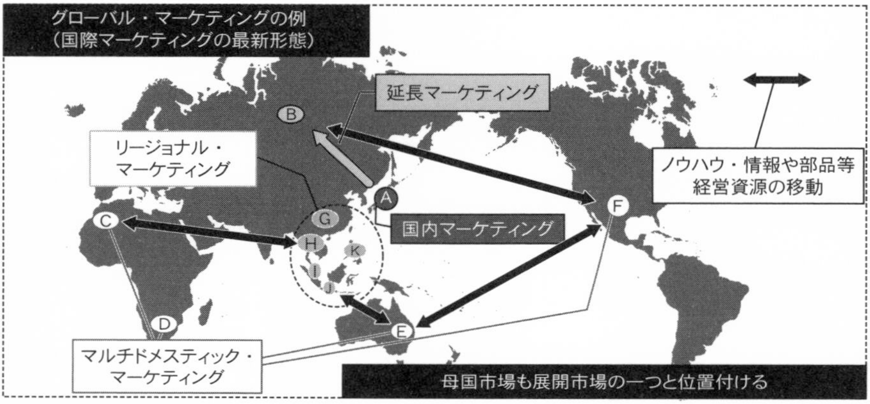

出所：筆者作成。

し，標準化と適合化の両立を目指すマーケティングである。展開国や地域間の
共通性を模索し規模の経済の最大化を模索する結果，拠点間の繋がりも強くな
る。たとえばある海外拠点での成功ノウハウ等について，本社を介さず別の展
開国に共有するということも頻繁になる[3]。グローバル・マーケティングは国
際マーケティングの中でも新しい現代的な進化形態である（図表 2-2）[4]。

　グローバル・マーケティングでは規模の経済と各国市場における満足度の最
大化が同時に模索されるため，延長マーケティング，マルチドメスティック・
マーケティング，そしてリージョナル・マーケティングの考え方を部分的に組
み合わせ展開することもある。たとえば展開市場の中で，A 国での展開を，
そのまま B 国に展開する延長マーケティングが実施される部分もあれば，そ
れと併せて特殊な市場環境が存在している C 国，D 国，E 国，F 国にはマル
チドメスティック・マーケティングを実施する場合もある。また G 国，H 国，
I 国，J 国，K 国の存在する α 地域ではリージョナル・マーケティングを実施
する等，様々な国際マーケティングの形態を組み合わせた形で管理する柔軟な
側面もある（図表 2-3）[5]。

3　標準化と適合化

　国際マーケティングにおいて標準化－適合化問題は相克するジレンマとして捉えられてきた。ここまで示してきた通り，企業はマルチドメスティック，リージョナル，グローバル・マーケティングといったようにマーケティング形態を変化させることでこのジレンマを解消しようと取り組む。

　海外進出当初は経営資源が不十分であることが多く，母国で展開していた商品をそのまま海外へ展開し，その商品を修正する形で対応することが一般的である。ただし，現地環境に合せて商品を開発し直さなければならない場合が出現するが，その場合，各種コストが増大してしまう。そこで地域単位，そして展開している市場の多くで標準化できる部分を模索するようになるというプロセスを経る。図表2-4に海外進出してからの時間経過と標準化－適合化の傾向を示した。

　なお展開する商品によって，標準化傾向や適合化傾向になりやすいものが存在している。各国の文化とは関わりの薄い商品群を文化開放的商品（Culture Free Product）と呼び，このような商品群は標準化傾向になり易い。たとえば生産財や産業財と呼ばれるような商品は，世界で規格が統一されているものも

図表 2-4　標準化と適合化

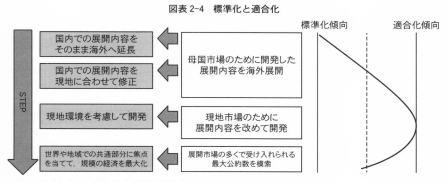

注：必ずしもこの流れになるとは限らない。
出所：筆者作成。

多い。その一方で，文化拘束的商品（Culture Bounded Product）では適合化が進む傾向にある。文化拘束的商品とは，商品特性が各国の文化と密接に関わり合っている商品を意味する（Wind and Douglas(1972)）。食品や飲料等，各国で伝統的なレシピが存在するもの，また利用頻度の高い消費財であるFMCG（Fast-Moving Consumer Goods）についても，文化拘束的な商品であることが多い。ただし文化拘束的商品の中でも，適合化の起こりやすさに差が存在する。Kreutzer(1988)はお酒と紙おむつで，標準化度合いがどのように異なるのかを分析している。図表2-5をみると，全体的にお酒よりも紙おむつの方が標準化傾向にあることが分かる。文化拘束的商品の種類によっても，適合化の傾向は異なるのである。

　標準化－適合化展開と経営成果の関係性については，未だ十分に解明し尽くされていない。これまでも両者の関係性を検証した多くの研究が存在しているものの，関係性が明らかになっている研究とそうでない研究が混在しているの

図表 2-5　紙おむつとお酒の標準化－適合化要素

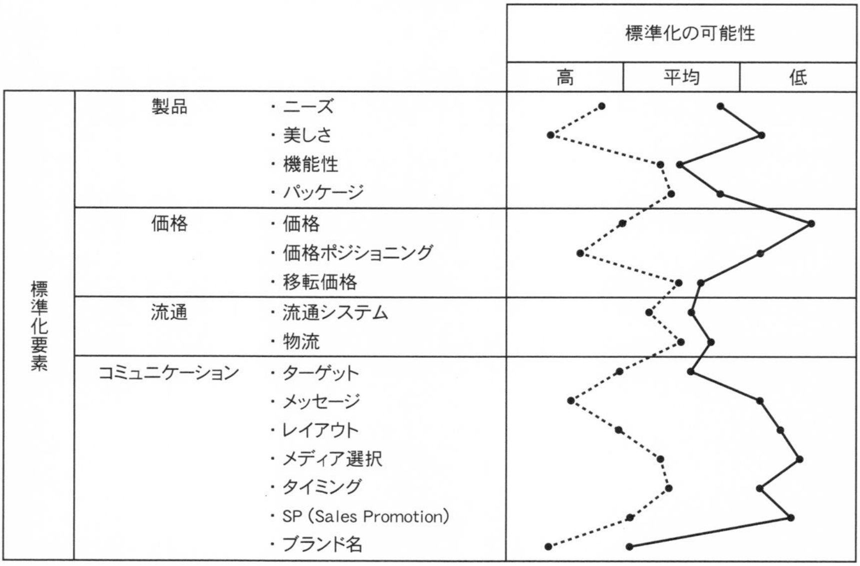

標準化要素		製品	・ニーズ	標準化の可能性		
				高	平均	低
		製品	・ニーズ ・美しさ ・機能性 ・パッケージ			
		価格	・価格 ・価格ポジショニング ・移転価格			
		流通	・流通システム ・物流			
		コミュニケーション	・ターゲット ・メッセージ ・レイアウト ・メディア選択 ・タイミング ・SP (Sales Promotion) ・ブランド名			

注：点線は紙おむつ，実線はお酒。
出所：Kreutzer(1988), p. 29.

である（金（2016））。上述の通り，企業の国際化の段階や取り扱う商品群によって，標準化－適合化の最適なポイントは変化するため，単一の最適解は存在しない。そのため同様の標準化，もしくは適合化展開を実施していたとしても，企業によって経営成果へ与える影響が異なるのである。

4　複合化（Duplication）

　標準化と適合化は同時に達成することが可能である（図表 2-6）。この同時達成のことを複合化（Duplication）と呼ぶ。標準化と適合化にはそれぞれメリット・デメリットが存在する。

　標準化のメリットは，規模の経済を働かせることにより様々なコストを削減することが可能な点である。また消費者，顧客，パートナーに世界的イメージを形成することもできる。シンプルな組織構造や，統制の改善もメリットとして挙げられる（大石（1993c））。その一方で，各国の異質性に対応できず，新市場へ展開する機会の喪失が生じたり，海外子会社の自主性が侵害されることによってモチベーションが低下したり，それに伴う人材不足が生じることもある（Channon and Jalland（1978））。また規模の経済は大きくなりすぎると規模の不経済を引き起こす。大石（1993a）はグローバル・マーケティングにおける規模の不経済として，官僚主義的で風通しの悪い組織になりイノベーション能力が低下することや，固定資本や在庫コスト，輸送コストが増大することを指摘している。

　適合化のメリットは，各国のニーズを拾い上げることで消費者，顧客，パートナーの満足度を向上させることができる点である。それによって，特定市場での売り上げ増加が期待できる（大石（1993a））。また各国市場に自主性が付与される傾向にあるため，戦略に柔軟性がもたらされることも重要な点である。柔軟性があることで，市場の変化へ迅速に対応することも可能となるのである。その一方で，既述の通り，標準化と比べた場合に各種コストが増大してしまうことが最大のデメリットとなる。また適合化の傾向が強くなりすぎると，各国で消費者，顧客，パートナーが持つイメージがバラバラになり，ブランド

図表 2-6　標準化と適合化の同時達成

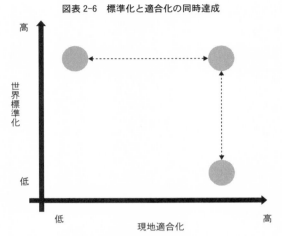

出所：諸上・根本(1996)，109 頁に筆者加筆。

のアイデンティティが失われてしまう（掴みどころのないブランドになってしまう）懸念がある。また本社と海外子会社間の調整が難しくなり，双方の間に軋轢が生じやすいことも挙げられる。

　リージョナル・マーケティングやグローバル・マーケティングでは，可能な限り標準化の範囲を拡大し必要な部分を適合化すると説明した。それでは標準化と適合化をどのように両立することができるのか。これまでの研究を整理すると，複合化の具体的な方策について 6 つの考え方が存在している。

5　グローバル・マーケティングの具体的方策

　複合化を達成するための具体的方策にはハイブリッド方策，共通要素方策，複数パターン方策，共通分母方策，SCM，ブランド・コンセプト方策の 6 つが挙げられる（大石(1993c)，大石(2017)，Furukawa(2018)）。

5－1　ハイブリッド方策

　マーケティングは様々な観点から各種要素に分類することができる。たとえば 4P では，価格，製品，流通チャネル，広告に分けることが可能である。4P だけでなく 4C や 4A の観点からであっても同様に複数の要素へ分解することができる。ハイブリッド方策は標準化－適合化を 4P，4C，4A といったマーケティング・プログラムの各要素単位で検討し，最終的にそれらを結合させることで複合化を達成しようとする考え方である。ハイブリッド方策は，

図表 2-7　コカ・コーラとネスレのハイブリッド方策

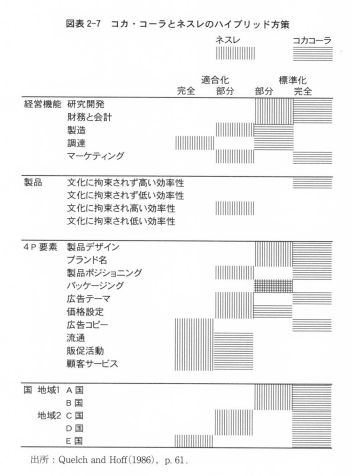

出所：Quelch and Hoff(1986), p. 61.

Keegan（1969）がマーケティング・プログラムの要素から製品と広告を取り上げ標準化－適合化のパターンを提示したところから概念化された。

　たとえば，広告表現やブランドについては標準化傾向を強め，流通チャネルや価格については現地市場に適合化傾向を強めるといった様に，マーケティングの要素毎に標準化－適合化傾向を検討する。Quelch and Hoff（1986）はコカ・コーラとネスレを取り上げ，彼らがどの様にハイブリッド方策を用いてグローバル・マーケティングを展開しているか分析している。図表 2-7 ではネスレと比べ全体的にコカ・コーラは標準化傾向が強いことが分かる。特に 4P 要素の部分に着目してみると，両社とも流通，販促活動，顧客サービスについては適合化が強まる傾向となっている。マーケティング・プログラムの要素毎に標準化－適合化の傾向を検討し，それぞれを混ぜ合わせる（ハイブリッドにする）ことで複合化を展開しようとする考え方がハイブリッド方策である。

5－2　共通要素方策

　共通要素方策は，製品において「核」となる部分を設定し，その部分は各国で同様の展開を実施する。そしてそれ以外の部分を適合化することによって複合化を目指す考え方である（図表 2-8）。たとえば一般的に多くの自動車は，車体のベース（基礎）となるシャーシを標準化する傾向にある。一つのシャーシで複数のブランドを賄うことも多く，標準化により規模の経済を達成している。一方で，シャーシの上に乗せる各種部品やシート，そして車体の外装等々は各国のニーズに合わせて適合化を進めることで複合化を達成している。Walters and Toyne（1989）は Core-Product Approach という観点から共通要素方策を論じている。彼らは農業機械を例に挙げながら中核となる製品を標準化し，海外市場における様々な気候，地形，ニーズに合わせた部品を組み合わせることによって複合化が達成できるとしている。また大石（1993c）によれば，一般的な家電メーカーの生産・製造する製品は，約 7 割が共通部品で賄われていると指摘している。このように製品の構成要素を用いて共通要素方策を達成する場合は，国際的な流通政策が重要となる。

　また広告においても共通要素方策が用いられることがある。広告においては展開する内容のアイデンティティが損なわれないようにするために，全市場に

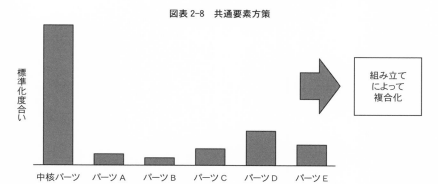

図表 2-8　共通要素方策

注：パーツ A〜E は付加的なものである。なおパーツがコンテンツとなることもある。
出所：筆者作成。

おいて統一展開する内容を用意しておく。各国における展開では，この内容に
少し適合化する内容を付け加えることで複合化を達成する。これはパターン標
準化とも呼ばれ，共通要素方策と次に説明する複数パターン方策の特徴を兼ね
備えた複合化である（大石(1993c), Laroche et al.(2001)）。

5−3　複数パターン方策

　複数パターン方策では，本社と子会社間の関係から複合化を検討する。この
方策においては本社がマーケティング展開に関する複数の選択肢を子会社へ提
示する。子会社は担当市場に最も適する選択肢を選び，必要であればその選択
肢を部分的に修正する（図表 2-9）。その結果，各国市場において展開する
マーケティングは基本的にいくつかのパターンに収まることになり規模の経済
を達成しやすくなる。なお本社が提供する選択肢は本社が企画・作成したもの
ばかりではなく，海外子会社での成功例やアイデアを反映させることもでき
る。そのため，複数パターン方策には海外における子会社発のアイデアを反映
させやすいという特徴もある（大石(1993c)）。優秀な海外子会社のアイデアを
各国へ横展開することは，マーケティングのイノベーションが触発されやすい
環境の創出や，海外子会社の自立性や創造性にも繋がる。
　なおハイブリッド方策や共通要素方策は，マーケティング・プログラムの各

図表 2-9　複数パターン方策

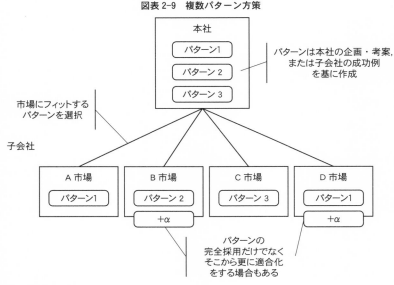

出所：筆者作成。

要素を管理していたのに対して，複数パターン方策はマーケティング・ミックスの単位で管理している点が特徴的である。

5-4　共通分母方策

　共通分母方策は，消費者，顧客，パートナーの属するセグメントを考慮するものである。この方策は市場間で共通するセグメントを選択し，そのセグメントに対応するマーケティングを実施することで規模の経済を達成しようとする考え方である。Takeuchi and Porter（1986）は共通するセグメントの内容として，所得水準，文化的傾向等を挙げている。図表 2-10 では所得水準を考慮した場合の共通分母方策例について示した。図表 2-10 では Y 軸に所得水準，X 軸に各国の市場を示している。

　全ての市場において，最も所得水準の高い消費者，顧客，パートナーをターゲットとするのが高級セグメント志向である。高級セグメント志向では，世界的名声を重視する傾向にあり，マーケティングの標準化傾向も強い。高級ブラ

図表 2-10　共通分母方策

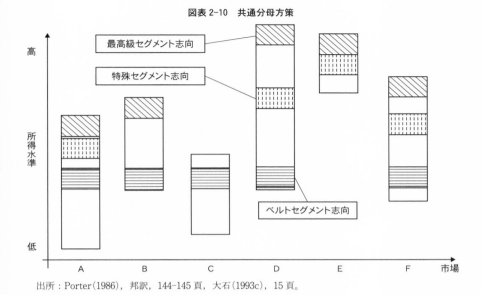

出所：Porter(1986)，邦訳，144-145 頁，大石(1993c)，15 頁。

ンドと呼ばれるような自動車や時計，アパレル等は高級セグメント志向に属する。

　商品によっては，消費者や顧客，パートナーの傾向が国によって顕著に異なる場合がある。その場合は，特殊セグメント志向となる。たとえば文化拘束的商品は国によって求められるポジショニングの位置も異なり，適合化が強く求められやすい傾向にある。受け入れられるセグメントを各国で模索することにより複合化といえども適合化傾向の展開となるのが特殊セグメント志向である。

　規模の経済を最大限に発揮しようとするのがベルトセグメント志向である。展開する商品は基本的に標準化で展開し，各市場をベルト状に把握しようとするのが特徴である。ベルトセグメントで展開することにより，同じ商品を類似価格で展開することが可能となる。しかしある市場によっては大衆品であったものが別の市場においては高級品となる場合もあり，市場によって商品のポジショニングが大きく異なる場合があるのがベルトセグメント志向の特徴である。

図表 2-11　SCM と複合化

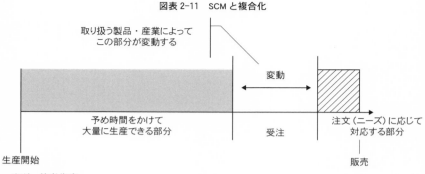

出所：筆者作成。

5-5　SCM

　商品が生産・製造されるまでの時間を管理するのが SCM（Supply Chain Management）による複合化である（大石（2017））。なお SCM の詳細については第 14 章において取り扱う。

　オンデマンド生産やオーダーメイド等はニーズを商品に大きく反映させることができるものの，発注がなければ生産が開始できない。予め大量に商品を生産することができれば規模の経済を達成することができるが，オンデマンドやオーダーメイドの場合はコストが高くなってしまう。ただし近年のアパレル業界では，スニーカーの形状等といった汎用的な部分までを標準化して予め生産しておき，最終的な仕上げのデザインや塗装といった部分をオンデマンドで受け付ける方法を採用することで，規模の経済を獲得しながらも各市場のニーズに適合しようと努力している。このように予め生産しておく部分と，各市場で柔軟に対応できる部分に分けて計画的に生産することで複合化を達成しようとするのが SCM である（図表 2-11）。上述した通り，規模の不経済として在庫の問題が存在している。企画・生産・製造・販売までのリードタイムを調整することで在庫量を最適にし，規模の不経済を発生させないようにすることも SCM には求められている。

5−6　ブランド・コンセプト方策

　ブランド・コンセプトの観点からも複合化を検討することが可能である（Furukawa（2018））。ブランド・コンセプトの詳細については第 5 章おいて詳述する。グローバル・マーケティングの展開には，企業の理念やそれに伴うミッション，コア・バリュー，ビジョン，パーパス，ドメイン，そして CEO の考え方が大きく反映される。どのようなブランドを構築したいかによって，最終的に採用されるマーケティングの内容が異なるのである。

　特に企業のミッション等を反映した展開内容に関しては世界的に標準化される。市場によって異なるミッション等が展開されてしまえばブランドのアイデンティティは失われ，一貫性を欠き，魅力的なブランドを構築することはできない。そこで企業のミッション等を反映したコンセプトは自ずと世界で標準化されることとなる。一方で，必要に応じて適合化したコンセプトも付与されることがある。たとえばドキドキ・ワクワクといったブランドのコンセプトを世界的に標準化して展開しながらも，製品やサービスの品質に厳しい市場では，高機能といったコンセプトも強めるといったように，コンセプト単位で標準化−適合化を検討することができる。

　ブランド・コンセプト方策は，標準化−適合化を要素毎に模索するという点においてハイブリッド方策と類似する点もあるが，前者はマーケティング・ミックス単位の管理から複合化を模索するのに対して，後者はマーケティング・プログラムの各要素を管理することで複合化を模索する点が決定的に異なる。

　ここまで複合化を模索するための具体的な方策を挙げてきた。グローバル・マーケティングの具体的方策について図表 2-12 に整理した。これまで述べてきた通り，グローバル・マーケティングの具体的方策はそれぞれ管理対象が異なる。ハイブリッド方策，共通要素方策については，マーケティング・プログラムの要素単位で標準化−適合化を検討する点が特徴的であった。そして複数パターン方策ならびにブランド・コンセプト方策については，マーケティング・ミックス単位で検討する点に特徴がある。共通分母方策については，消費者，顧客，パートナーのセグメントレベルで複合化を検討する考え方であり，

図表 2-12　グローバル・マーケティングの具体的方策

複合化方策	管理対象
ハイブリッド方策	マーケティング・プログラム
共通要素方策	マーケティング・プログラム
複数パターン方策	マーケティング・ミックス
共通分母方策	セグメント
SCM	生産や受注に関わる時間
ブランド・コンセプト方策	マーケティング・ミックス

出所：筆者作成。

SCM は時間を管理することによって複合化を模索する考え方である。このように複合化は様々な観点から模索・検討されることとなる。

6　International Product Life Cycle

　標準化－適合化が実行可能であるかどうかは，展開国の数や商品の成長段階とも関係性がある。展開国市場が少数の場合は国際化初期の場合がほとんどである。そのため国際化初期の段階においては経営資源が相対的に少なく，母国市場で展開していた商品をそのまま展開するか，一部修正という形で複合化が模索されるであろう。また展開国市場が増加すると，類似市場間での最大公約数を模索することで標準化を図ろうとするだろう。製品やブランドの成長段階という観点から見れば，市場にはじめて導入した際よりも市場からのフィードバックが増え大量に受注が入る成熟期の方が大量生産による規模の経済を享受しやすい。商品が市場に投入されてから成熟するにつれて企業は新たな市場としての展開国や効率的な生産国を模索する場合もあり，展開国も増大する傾向にある（Vernon(1966)）。

　製品やブランドの成熟過程はプロダクト・ライフ・サイクル論によって概念化されている。プロダクト・ライフ・サイクル論においては，製品やブランドは導入期・成長期・成熟期・衰退期といった 4 ステージを抱えているとしている。衰退期に入ってしまう前に，製品やブランドの長寿化を図る必要があるが，それを実現する一つの方法が海外展開となる。Vernon(1966) や Wells

図表 2-13　国際プロダクト・ライフ・サイクル論

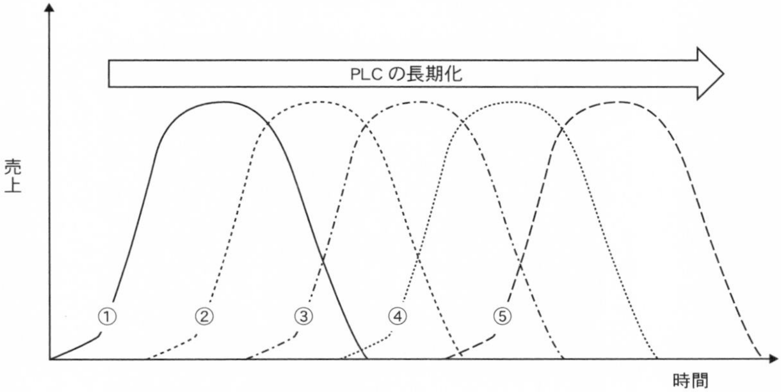

出所：Vernon(1966) を基に古川(2017) 作成。

（1968）は製品やブランドが衰退期に入る前に海外展開することによって，プロダクト・ライフ・サイクルを長寿命化できるとしている。図表 2-13 に彼らの概念である国際プロダクト・ライフ・サイクル論を図示した。

　当初，母国で展開されていたブランドが，他の先進国においても展開（輸出・生産・製造・販売）されるようになる。またその後，経済発展度合いが相対的に低い国々へも展開（輸出・生産・製造・販売）されるようになり展開国が広がっていくだけでなく，生産の規模も増大していくことになる。このようなプロセスを経て図表 2-13 の ①〜⑤ といったようにプロダクト・ライフ・サイクルを長期化させることができるのである。なおコンテンツ等，生産，製造や在庫リスクが少ない商品に関しては世界同時展開の実施も存在するが，未だに国際プロダクト・ライフ・サイクルのプロセスを辿る例も多い[6]。

　商品の成熟化と共に展開国が増大してくると，標準化−適合化の模索方法も変化してくる。図表 2-14 は国際プロダクト・ライフ・サイクル論と規模の経済の関係を示したものである。商品の展開が初期の場合，当然ながらローカルな展開となる。しかし製品・ブランドが成熟するに従い展開国が増大してくると，共通性を模索できる部分も増大しリージョナル，そしてグローバルな規模で標準化を検討することが可能となるのである。

図表 2-14　国際プロダクト・ライフ・サイクル論とローカル・リージョナル・グローバル

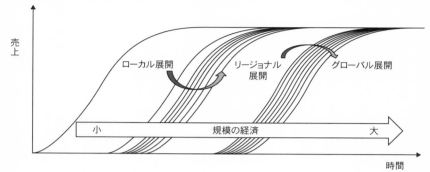

出所：古川(2017)，45 頁を一部修正。

7　まとめ

　本章では国内マーケティングがグローバル・マーケティングへと進化を遂げるまでの一般的なプロセスについて整理した。国内マーケティングが国境を超えることで延長マーケティングとなり，その後，マルチドメスティック・マーケティング，リージョナル・マーケティングへと進化し，最終的にグローバル・マーケティングへと到達する。なおこれは一般的な進化プロセスであり，本プロセスに準じない場合も存在することを予め断っておく。この点は次章において触れることにする。

　グローバル・マーケティングは，単に世界画一的な展開をするマーケティングではない。グローバル・マーケティングは展開国間で標準化できる部分を模索し，規模の経済を最大化することを試みながらも，適合化する部分も併せて模索するマーケティングを意味する。また拠点間の繋がりも強く，本社を介さずに知識移転が発生したり，延長マーケティングやマルチドメスティック・マーケティング，リージョナル・マーケティングを部分的に組み合わせたりする場合もある点が特徴的である[7]。

　標準化と適合化を同時達成し，複合化を目指す際にはハイブリッド方策，共

通要素方策，複数パターン方策，共通分母方策，SCM，ブランド・コンセプト方策が用いられる。これらの具体的方策については，マーケティング・プログラム単位，マーケティング・ミックス単位，セグメント単位，生産や受注の時間単位で標準化と適合化を模索するのが特徴である。

［注］
1　一般的に「ウプサラ段階モデル」として認知されている。
2　グローバル・マーケティングにおける中小企業の国際展開については井上(2020)が詳しい。近年はICTの発達も目覚ましく，国際化へのハードルが低下してきている。また中小企業であっても国際化を躊躇えば，海外市場において強大な知識や能力をはじめとした経営資源を蓄積した競合他社に将来国内市場をも席巻されてしまう恐れもある（古川(2016)）。特に日本において国内市場は多くの産業において飽和状態となっており，グローバル・マーケティングは大企業のみが検討する内容とは限らない。
3　井上(2017)はネスレ社を事例としながら，グローバル・マーケティングにおいては親子間，そして子会社間のコミュニケーションが活発になることを明らかにしている。
4　グローバル・マーケティングを国際マーケティングとは別概念と定義する研究も存在する。たとえば諸上(2012a)は，国境を意識するマーケティングを国際マーケティングとしている。一方で，グローバル・マーケティングは国境を意識しないマーケティングと概念化している。
5　大石(2013)は資生堂が保有する商品ブランドの事例を用いながらこの点を説明している。
6　たとえば古川(2017)はコカ・コーラ社の事例からこのプロセスについて検証している。
7　企業の国際化と本社機能の変化の関係については未だ研究の蓄積が十分とはいえない（浅川(2020)）。国際マーケティングの進化と本社機能との関係についても今後の研究が望まれる領域である。

グローバル・マーケティングの
展開プロセス

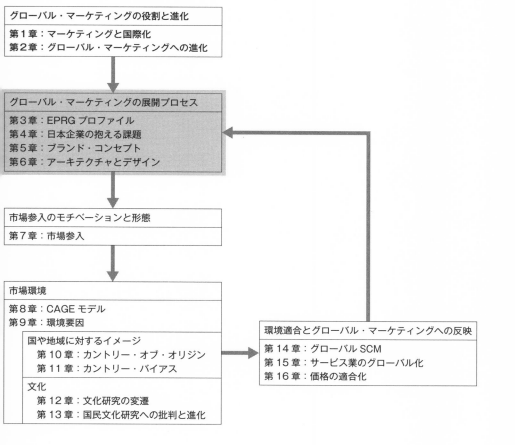

グローバル・マーケティングの役割と進化

第1章：マーケティングと国際化
第2章：グローバル・マーケティングへの進化

グローバル・マーケティングの展開プロセス

第3章：EPRG プロファイル
第4章：日本企業の抱える課題
第5章：ブランド・コンセプト
第6章：アーキテクチャとデザイン

市場参入のモチベーションと形態

第7章：市場参入

市場環境

第8章：CAGE モデル
第9章：環境要因

　　国や地域に対するイメージ
　　　第10章：カントリー・オブ・オリジン
　　　第11章：カントリー・バイアス
　　文化
　　　第12章：文化研究の変遷
　　　第13章：国民文化研究への批判と進化

環境適合とグローバル・マーケティングへの反映

第14章：グローバル SCM
第15章：サービス業のグローバル化
第16章：価格の適合化

第**3**章

EPRG プロファイル

　企業が国際化を果たし，国内マーケティングがグローバル・マーケティングに進化するまでは，① 母国のために製造した商品を海外展開する段階，② 現地市場のために商品を開発する段階，③ 展開している市場の多くで受け入れられる商品を開発し規模の経済を最適化する段階に分けられていた。① では母国市場向けに作られた商品をそのまま海外に適用する「延長」から，現地市場に併せて「修正」を実施することになる。そして ② では現地市場の環境に合せて商品を開発する適合化が検討される。③ においては，規模の経済を最適化するために世界規模，もしくは地域規模での標準化が模索される。

　国際マーケティングの一般的な進化プロセスは第2章において述べたが，全ての企業が必ずしもこの進化プロセスを経るかといえば，そうとも限らない。本章では諸上(1988) による国際マーケティングの発展モデル，Perlmutter (1969) による EPRG プロファイル，そしてこの概念と国際マーケティングとの関係性を示した Wind et al.(1973)，そして大石(1993b) によるフィルタリング・モデルを整理しながら，国際マーケティングの進化プロセスが単一でない理由について検討する。そのうえでこれらの枠組みとコカ・コーラ社による国際マーケティング展開の変遷を重ね合わせてみることとする。

1　国際マーケティングの発展モデル

　根本(1988)，ならびに諸上(1988) は国際マーケティングがどのように調整・展開されていくかといったメカニズムが単一でないことを指摘し，国際マーケ

ティングの発展モデルを提唱している。国際マーケティングの発展モデルは，Porter(1986) による国際戦略の類型をベースにして構築されている。Porter (1986) は企業の国際戦略を活動の配置と活動の調整といった 2 軸により分類している。活動の配置とは，世界のどこで研究開発，生産，製造，チャネル構築，リサーチ等といったマーケティング活動を配置し効率化させるのかを意味している。活動の配置は，国際戦略の活動が世界各地で分散的に実施されるのか，それとも集中した場所で実施されるのかといった観点から把握される。そして活動の調整とは，拠点間での活動の調整レベルを高くするのか低くするのかを意味している。国際マーケティングの発展モデルでは，活動の配置を横軸に，そして活動の調整を縦軸にした 4 つのセルを持つマトリックスを用いて，国際マーケティングがどのように進化しているのかを示している（図表 3-1）。

　それぞれのセルは，ドメスティック段階，インターナショナル段階，グローバル段階に分類されているが，インターナショナル段階ではシンプル・グローバル戦略，マルチドメスティック戦略，そしてグローバル段階ではグローバ

図表 3-1　国際マーケティングの発展モデル

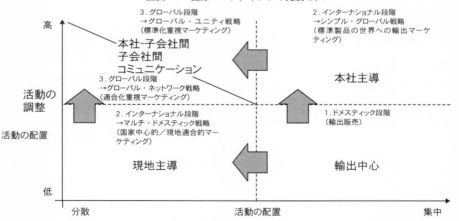

出所：根本(1988)，19 頁，ならびに諸上(1988)，44 頁に筆者加筆。

ル・ユニティ戦略，グローバル・ネットワーク戦略の２タイプがそれぞれ存在している。どのような企業も，当初は活動の配置が集中しており，活動の調整も低いドメスティック段階から国際マーケティングがスタートすることになる。ドメスティック段階では輸出中心に国際展開が実施され，延長マーケティングの段階と捉えることができる。その後，企業の国際マーケティング展開はインターナショナル段階に突入することになる。インターナショナル段階においては，活動の配置は集中し活動の調整度合いが高まるシンプル・グローバル戦略，そして活動の配置が分散型になり活動の調整が低いマルチドメスティック戦略の２方向に分岐することになる。

　シンプル・グローバル戦略においては積極的な海外展開が実施されるが，規模の経済獲得に主眼が置かれるためほとんどの活動が本国に集中し，本国本社が大きな権限を握ることになる。一方で，マルチドメスティック戦略においては，各国に権限が委譲される傾向になり適合化が志向されることになる。いずれの場合においても，インターナショナル段階を経てグローバル段階へ進化する。ただし同じグローバル段階においても，シンプル・グローバル戦略が発展したグローバル・ユニティ戦略，そしてマルチドメスティック戦略が発展したグローバル・ネットワーク戦略が存在する（図表 3-2）。

図表 3-2　グローバル・ユニティ戦略とグローバル・ネットワーク戦略

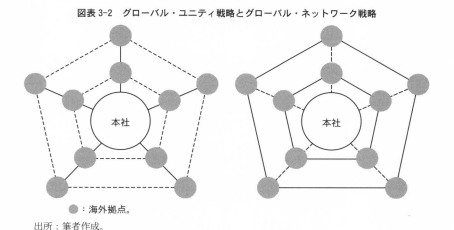

●：海外拠点。

出所：筆者作成。

　グローバル・ユニティ戦略は規模の経済を最重要視して標準化が志向される傾向にある。グローバル・ユニティ戦略はシンプル・グローバル戦略の発展形であるため，本社の統制が強く標準化重視の特徴を持つ（根本(1988)，諸上(1988)）。一方でグローバル・ネットワーク戦略は各国市場における差異のマネジメントを最重要視して適合化が志向される傾向にある。この段階では適合化が志向されるものの，子会社間のネットワークを強めることで規模の経済を獲得し，本社は世界的なコーディネーションの役割を担う（根本(1988)，諸上(1988)）。本モデルによれば，国際マーケティングはドメスティック段階からインターナショナル段階を経てグローバル段階へ移行するものの，発展経路は企業によって異なる場合が存在していることが分かる。それでは発展経路を分かつ要因には何が存在しているのだろうか。諸上(1988)ならびに茂垣(1988)はその要因としてCEOの特質に着目している。

2　EPRG プロファイル

　もし外部環境によって国際マーケティングの進化スタイルが決定づけられるのであれば，ほとんどの企業が類似した展開となるはずである。ただし同じ外部環境に直面していたとしても，ドメスティック段階に留まる企業もあれば，一気にグローバル段階にまで発展してしまう企業も存在する。外部環境による進化スタイルへの影響は確かに存在している。しかし外部環境を捉え・解釈する人間，とりわけCEOの存在が大きな影響をもたらしていると考えられている。

　Perlmutter(1969)は海外展開企業におけるCEOの志向スタイルに着目し，その傾向を Ethnocentric（本国志向），Polycentric（現地志向），Regiocentric（地域志向），Geocentric（世界志向）の4つに分類している。これらはEPRGプロファイルと呼ばれており，国際マーケティングの方向性と密接に関係しているとされている（Wind et al.(1973)）。

　Ethnocentric（本国志向）のCEOは権限を本国本社へ集中しようとする傾向がある。この場合，マーケティングにおいては延長マーケティングをはじめ

として母国市場で開発された商品やマーケティング案を標準化傾向で展開するようになる。一方で Polycentric（現地志向）の CEO は権限の一部を現地へ移譲する傾向がある。マルチドメスティック・マーケティング等，各国市場において適合化が模索され，展開市場の各地においてニーズの収集・分析・反映が積極的に実施されるようになる。Regiocentric（地域志向）の CEO は地域本社を作り，地域単位で最適化を模索しようとする傾向があり，ここではリージョナル・マーケティングが該当する。地理的に近接した展開国間で，経営資源を共有しながら競争優位を構築しようとするのである。そして Geocentric（世界志向）の CEO は母国本社と地域本社が手を組みながら世界的な視点でマーケティングを展開する傾向がある。この場合，グローバル・マーケティングが積極的に検討されるようになり，展開国間で経営資源を共有し，規模の経済や複合化が最適化される傾向がある。

　EPRG といった CEO の志向スタイルによって，国際マーケティングの方向性が大きく異なることになる。ただし必ずしも E → P → R → G の順序で CEO の志向スタイルやマーケティングの方向性が変化していくとは限らない。近年，設立当初からグローバルを志向するボーン・グローバル企業が登場したり，一貫してエクステンション・マーケティングから方向性を転換しなかったりする企業が存在するのも，CEO の志向スタイルが影響をもたらしていることが考えられる。なお CEO をはじめとした人間の志向スタイルが経営やマーケティングの方向性を変化させるという議論は，近年 Managerial Intentionality という概念として研究が進められている（Hutzschenreuter, et al.(2018)）。

3　フィルタリング・モデル

　大石(1993b) はグローバル・マーケティングの方向性がどのようなプロセスを経て決定されるのかについて整理し，フィルタリング・モデルを提唱している。フィルタリング・モデルとは企業が採用するグローバル・マーケティングの方向性が，企業要因，製品・産業要因，そして環境要因という3つのフィルターを経て決定されるというものである（図表3-3, 図表3-4）。本モデルの特

徴は，企業要因が最初に検討される点にある。企業要因には，競争優位の所在，戦略・志向，国際化度，組織（親子関係）が挙げられる。特筆すべきなのはCEOの特徴や志向スタイル，理念やそれに伴うミッション，コア・バリュー，ビジョン，パーパス，ドメインといった内容も企業要因に含まれることである。それらが企業文化を創造し，戦略の方向性を左右する。また企業要因に含まれている国際化度が高まることで，経営資源が蓄積され採用可能なマーケティングにも幅が広がることになる。EPRGプロファイルではCEOの志向スタイルという点に焦点が絞られていたが，それだけに限らない企業要因によってグローバル・マーケティングが方向付けられることになる。

　そして第二に検討されるのが，製品・産業要因である。製品・産業要因においては，産業の成熟度合い，取り扱う製品のプロダクト・ライフ・サイクル（PLC）の状況，普及率，技術水準，製品ポジション等が考慮される。海外展開市場において，ライバルとの競合が少ない場合では延長マーケティングが指向されるし，競合の多い市場であればマルチドメスティック・マーケティングを模索することになるだろう。

　企業要因，そして製品・産業要因というフィルターを経て検討されるのが環境要因である。環境要因では，法律・政治，制度，経済，地理，そして文化が検討される。政治形態や保護主義的な法整備，各国の規格，為替相場，経済発

図表 3-3　グローバル・マーケティングにおけるフィルタリング・モデル

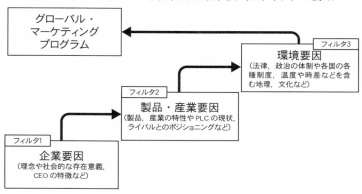

出所：大石（1993b），11頁を基に筆者作成。

展度合いによって展開可能なマーケティングの内容は異なる。また時差や気候
条件，宗教的なタブーによっても必要とされるマーケティングは異なるであろ
う。環境要因の内容は膨大であるが，環境要因もグローバル・マーケティング
の方向性を決定する重要な要因である。図表 3-4 に企業要因，製品・産業要
因，環境要因の内容をまとめてある。なお環境要因に関しては内容が膨大とな

図表 3-4　企業要因，製品・産業要因，環境要因

1．企業要因

1-1	競争優位／非優位の所在 企業文化，価値連鎖（R&D，生産，製造，人的資源，etc…），資金調達能力
1-2	戦略／志向 リーダー／フォロワー／ニッチャー，価格志向／差別化志向
1-3	国際化度 経験年数／程度，国際化率，（販売，生産，製造，R&D，人）
1-4	組織（親子関係） 組織構造，統制，コミュニケーション，子会社の地位

2．製品・産業要因

2-1	産業特性 ILC（Industrial Life Cycle），競争，競争優位
2-2	製品タイプ a) PLC／普及率 b) 価値連鎖中の競争優位所在 c) 技術水準 d) 代替性 e) 関与レベル
2-3	製品ポジション

3．環境要因

法・政治 制度 経済 地理 文化	内容が膨大となるため， 詳細は 8 章（環境要因）以降にて整理

出所：大石(1993b)，14 頁，ならびに大石(1996)，139 頁を一部筆者修正。

るため，ここでは概要のみを記した。環境要因の詳細については第8章以降で整理する。

　フィルタリング・モデルでは環境要因が3番目に来ているが，これは決して環境要因を軽視している訳では無いことを指摘しておく。場合によっては環境要因がマーケティングの方向性模索に選択の余地が無い決定的なものになってしまう場合もある（大石(1993b)）。フィルタリング・モデルで示されている環境要因は，企業要因，製品・産業要因のフィルターを経た視点で分析・把握されるという位置づけなのである。すべての企業が同様に環境要因のみを考慮して行動すると仮定した場合，いずれの企業も環境要因に適応するが故にコモディティー化が発生することになる。しかし現実の企業は同じ環境に直面していながらも差別化を図り各社で異なるマーケティングを実施する。これは企業要因，製品・産業要因のフィルターを経れば，環境要因の分析・把握・解釈の内容が異なるということをよく表している。

4　コカ・コーラ社の CEO とマーケティングの傾向

　本節では，国際マーケティングの進化モデル，EPRG プロファイル，そしてフィルタリング・モデルの観点からコカ・コーラ社における国際的なマーケティングの歴史的・動態的変遷について考察することにする[1]。図表 3-5 に EPRG モデルならびに国際マーケティングの進化モデルの視点からコカ・コーラ社の動態的な変遷をトレースした。

　コカ・コーラ社の創業は 1886 年であるが，初代 CEO は 1923 年にロバート・ウッドラフが就任したのが始まりである（1923〜1981 年）。1929 年時点では既に 76 カ国で商品が販売され，世界 63 カ所の工場が設立されている[2]。ロバート・ウッドラフは各国市場に権限を委譲し，適合化を志向した[3]。彼を EPRG プロファイルに当てはめると，Polycentric（現地志向）の CEO であったことが考えられる。そして同社を国際マーケティングの進化モデルに当てはめると，ドメスティック段階からインターナショナル段階（マルチドメスティック戦略）へ移行していた時である。彼の在任当時に誕生したのがファン

図表 3-5　コカ・コーラ社における CEO の変遷とマーケティング進化

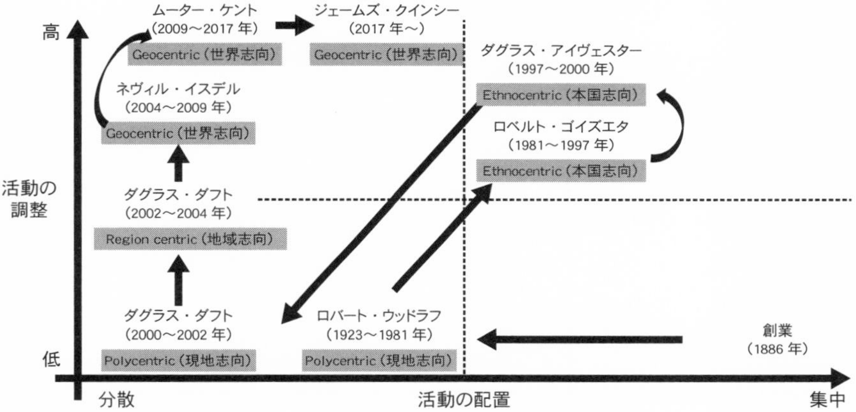

出所：筆者作成。

タである。ファンタは 1940 年にドイツで誕生した。1940 年は第二次世界大戦の最中であり，ドイツではナチスが政権を握っていた時期である。このような状況下であったため，これまでアメリカからドイツへ輸入していたコカ・コーラの原材料はストップしてしまう。結果としてドイツではコカ・コーラを販売することが出来なくなってしまったのである[4]。そこでドイツの現地子会社がコカ・コーラの代替品として開発したのが，りんご風味のファンタであった。ファンタはドイツで人気となり，コカ・コーラ社の新ブランドとして確立することになる[5]。ファンタ誕生の背景には第二次世界大戦という痛ましい歴史が存在しているものの，当時の CEO であるロバート・ウッドラフが Polycentric（現地志向）であり，同社の戦略がマルチドメスティック戦略に移行していなければ，現地へ権限が委譲されることも無くファンタは誕生していなかったであろう。なお当時のイタリアにおいても同様にオレンジ味のフレーバー開発が進んでおり，この開発もファンタの展開に寄与したとされている[6]。

　1981 年以降，CEO の座についたのがロベルト・ゴイズエタである（1981〜1997 年）[7]。彼は前代の CEO とは異なり，世界の拠点をアトランタに集中させ経営活動を標準化した。中央集権化を進めることにより本社の支配を強化し，標準化を軸にしたマーケティングを展開したのである[8]。彼を EPRG プロファ

イルに当てはめると，Ethnocentric（本国志向）に該当し，国際マーケティングの進化モデルに当てはめるとインターナショナル段階（シンプル・グローバル戦略）に該当する。国際マーケティングの発展モデルにおいては，マルチドメスティック戦略からシンプル・グローバル戦略へのパスは想定されていないが，コカ・コーラ社はこの段階において一度シンプル・グローバル戦略へ舵を切ったと考えられる。図表 2-7 に当時のコカ・コーラ社のマーケティング展開を分析した図を示しが，そこではネスレ社と比較して全般的にコカ・コーラ社は標準化の傾向にあった。ロベルト・ゴイズエタ体制にあって標準化を積極的に推し進めているが，流通，販促活動，顧客サービスについては完全な標準化ではなく，部分的に適合化を模索していることがここから読み取れる。

　ドイツで誕生し，その後ドイツ以外の欧州各国や日本を含むアジア等で展開されていたファンタは，標準化を軸にマーケティングを展開しようとするロベルト・ゴイズエタの下で急速に世界展開することになる。1994 年にはインドで，そして 1996 年にはベトナムにおいてもファンタが展開されるようになり，規模の経済が拡大していった[9]。1997 年からは，元 CFO であったダグラス・アイヴェスターが CEO に就任する（1997〜2000 年）[10]。彼は前社長の考えを引継ぎ，基本的に同じ路線でマーケティングを展開することになる[11]。前 CEO と同様の路線を継承したことを考えると，彼は EPRG プロファイルに当てはめると Ethnocentric（本国志向）に該当し，当時の同社を国際マーケティングの進化モデルに当てはめるとインターナショナル段階（シンプル・グローバル戦略）に該当すると考えられる。

　2000 年からはダグラス・ダフトが CEO に就任する（2000〜2004 年）[12]。就任当初，彼は現地化を志向していたが，最終的には複合化路線に移行する[13]。そのため彼を EPRG プロファイルに当てはめると，当初は Polycentric（現地志向）であったものの最終的に Region centric（地域志向）もしくは Geo-centric（世界志向）へ移行したと考えられる。また当時の同社を国際マーケティングの進化モデルに当てはめると，再度インターナショナル段階（マルチドメスティック戦略）へ移行しながら，少しずつグローバル段階へ移行し始める。ダグラス・ダフトは現地市場を重要視し現地化を追求したものの，結果として販売数量が思うように伸びず方針を転換したとされている[14]。2002 年頃か

らは現地市場の重要性を認識しながらも一部はアトランタ本社で世界的に統括を進め，標準化と適合化の最適点を模索するようになる。コカ・コーラ社にグローバル・マーケティングチームができたのも彼の就任期間である[15]。

　そして 2004 年にネヴィル・イスデルが CEO に就任してから，グローバル・マーケティングの展開が加速することになる（2004〜2009 年）[16]。彼は当初から極端な標準化─適合化ではなくそのバランスを模索することに腐心し，複合化を検討した。彼は地域統括担当者に多くの権限を委譲し，結果として同社が抱える商品の多様化も加速することになる[17]。各国市場での成功例を横展開する取り組みにも積極的であり，本社─子会社の間だけでなく，子会社間の連携も促進しながらグローバル・マーケティングを推し進めた[18]。彼を EPRG プロファイルに当てはめると Geocentric（世界志向）であり，当時の同社を国際マーケティングの進化モデルに当てはめるとグローバル段階（グローバル・ネットワーク戦略）であると考えられる。

　2009 年に CEO へ就任したムーター・ケントも当初より複合化を志向している（2009〜2017 年）[19]。今回も EPRG プロファイルに当てはめると Geocentric（世界志向），国際マーケティングの進化モデルに当てはめるとグローバル段階（グローバル・ネットワーク戦略）であると考えられる。彼はコカ・コーラ社入社当時，商品を各店舗へ届けるルートドライバーからキャリアをスタートさせている[20]。そのようなバックグラウンドから，彼は消費者が商品を手に取る瞬間やコカ・コーラがもたらす消費経験を重要視する傾向にあると推察される[21]。その一環として世界各地において氷でできたボトルのコカ・コーラをサンプリング活動の一環で展開したり，パッケージに名前や顔文字がランダムに入ったボトルを使ったキャンペーンが展開されていたりする[22]。消費者は友人の名前が書かれたパッケージをきっかけにして，その友人とコミュニケーションを取ったり，スタンプが描かれたパッケージを写真に撮影してメッセージを送信することで自らの感情を表したりしている。近年においてコカ・コーラは単なる清涼飲料ではなく，コミュニケーションのきっかけの一つとしての位置づけを構築しようとしている。

　2017 年，ジェームズ・クインシーが CEO に就任した（2017 年〜）。彼は就任段階から資産の効率的な活用を志向し，中核事業への集約化を検討してい

る[23]。就任当時に彼は「我々は引き続きグローバルとローカルの両立によって
競争優位を獲得していく」を述べている[24]。複合化を志向するものの，一部の
ボトリング会社を売却して従業員を大幅に削減する等，効率性の追求に尽力し
ている[25]。これらの点を考慮すると彼は EPRG プロファイルにおける Geo-
centric（世界志向），国際マーケティングの進化モデルに当てはめるとグロー
バル段階（グローバル・ユニティ戦略）に該当することが推察される[26]。

5　相互作用プロセス

　ここまでコカ・コーラ社の歴史的な変遷を基に，CEO の姿勢や特徴と国際
マーケティング展開の内容について概観してきた。コカ・コーラ社は，中央集
権—各市場分権，そして標準化—適合化のそれぞれに大きく方針を振りなが

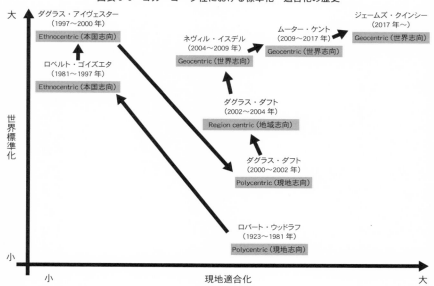

図表 3-6　コカ・コーラ社における標準化—適合化の歴史

出所：筆者作成。

ら，最終的に複合化の最適なバランスの模索へと国際マーケティング展開を収束させてきたことが分かる（図表 3-6）。もともとはアメリカ母国で展開されていたコカ・コーラをそのまま輸出することから海外展開が開始された。その後，現地化志向の CEO の方針下でファンタが誕生し，標準化志向の CEO によって地域展開，そして世界展開をするようになった。また本章では触れなかったが，日本の研究開発チームによってジョージアという缶コーヒーブランドやアクエリアスといったスポーツ飲料等が誕生した[27]。そしてそれらのブランドは複合化志向の CEO の方針下で地域展開（一部のブランドは世界展開）されることで規模の経済を獲得し巨大なブランドへと成長した。

　馬場（2004）は標準化─適合化同時達成メカニズムを，能力構築という概念から明らかにしている。つまり企業は標準化と適合化の相互作用を繰り返しながら，グローバル・マーケティングの能力を構築し競争優位を獲得していくのである。この能力構築の背景には，CEO をはじめとした企業展開に影響力を持つ要素の存在が考えられる[28]。動態的に能力（ケイパビリティ）を獲得していくプロセスはダイナミック・ケイパビリティ研究によってその内容が明らかになりつつある[29]。ダイナミック・ケイパビリティについては，本書においても第 14 章において触れることとする。

6　まとめ

　同じ市場環境に置かれていても採用する行動が企業によって異なるのは，企業要因と製品・産業要因が環境要因の捉え方へ影響をもたらしているからである。特にグローバル・マーケティングへの進化や，展開内容については企業要因が強く影響をもたらしており，本章ではその中でも CEO の志向スタイルに着目した。

　コカ・コーラ社の事例を検討した結果，CEO の志向スタイルと国際マーケティング展開の間には関係性が存在することが示唆された。ファンタ誕生の事例においては，第二次世界大戦という大きな環境変化が存在していた。しかしそれ以前に，当時の CEO が「各国に十分な裁量を与える」というスタイルを

採っていたからこそファンタという製品が開発されたのである。またその後の
CEO の志向スタイルによって，同製品は地域化・グローバル化していくこと
になった。

　国際マーケティングの進化は必ずしも最適点に向かって一直線に達成される
訳では無い。失敗を踏まえた次の新たな挑戦，そして新たな失敗を繰り返すプ
ロセスを経て進化し，国際マーケティングの能力・形態が構築されていくので
ある。

［注］
1　コカ・コーラ社における国際化の変遷については Ghemawat（2007）や多田（2010），そして同社
　の公開資料といった二次資料を総合的に参照している。
2　Ghemawat（2007），邦訳，37 頁。
3　同上，37-38 頁。
4　Coca Cola Journey（2017），“The Evolution of Fanta”，https://www.coca-colajourney.co.nz/
　stories/the-evolution-of-fanta（2019 年 8 月 24 日アクセス）。
5　同上。
6　日本コカ・コーラ株式会社 製品の歴史（ファンタ），https://www.cocacola.co.jp/stories/fanta-
　history（2019 年 8 月 24 日アクセス）。
7　The Goizueta Foundation, https://www.goizuetafoundation.org/life-and-work-of-roberto-goiz
　ueta/（2019 年 8 月 24 日アクセス）。
8　Ghemawat（2007），邦訳，38-41 頁。
9　日本コカ・コーラ株式会社 製品の歴史（ファンタ），https://www.cocacola.co.jp/stories/fanta-
　history（2019 年 8 月 24 日アクセス）。
10　The New York Times（1997），“Ivester is Named to Top Posts at Coca-Cola”, Oct 24th, p. 2.
11　Ghemawat（2007），邦訳，41-43 頁。
12　The New York Times（2000），“Transition in the Chief Executive Post at Coca-Cola Comes
　Early”, Feb 18th, p. 9.
13　日経ビジネス（2004），50-54 頁。
14　Ghemawat（2007），邦訳，43-45 頁。
15　日経ビジネス（2004），52 頁。
16　The New York Times（2004），“Coca-Cola Reaches into Past for New Chief : A Former Execu-
　tive, Passed Over Before, Returns After an Absence of 2 Years New Chief. Old Problems”, May 5th,
　p. 1.
17　Ghemawat（2007），邦訳，45-47 頁。
18　日経ビジネス（2008），28-31 頁，多田 （2008），71-83 頁。
19　Coca Cola Company, “Chairman of the Board”, https://www.coca-colacompany.com/our-comp
　any/board-of-directors-muhtar-kent（2019 年 8 月 24 日アクセス），Kent, M.（2011), pp. 12-21.
20　同上。
21　同上。
22　The Wall Street Journal（2014），“‘Share a Coke’ Credited With a Pop in Sales”, https://www.wsj.
　com/articles/share-a-coke-credited-with-a-pop-in-sales-1411661519（2019 年 8 月 24 日アクセ

ス)。

23　Financial Times (2018), "Cafés are the real thing for Coca-Cola", September, 5th, 2018.

24　Coca Cola Company (2017), pp. 4-5.

25　Financial Times (2018), "Cafés are the real thing for Coca-Cola", September, 5th, 2018.

26　Coca Cola Company (2017), *First Quarter 2017 Results*.

27　利根コカ・コーラボトリング株式会社 40 年史編纂委員会 (2003), 55 頁。

28　CEO 以外にも，グローバル・マーケティングの発展形態に影響を与えるものは存在している。たとえば原田 (2011) はスポーツブランドである Quick Silver が，アパレル事業の海外市場参入にライセンシングを選択していた点が経路依存となり，その後の国際マーケティング形態やブランド管理の内容にも影響が及んでいると分析している。

29　グローバル・マーケティングにおけるダイナミック・ケイパビリティについては諸上 (2019) が詳しいので参照されたい。

第4章

日本企業の抱える課題

　Vogel, E.F. が *Japan as number one* を出版したのが 1979 年である。当時，日本企業は世界的に大いに活躍していた。しかしその後，次第に勢いが縮小し，近年ではその影を潜めている状態である。IMD の世界競争ランキング調査によれば，2016 年から 2019 年の 5 年間における日本の平均順位は 63 カ国中 27 位という状況である[1]。世界で活躍するブランドを調査している Interbrand 社の Best Global Brand Top 100 によれば，2007 年以降，日本企業

図表 4-1　日系ブランドの活躍度合い

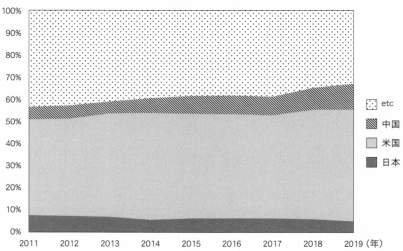

注：Interbrand, Millward Brawn, Brandfinance 社の算出したランキングを集計し，2011～2019 年の国別平均値を示している。

出所：Interbrand, Millward Brawn, Brandfinance 社の資料より筆者作成。

の割合は継続して 10%未満の状況となっている。なおこの結果は他のブランド価値計測機関の調査においても同様の結果となっている。図表 4-1 にInterbarnd, Millward Brawn, Brandfinance 社の調査結果を集計し，2011〜2019 年における日本，アメリカ，中国のランクイン企業数（国別平均値）を示した。

　なぜグローバルな舞台で活躍する日本企業はここまで力を弱めてしまったのであろうか。本書では日本企業の課題として，マーケティング近視眼的問題，そして過剰品質問題を取り上げることとする。これら 2 つの課題に共通する部分は，日々急速に変化する環境に対して十分に対応できなかった点である。既存事業の追求や製品展開の改良を続けることも大切であるが，それと同時に新たな事業や製品を育てる必要がある。そのためには研究開発だけでなく，企業や事業，そしてブランドの活動領域を意味するドメインの見直しが重要となることもあるだろう。また今や製品だけでなく，様々な便益が必要とされている時代である。製品の開発や機能・性能の向上だけでなく，企業は消費者，顧客，パートナーへ様々な便益を提供することが求められているのである。本章ではまず便益の概念について整理し，それを踏まえて日本企業が抱える課題について検討することにする。

1　ニーズと便益

　ニーズとは「満ち足りてない状態」を意味する。またニーズと共に語られることの多い概念としてウォンツがあるが，ウォンツはニーズを満たすために必要な具体的手段を意味する（Solomon（2013），田中（2015））。空腹を例にすれば，お腹が減り何か食べたいというのがニーズであり，数ある選択肢の中から「焼き芋を食べたい」という手段の欲求がウォンツとなる。ここで特筆すべきなのはウォンツには具体的な製品が直接的に関係している一方，ニーズには製品自体ではなく，それが消費者，顧客，パートナーへもたらすメリットが求められている点である。消費者，顧客，パートナーはニーズを満たすという目的を達成するために具体的なウォンツを探すのである。「ドリルを買いに来た人

が求めているものは，ドリルではなく穴である」という言葉を遺したのは
Levitt（1969）である。この言葉は消費者，顧客，パートナーの持つニーズとは
何かについて考えるための良いきっかけとなる。ドリルを買いに来た人が求め
ているのは製品ではなく，製品がもたらすメリットなのである。今回の例でい
えば，希望通りの穴が開けられるのであれば必ずしもドリルは必要無いとも言
えるだろう。穴を施工してくれる業者に依頼しても良いだろうし，それ以外の
方法もあるかもしれない。

　企業は消費者，顧客，パートナーへ単に製品を提供している訳ではなく，製
品がもたらすメリットも併せて提供していることを理解しなければならない。
このメリットを便益と呼ぶ。冒頭でも既述した通り，本書では一貫して企業の
提供する財のことを製品，財と便益を合わせたものを商品と呼んでいる。
Aaker（1991）は企業やブランドは製品だけでなく便益の束を消費者，顧客，
パートナーへ提供していると指摘している。更に和田（2002）は，便益を ① 絶
対に必要不可欠な基本的なもの，② 利便性を向上させる便宜的なもの，③ 感
情に訴えかける感覚的なもの，④ ブランドの名前や歴史，ストーリーがもた
らす観念的なものの4つに分類している。製品は便益を提供するために重要な
役割を果たすものであるが，それだけでは十分に消費者，顧客，パートナーの
ニーズを満たすことはできない（Aaker（2009））。

　便益の存在は近年においてその重要度を増加させている。図表4-2にマーケ
ティング概念の歴史的な変遷を示した。ここではマーケティング1.0から4.0
という形でまとめられているが，それぞれにおける目的の変化に着目して欲し
い。マーケティング1.0，つまり初期のマーケティング概念においては製品中
心のマーケティングが実施されていたことが分かる。そこでは物質的な充足を
もたらす点や製品開発・製品仕様・機能的価値の提供が重要とされていた。し
かしそこから時代を経るにつれ，マーケティングの目的は製品だけではなく，
感情的な側面や，社会をより良い場所にすること，自己実現の支援・促進等と
いった価値の提供に推移してきた。マーケティングのガイドラインについて
も，当初は製品仕様やポジショニングであったのが，現代では企業のミッショ
ンやビジョンが挙げられている。社会や人々の考え方が変化するとともに，
マーケティングの役割も変化してきたのである。

図表4-2 マーケティングの歴史

	マーケティング 1.0	マーケティング 2.0	マーケティング 3.0	マーケティング 4.0
	製品中心の マーケティング	消費者志向の マーケティング	価値駆動の マーケティング	自己実現の マーケティング
目的	製品を販売すること	消費者を満足させ, つなぎとめること	世界をよりよい 場所にすること	顧客の自己実現の 支援・促進
可能にした力	産業革命	情報技術	ニューウエーブ技術	ニューウェーブ技術 (デジタル化)
市場に対する 企業の見方	物質的ニーズを 持つマス購買者	知性と魂を持つ より賢い消費者	知性と魂と精神を 持つ全人的存在	自己実現を目指す 全人的存在
鍵となるマーケティ ング・コンセプト	製品開発	差別化	価値	社会的価値
企業のマーケティ ング・ガイドライン	製品仕様	企業と製品の ポジショニング	企業のミッション・ ビジョンおよび価値	顧客のミッション・ ビジョンおよび価値
価値提案	機能的価値	機能的価値と 感情的価値	機能的価値と感情的 価値と精神的価値	驚きや感動の体験
消費者との相互作用	1対多数の取引	1対1の関係性	多数対多数の協働	多数対社会の協働

上部に「時間」の矢印。

出所:Kotler et al.(2010),および Kotler, et al.(2016) を基に大石(2020) 作成。大石(2020),41頁。

2　マーケティング近視眼的問題

　時代と共に消費者,顧客,パートナーが求めている内容は大きく変化してきた。企業はそれに伴い,自らの活動領域を再確認し必要に応じて変化させることが求められる。そもそもドメインの理解が不十分であったり,固定的であったり,時代とは逆行していたりすれば,研究開発に膨大な資金や技術を投入したとしても良い商品は生まれにくい[2]。ドメインの設定が不十分であることによって引き起こるのがマーケティング近視眼的問題である。

　Levitt(1960a)はアメリカにおける鉄道産業の失敗を事例に挙げながらマーケティング近視眼的問題について指摘している。1860年代,アメリカの鉄道産業は大変活況であった。当時,国民の多くが利便性の高い移動手段として鉄

道を利用していた。しかしその後，鉄道産業は急速に衰退してしまう。その背景にあるのは，自動車や飛行機といった代替的でかつ革新的な移動手段の登場である。国民の多くは新しい移動手段を手に入れ，鉄道を利用せずとも良くなってしまったのである。その際，鉄道会社は自らのドメインを「鉄道」と定義し活動の範囲を限定してしまった。この鉄道会社がドメインを「輸送業者」と定義していたとしたら，人や物を運ぶという様々な選択肢の下，既存の認知度やブランドを用いながら更に発展することができたであろう。輸送業者であれば，鉄道だけでなくバスや航空事業に展開しながらシナジーを生み出し，拡張的な事業展開が可能となる。近視眼的にドメインを定義するのではなく，時代の変化とともにドメインを再定義しながら事業を発展させる必要がある。

　ドメインの再定義という観点から，日本企業の状況について見てみたい。図表 4-3 に日本における業種転換した企業の割合を示した。業種転換の割合を確

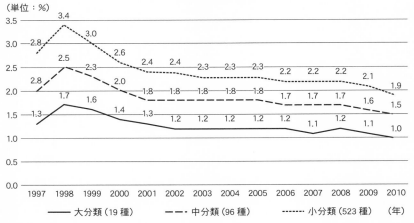

図表 4-3　日本における業種転換した企業の割合

注：
1. 公務，分類不能の産業及び不明を除いて集計。
2. 大分類の「卸売業，小売業」は「卸売業」及び「小売業」と分割して業種転換率を集計している。
3. ここでいう業種転換は，売上高構成比の最も高い業種の転換をいう。
4. 業種転換率＝当該年の業種転換企業数/当該年の期首の企業数。
出所：中小企業庁 (2011)，『中小企業白書』，220 頁，帝国データバンク「COSMOS2 企業概要ファイル」により中小企業庁が作成。

認することで，ドメイン再定義の傾向を概観することができる。図表 4-3 では，日本標準産業分類における大分類・中分類・小分類のそれぞれで業種転換した企業の割合が示されている。日本において業種転換した企業の割合を確認すると，1997 年から 2010 年にかけて年々減少してきていることが分かる。

　また帝国データバンク (2015) による「"本業"の現状と今後に対する企業の意識調査（有効回答企業数：10,867 社）」の結果を図表 4-4 に示した。図表 4-4 は「本業の内容が変化した」と回答した割合を横軸に，企業年齢を縦軸にした散布図である。このデータから，企業年齢が高まる程，本業の内容が変化したと回答した企業数が増加していることが分かる。企業年齢と本業の内容変化には正の相関が確認できる。そして本業を変化させることはドメインを変化させることと強い関連がある。企業年齢の高い企業は社会や市場環境の変化に応じて自らのドメインを再定義し，長期間生存してきたことが推察される。

　Levitt (1960a) が指摘した「マーケティング近視眼」の考え方は古くて新し

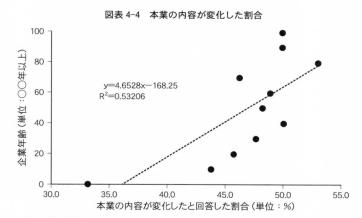

図表 4-4　本業の内容が変化した割合

$y = 4.6528x - 168.25$
$R^2 = 0.53206$

縦軸：企業年齢（単位：〇〇年以上）
横軸：本業の内容が変化したと回答した割合（単位：%）

注：N＝10867。
　　個票は開示されておらず，公開されているデータはカテゴリー化されたものみである。そのためここでは 11 のカテゴリーデータを用いて散布図を作成した。
　　「貴社では，創業時（設立時）と現在を比較して，"本業"に変化はありましたか」という質問に対する回答内容。
出所：帝国データバンク (2015)，「本業の現状と今後に対する企業の意識調査」のデータを基に筆者作成。

い問題である。過去，隆盛を誇った時代において通用していたドメインではなく，所持している経営資源を再構成しながら新たなドメインを設定し環境を創造，もしくは環境へ対応できるかどうかが求められている。

3　過剰品質問題

　本章で取り上げるもう一つの課題は過剰品質問題である。上述した通り，製品だけでなく便益の提供が消費者，顧客，パートナーのニーズを満たすために重要な役割を果たす。日本企業は製品の作り込みに関しては大変優れており，世界においても「日本製品＝高機能・高品質」のイメージが抱かれている（Future Brand（2019））。一方で上條（2010）は日系ブランドの課題として，品質を超えた付加価値を国際的に展開できていないことを挙げている。各国の市場において消費者，顧客，パートナーには製品の品質が最低限満たされていることが当然のこととして捉えられており，それ以上の付加価値を求めている。更に新宅（2009）は日系企業の国際展開における課題について，各国ニーズへの理解が不十分な点を挙げている。これは展開する製品が技術的に優れているという点だけでは国際市場で活躍するには不十分であることを意味している。たとえばホンダは，ベトナム市場におけるバイクの展開に際し当初延長マーケティングで展開していた。しかしベトナム市場は日本市場とは経済状況・制度・気候・国民性等様々な状況が異なる。最も分かりやすい気候という側面だけ切り取ってみても日本市場では冬に氷点下にまで気温が下がる地域もありそれに合わせた仕様が必要となる。一方でベトナム市場では気温が氷点下にまで下がることや降雪の心配も無い（藤田（2005））。日本市場向けに調整された製品の延長展開では，国際市場において無駄な機能や品質が備わっているため結果的に販売価格も高価になってしまう。

　この問題は過剰品質問題として議論されている。過剰品質問題とは，製品の品質や機能性を追求し過ぎるがゆえに消費者，顧客，パートナーにとって使いこなせない特徴まで追求してしまうという問題である（新宅（2009））。国内マーケティングを考える場合とは異なり，マーケティングを国際的に管理する

場合，過剰品質問題の罠に陥りやすい。特に日本企業は技術者の「技術的に優れた商品を作ろう」という意識が強く，過剰品質問題に陥りやすいことが分かっている（古川（2016））。

　図表4-5にその傾向を示した。図表4-5では研究開発費や広告費を用いた分析が実施されているが，これは多国籍企業の技術志向とマーケティング志向の傾向が研究開発費と広告費への投資額によって代替的に計測できるからである（Caves（2007），Ghemawat（2007））。古川（2013）は世界的に躍進しているブランドとそうでないブランド群に分け，研究開発費と広告費の売上高比率をそれ

図表4-5　広告費を1とした場合の研究開発費比率（日米）

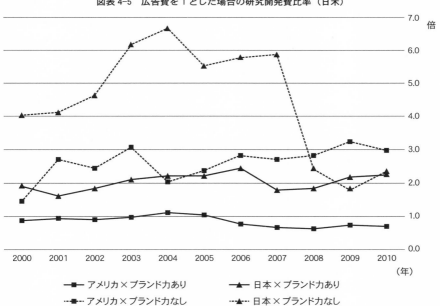

※製造業321社が対象。2000年から2010年の11年間で延べ3349サンプル。

※Brand Finance社のGlobal500（2011）にランクインしている企業を「ブランド価値獲得企業」として定義。

※日本のブランド価値非獲得企業について：2008年以降，僅かな広告費しか計上してこなかった企業の多くが広告費データを公表しなくなった。その結果，サンプルには相対的に多くの広告費を計上していた企業のみが残り，2008年以降，日本のブランド価値非獲得企業の値が大きく変化している。

出所：古川（2013），15頁を基に筆者作成。

それ比較している[3]。日本企業と世界的なブランドを多く抱えているアメリカ企業との比較も同時に実施されているが，一貫して分かることは「研究開発費だけでなく広告費にもしっかりと投資できている企業が世界で躍進している」ということである。実際に図表 4-5 においてはブランド力を獲得している企業は全体的に広告費の 1〜2 倍の研究開発費投資を実施している。しかしブランド力を獲得していない企業は，広告費の 3〜6 倍といった研究開発投資を実施していることが分かる。またブランド力の有無に関わらず日本とアメリカ企業を比較してみると，日本企業は研究開発投資に注力してきたことも分かる。このデータが意味するのはグローバル・マーケティングの展開において，製品の機能や品質追求だけでは不十分ということである。日本企業とアメリカ企業のいずれにおいても，世界的に躍進するブランドを構築する企業は技術志向とマーケティング志向の両立を模索しているのである。これはつまり製品のみだけでなく，マーケティング活動によりどのような便益を提供できるかが重要であることを意味している。その点で日本企業の課題として技術志向の強さがあることが推察される。

　実際に Interbrand, Millward Brawn, Brandfinance 社によるブランド価値評価においても，高評価を受けている日本企業は研究開発技術が相対的に市場のニーズと結びつきやすいテクノロジー産業が多い[4]。またこれまで日本企業は先端技術を核にした製造業で躍進を遂げてきた。しかし近年においては，製品を用いながらどのような便益を消費者，顧客，パートナーへもたらすことができるのかといった「商品」開発が重要なのである。

4　イノベーターのジレンマ

　過剰品質問題発生の背景には，イノベーターのジレンマが存在している。イノベーターのジレンマとは技術者が良い技術を開発して製品に反映させ続ける結果，市場で求められるニーズの域を超え受け入れられない製品が出来上がってしまうジレンマを意味する（Christensen(1997)）[5]。技術者は時代が進むに従い当然のこととして技術改良を実施する。このイノベーションを持続的イノ

ベーションと呼ぶ（図表 4-6）。当面の間は持続的イノベーションが消費者，顧客，パートナーのニーズを満たすことになるが，次第に製品の内容が市場のハイエンドで求められているポイントを超えてしまう。ここで求められるのは，これまでの持続的イノベーションではなく市場のニーズに沿って製品を再構成・再調整するイノベーションであり，このイノベーションを破壊的イノベーションと呼ぶ。破壊的イノベーションによって，消費者，顧客，パートナーへ提供される製品の品質や機能性を意図的に低くしなければならないこともある。破壊的イノベーションは，過剰となっている品質や機能性をそぎ落として再構成・再調整することで新しい価値を生み出すイノベーションである。技術者によっては，これまで研究開発してきた品質や機能性が低下することに抵抗を示す場合もあるが，破壊的イノベーションはイノベーターのジレンマからの脱却に必要不可欠となる。特にグローバル・マーケティングを検討する場合，様々な特徴を持った各国，各地域の市場管理が必要とされる。母国市場では有効なイノベーション（市場のニーズにマッチしたもの）であっても，別の市場では過剰品質状態に陥ってしまっていることもある。市場によって大きく異なるニーズ（共通性・異質性）を考慮してみると，イノベーターのジレンマ

図表 4-6　イノベーターのジレンマ

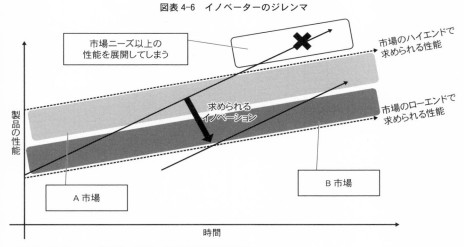

出所：Christensen(1997)，邦訳，10 頁を基に筆者加筆。

問題に陥ってしまっている場合がある。

　イノベーションを「技術革新」と訳すのは誤りである。イノベーションという言葉を世界で初めて用いた Schumpeter (1911) は，この言葉を当初より「新結合（Neue Kombinationen）」と定義していることを忘れてはならない。つまりイノベーションとは世の中に存在している様々な価値を結合することによって新しさを創り出すことを意味しているのである。そして様々な価値とは必ずしも「技術」だけに限らない。それでは技術に限らない様々な価値には一体どのようなものが存在しているのだろうか。その具体的な内容については次章において述べることとする。

5　まとめ

　本章ではグローバル市場において日本企業の力が弱まりつつある現状とその課題について，マーケティング近視眼的問題，そして過剰品質問題の観点から取り扱ってきた。これら課題の背景には急速に変化する環境に対応しきれていないという点と，技術の力を過信してしまう点が存在していた。マーケティングの概念が発祥してから現在に至るまで，マーケティングに課せられた役割は変化してきた。当初は製品をどのように提供するかが主眼であったが，近年では製品だけでなくその他の便益も含めた「商品」をどのように提供するかといった点にマーケティングの主眼が置かれるようになってきている。本章では便益と製品の関係を整理するためにニーズとウォンツの概念についても整理を行い，製品はニーズを満たすために必要な一手段でしかないことを示した。時代と共に環境に対応しながら場合によってはドメインを再考して，製品だけに留まらない便益の束を消費者，顧客，パートナーへ提供することが求められているのである。

[注]
　1　IMD Web ページ，https://worldcompetitiveness.imd.org/（2020 年 2 月 29 日アクセス）。
　2　ドメインには企業ドメイン，ならびに事業ドメインが存在しており，適切なドメインの設定が組織統制やブランディングに良い影響をもたらす。なおドメインの詳細については，廣田（2007）や

Balmer（2008）が詳しい。

3　なお国際会計基準である IFAS を採用する企業が近年増加してきたため，2013 年以降の IFAS 採用企業だけをピックアップして，より厳密な基準で比較してみても図表 4-5 と同様の結果が確認できる。詳細は古川（2018）を参照されたい。

4　Interbrand, Millward Brawn, Brandfinance 社の Web ページ。

5　Christensen（1997）の邦訳では「イノベーションのジレンマ」と訳されているが，原典では The Innovator's Dilemma とされているため，本書では「イノベーターのジレンマ」と表記を統一する。

第 5 章

ブランド・コンセプト

　前章では日本企業の抱える課題の一つとして，過剰品質問題を取り上げた。良いものづくりさえすれば，各国の市場で受け入れられるとは限らない。いまや消費者や顧客，パートナーは製品に最低限の品質や機能が満たされていることを前提としており，それ以上の価値を求めている。では企業は品質や機能以外にどのような価値を，消費者，顧客，パートナーへ提供することができるのだろうか。この点は便益という概念で研究が進められてきた。便益とは，消費者，顧客，パートナーにとってのメリットとなる特徴を意味する概念である。

1　BCM：ブランド・コンセプト―イメージ・マネジメント

　1986 年に *Journal of Marketing* 誌において，Brand Concept-Image Management（BCM）という考え方が発表された。Park et al.(1986) によって提唱されたこの考え方は，ブランドのコンセプトを管理することで適切なマーケティングの展開やブランド構築を目指すというものである。図表 5-1 に BCM の考え方を示した。

　BCM ではプロダクト・ライフ・サイクルを市場導入段階，修正段階，拡張展開段階の 3 段階に分け，それぞれの段階で適切なコンセプトを 3 つの中から 1 つ選択する必要があるとしている。そして選択したコンセプトを中心に据えて，それを達成するためのマーケティングを実施するといったように，マーケティングの指針を提供している点が BCM の優れた特徴である。なおブランド・コンセプトとは，企業が選択したブランドの意味であり，消費者，顧客，

図表 5-1　Brand Concept-Image Management（BCM）

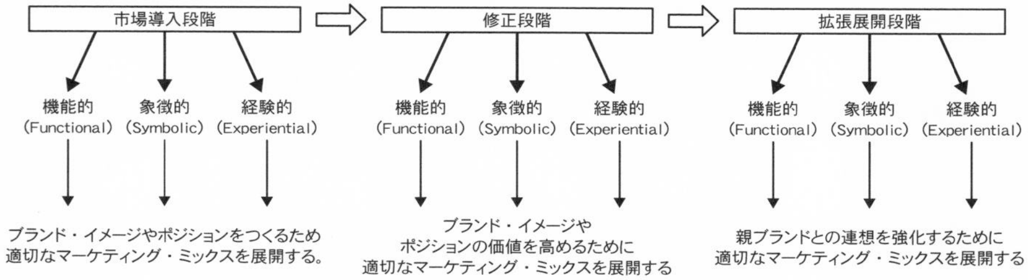

出所：Park et al.(1986), p.137 より一部抜粋。

パートナーに提供したいと考える価値を表現したものである。Park et al.
(1986)が提示したコンセプトは機能的，象徴的，経験的の３つであり，これら
は既存の便益研究を整理したものである。機能的コンセプトとは，問題解決や
予防を消費者，顧客，パートナーに提供するコンセプトである。文字通り，製
品の機能や品質，技術等といった点がここに含まれる。日本企業の得意とする
品質や機能性といった点は，機能的コンセプトとして存在している。なお低価
格といった点についても，機能的コンセプトに含まれている。象徴的コンセプ
トとは，消費者や顧客，パートナーの自己表現の一部として商品を提供しよう
とするコンセプトである。人々はコミュニティ内の立場や周りの人々との関係
性を考慮しながら商品を消費する。象徴的コンセプトは消費者や顧客，パート
ナーの象徴となるような商品を提供するコンセプトである。そして経験的コン
セプトは，消費者や顧客，パートナーに経験を提供するコンセプトである。経
験的コンセプトにおいては，感覚的な喜びや，選択する楽しさ，気持ちの良い
サービス等，経験的な消費の提供を重要視する。
　その後もブランド・コンセプト研究，ブランド便益研究，そして消費価値研
究といった分野においてコンセプトや便益の概念化・精緻化が進められてき
た。図表 5-2 に既存研究で提示されてきたコンセプトや便益の枠組みと概念間
の対応を示した。研究者によって呼称や表現が若干異なるため，表内では敢え
て原文の表現を用いている。
　図表 5-2 をみると，機能的，ならびに象徴的の部分をそれぞれ２つに細分化
して捉える研究も出てきていることが概観できる。古川(2011a) は，機能的，

図表 5-2　ブランド・コンセプト，便益研究のまとめ

研究者	ブランド・コンセプト&ブランド便益			
	機能的	感情的	象徴的	
Park et al.(1986)	Functional	Experiential	Symbolic	
Roth(1992)	Functional	Sensory	Social	
Keller(1993)	Functional	Experiential	Symbolic	
Aaker(1991)	Rational	Psychological		
Aaker(1996)	Functional	Emotional	Self-expressive	
Aaker(2009)	Functional	Emotional	Self-expressive	Social
和田(2002)	基本価値	便宜価値	感覚価値	観念価値
Hsieh(2002)	Economic	Utilitarian	Sensory	Symbolic

出所：古川(2016)，71 頁。

象徴的，感情的の 3 要素では詳細に企業やブランドの戦略を補足・説明することができないことを指摘し，最終的に 7 つのブランド・コンセプトを提示している。7 つのブランド・コンセプトは Sheth et al.(1991a)，Sheth et al.(1991b)ならびに Holbrook(1996) による消費価値研究を基に抽出されている。抽出過程やその具体的な内容については古川(2016) を参照されたい。

　7 つのブランド・コンセプトはそれぞれ，価格要素，品質要素，ステータス要素，集団要素，感情要素，多様性・新規性要素，社会貢献要素である。価格要素と品質要素は機能的コンセプトを細分化することで抽出されている。価格要素とは，文字通り低価格という便益を提供する要素である。価格という消費者や顧客，パートナーにとっての犠牲や負荷を低減させるためのコンセプトを意味している（Zeithaml(1988)）。品質要素とは，品質や機能性という便益を提供する要素である。具体的には物理的な性能や実用性，信頼性を展開するコンセプトである（Sweeney and Soutar(2001)）。

　ステータス要素と集団要素は象徴的コンセプトを細分化することで抽出されている。ステータス要素とは，他者と差別化することのできる社会的ステータスという便益を提供する要素である。商品が，高価かつ高級であったり，希少性が高かったりする場合，多くの人々がそれを所持することが難しくなりステータス性が生じる（Leibenstein(1950)，Levy(1959)）。集団要素は，周囲の

人々（準拠集団）と一緒であるという安心感を提供する要素である。ある商品を皆が所持していたり使用していたりする場合，消費者，顧客，パートナーは当該商品が悪くない選択肢であると認識する傾向にあり，時には周囲の人々との一体感を味わいたいという理由で積極的に消費されることがある（柴田（2004））。

　感情要素は，Park et al.(1986) の提示している感情的コンセプトと同一であり，経験を通した感情に関わる便益を提供するコンセプトである。特に人的なコミュニケーション活動によって得られる五感経験を通した感情（楽しい，情熱的等）に関わる便益を提供するものである（Holbrook(1996), Holbrook and Hirschman(1982), Pine and Gilmore(1999), Schmitt(1999), Schmitt(2003)）。

　多様性・新規性要素ならびに社会貢献要素は Park et al.(1986) の提示したブランド・コンセプトでは捉えきれないコンセプトである。多様性・新規性要素は，今までとは異なる「変化」という便益を提供するコンセプトである。プロダクト・ライフ・サイクル論において，商品展開の初期段階で商品を消費しようとする消費者，顧客，パートナーは「変化」を追い求めている傾向にある（Rogers(1976)）。彼らにとっては，今までとは異なるという点が重要であり「変化」という便益を消費しているのである（McAlister(1982), McAlister and Passemier(1982)）。最後に社会貢献要素は，他者や環境問題解決のために何かしたいという人々の利他的な行動を手助けするコンセプト（便益）である（Holbrook(1996)）。北欧諸国を中心とした消費者，顧客，パートナーにとって社会貢献要素は特に重要視されている（古川(2016)）。消費者や顧客，パートナーにとっては，純粋に社会問題や環境問題に貢献したいと考える場合もあるが，消費をしている自分（自社）が社会的責任をしっかりと果たしているということを表明するために消費活動を活発化させることもある。

　図表 5-3 に 7 つのブランド・コンセプトの概要をまとめた。ブランド・コンセプトや便益を考慮すると，価格や品質といった要素以外にも多様な価値が存在していることが分かる。品質や機能性は商品展開において主要な要素であることは否定しない。しかし国際的に商品を展開する場合は，品質や機能性を追求し過ぎたが故の日本企業の課題が存在していた。グローバル・マーケティングにおいては，品質や機能性という要素だけに限らない多様な便益を封入した

図表 5-3　7 つのブランド・コンセプト

価格要素 （Low Price）	低価格を価値とするコンセプト。 低価格といった要素も消費者に提供可能な価値として存在している。
品質要素 （High Quality）	物理的な性能や耐久性，機能の充実等といった技術によってもたらされる側面を価値とするコンセプト。
ステータス要素 （Status）	レア物であったり，所持すること自体がステータスの証となったりする価値を消費者に提供するコンセプト。 スノッブ効果やヴェブレン効果とも呼ばれ，希少性や顕示的な消費に繋がる現象を引き起こす。
集団要素 （Mass）	流行といった側面を価値とするコンセプト。 多くの他者が利用しているから安心だという効果を消費者にもたらす。
感情要素 （Emotional）	ドキドキ・ワクワクするような「消費体験」を消費者に提供するコンセプト。 ビジュアル，サウンド，香り，触り心地などといった五感を通して，消費者の感情に訴えかける。
多様性・新規性要素 （Variety and Novelty）	「これまでとは違う変化」といった側面を価値とするコンセプト。 製品ラインナップ（バラエティ）の拡充や，新製品の積極的な展開による新しさの展開を重視する。
社会貢献要素 （Altruistic）	他者や環境への貢献という側面を価値とするコンセプト。 売り上げの一部が社会の恵まれない人々や環境保護のために寄付される等，貢献といった点を重視する。

出所：古川（2018）を一部修正。

一つのパッケージを商品として展開する必要がある。

2　コア・コンセプトとサブ・コンセプト

　Park et al.（1986）による BCM では，市場導入段階，修正段階，そして拡張展開段階のそれぞれで一つのコンセプトを採用する必要があると指摘していた。しかしその後の研究で，各段階でたった一つだけのコンセプトを採用しているブランドは現実的にほとんど存在していないことが明らかになった（Roth（1992））。いずれのブランドも複数のコンセプトを採用しながら，マーケティングを展開していたのである。

　大石（1993b）のフィルタリング・モデルによれば，グローバル・マーケティ

ングは①企業要因，②製品・産業要因，③環境要因のフィルターを通して決
定するとされていた（図表3-3）。ブランド・コンセプトを検討する場合も，
第一に企業要因が重要になる。企業要因にはCEOの志向スタイルやミッショ
ン，コア・バリュー，パーパス，ドメインといった要素，そして競争優位の所
在，戦略・志向，国際化度等が含まれていた。つまり企業要因を基に，どのよ
うなブランドを創りたいかという軸を据えることが肝要である。特にミッショ
ンやパーパスに関しては，企業の存在意義に関わる部分であるため，この点が
採用するブランド・コンセプトに反映されていなければ当該企業が展開する商
品の存在意義まで問われてしまうこととなる。

　ブランド・コンセプトは複数選択されるが，この中心的な軸となるブラン
ド・コンセプトをコア・コンセプトと呼ぶ。コア・コンセプトは，ブランドの
今後進むべき方向性や存在理由を反映したものである（Aaker（2014））。
Aaker（2014）は，ブランドがたどり着くべき場所を明確にする必要性を指摘
している。目的地が定まっていなければ，そのブランドは環境にあてもなく翻
弄されることになってしまうのである。

　ただしコア・コンセプトを市場に受け入れてもらうためには，市場のニーズ
にもある程度寄り添う必要がある。つまりフィルタリング・モデルで示されて
いた②製品・産業要因や③環境要因を考慮してコア・コンセプトを市場に受

図表5-4　コア・コンセプトとサブ・コンセプト

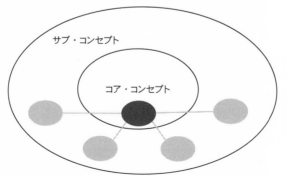

出所：古川(2018)，22頁。

け入れてもらうための内容を考慮する必要がある。本書では，自社のポジショニングや，消費者，顧客，パートナーのニーズ，価値観，文化の傾向等を考慮して採用されたコンセプトをサブ・コンセプトと呼ぶ。図表5-4にコア・コンセプトとサブ・コンセプトの概念図を示した。

　コア・コンセプトとサブ・コンセプトを組み合わせることによって，具体的にどのようなマーケティングを展開すればよいかが明確になる。マーケティングはブランドを構築するための手段である。目的が決まれば手段は自ずと決定する。もし目的が明確でなく，組織内で十分に共有されていなければ，一貫性に欠けるマーケティング展開を実施せざるを得なくなるだろう。また一貫性に欠けたマーケティングは消費者や顧客，パートナーに混乱をもたらし，結果としてマーケティングに対する積極的な投資を実施してもブランドが構築できない。Roth（1992）は消費財の展開するブランド・コンセプトの状況と各国市場におけるパフォーマンス（販売量，利益，マーケットシェア）の関係を分析している。彼の研究によれば，コア・コンセプトが明確に存在している場合と，

図表 5-5　コア・コンセプトの存在とブランド・パフォーマンスの関係

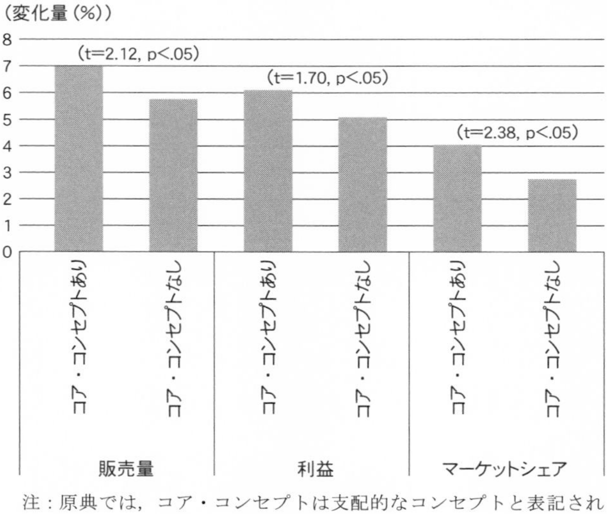

（変化量（%））

注：原典では，コア・コンセプトは支配的なコンセプトと表記されている。
出所：Roth（1992），p. 31 を基に筆者作成。

そうで無い場合で，販売量，利益，マーケットシェアといった企業のパフォーマンスに差が出ることを明らかにしている（図表5-5）。本図を参照すると販売量，利益，そしてマーケットシェアのいずれにおいても，コア・コンセプトが存在しているブランドの方がパフォーマンスを向上させることが分かる。

　ここまで整理してきたとおり，コア・コンセプトは大変重要な存在である。しかしそれと同時にサブ・コンセプトも大切な役割を果たしている。Aaker（2014）によれば，サブ・コンセプトが存在することで当該ブランドがどのような存在であるのか消費者や顧客，パートナーへ具体的な手触りを与えてくれると述べている。静態的な側面であるコア・コンセプトと動態的な側面であるサブ・コンセプトの組み合わせ方（静－動バランス）や，コンセプト毎の注力具合によって多様な価値を創出することが可能となるのである。

3　ブランド・ビジョン

　コア・コンセプトに影響をもたらす概念として，企業の理念，ミッション，コア・バリュー，ドメイン，そしてこれらを反映したブランド・ビジョンやブランド・パーパスが存在している[1]。Aaker（2014）はブランド・ビジョンを「そのブランドにこうなって欲しいと強く願うイメージを，はっきりと言葉で説明したもの」[2]と定義している[3]。またブランド・パーパスとは，ブランド・ビジョンより社会性を帯びた概念であり，ブランドの社会における存在目的を意味する。ブランド・パーパスは，「世界を良くするためにブランドが何を提供できるか」といった点を強調し，組織行動の規範となる価値観であるとされている（Hsu（2017））。図表5-6に各概念の関係図を示した。企業の理念，ミッション，コア・バリュー，ドメイン等はブランド・パーパスを規定する。そしてブランド・パーパスという行動規範を基に，ブランド・ビジョンとして企業が消費者，顧客，パートナーへ提供する価値に昇華することとなる。

　ブランド・ビジョンやブランド・パーパスは「何のために：Why」に焦点があてられる。「何のために」そのブランド（企業）は〇〇の便益を提供するのか，「何のために」組織は△△の行動規範を持つのかといったように，「何の

図表 5-6　ブランド・ビジョンとブランド・パーパス

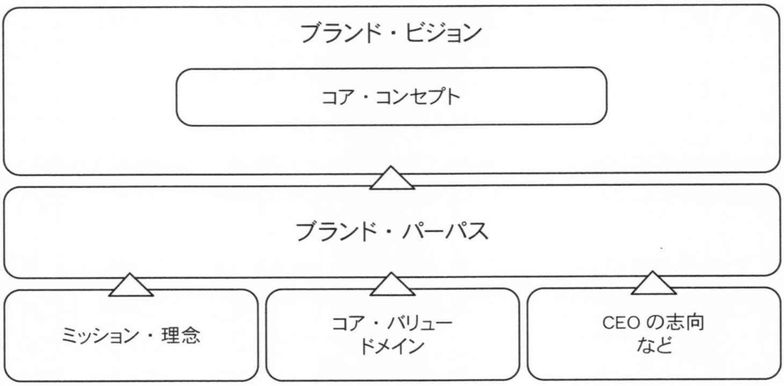

出所：筆者作成。

ために：Why」の部分が組織，消費者，顧客，パートナーへの求心力となり，ブランドの構築に寄与するのである。本書ではマーケティングの定義を「何のために・誰に・いつ・何を・どこで・どのように提供するかに関する活動」としている。定義の冒頭を「何のために」としているのは，この部分がグローバル・マーケティングの核心となりうるからである[4]。ブランド価値計測機関のMillward Brown 社はブランド・パーパスの測定に注力している。たとえばMillward Brown（2015）は 86 ブランドのブランド・パーパスを定量化し，ブランドの資産的な価値との関係性を検証している（図表 5-7）。図表 5-7 では10 のグループに集約された散布図となっているが，両者の間には正の関係性が見られる。これはブランドの「何のために」という部分が明確である程，ブランドの資産的な価値が上昇することを意味している。更に Millward Brown（2019）の調査によれば，1979 年以降に誕生した Centennial, Millennial 世代においては，それ以外の世代と比べて「何のために」といった部分を積極的に評価することが明らかになっている[5]。

　Holt et al.（2004）の調査によれば，海外の消費者，顧客，パートナーがグローバルに展開されている商品を手に取る理由の上位に「社会的責任を果たしてくれる存在」が挙げられている[6]。また近年では，環境・社会・ガバナンスを意味する ESG（Environment, Social, Governance）や持続可能な開発目標を

図表5-7　ブランド・パーパスとブランドの資産的価値（ブランド・エクイティ）の関係

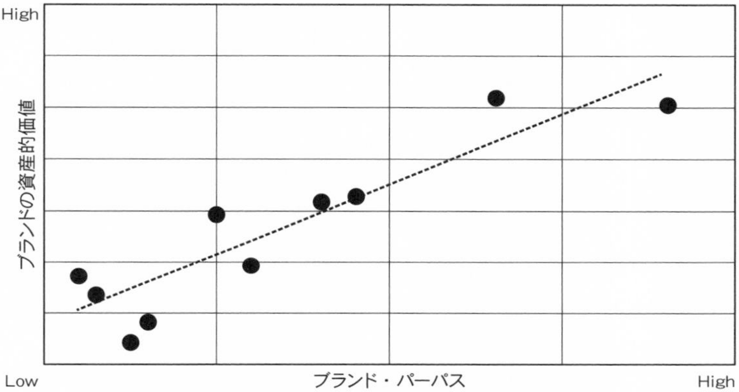

注：86ブランドを対象とした調査。10グループに集約されている。
出所：Millward Brown (2015), p. 30.

意味するSDGs（Sustainable Development Goals）が多国籍企業の展開におい
て重要な意味を持ち始めている（富山(2020)）。これらを踏まえるとグローバ
ル・マーケティングを展開する際に，ブランド・パーパスやそれが反映された
ブランド・ビジョンを一貫して世界で展開することが重要であることが推察さ
れる。

4　ブランド・コンセプト方策

　第2章では，グローバル・マーケティングを達成するための具体的方策とし
てブランド・コンセプト方策を示した。ここではブランド・コンセプト方策に
ついて掘り下げて検討する。
　上述の通り，コア・コンセプトは企業の理念とそれに伴うブランド・ビジョ
ン，ブランド・パーパスやミッション，コア・バリュー，ドメインをはじめと
した企業要因を反映したコンセプトである。そのため各国市場において一貫性
（標準化）が重要となる。ブランドや企業の存在意義に関わる部分が市場に
よって異なれば一貫性を失いブランドの構築は難しい。その一方でサブ・コン

セプトは，製品・産業要因，そして環境要因を反映したコンセプトである。そのため環境に対応した展開内容が求められることになり，適合化が重要となる。標準化傾向にあるコア・コンセプトと適合化傾向にあるサブ・コンセプトを組み合わせることで複合化を達成しようとする点がブランド・コンセプト方策の特徴である。図表 5-8 にブランド・コンセプト方策の例を示した。

　仮に品質要素といった便益をコア・コンセプトとして展開し，A, B, C の 3 か国に展開している企業があったと想定しよう。いずれの市場においてもコア・コンセプトは標準化させて展開することになるが，品質要素に併せてステータス消費の多い A 国ではステータス要素の便益を，利他的消費がムーブメントとなっている B, C 国地域では社会貢献要素という便益をサブ・コンセプトとして併せて展開することで複合化を達成することができる。この場合，いずれの市場においても品質要素の部分は強調することで一貫しているが，サブ・コンセプトの部分における強調度合いを国や地域に合わせて変化させることで標準化と適合化を両立させることが可能となる。コア・コンセプトを軸としながらも，サブ・コンセプトの組み合わせや，サブ・コンセプトの注力バランスを調整することで大事な部分は一貫性を保ちながらも，各国において多様

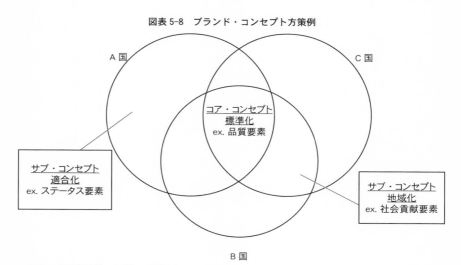

図表 5-8　ブランド・コンセプト方策例

出所：古川 (2016)，4 頁を一部修正。

な価値を提供することが可能となる。これは本書の主要なテーマとなっている「静−動バランス」の模索そのものである。ブランド・コンセプト方策によってグローバル・マーケティングが方向づけられ，結果として構築されるのはグローバル・ブランドである。グローバル・ブランドとは，単なる標準化ブランドではない。グローバル・ブランドは複数国で展開されるブランドであり，基本的な一貫性を持ちながらも各国，各地域において適合化が図られたブランドを意味する。つまりグローバル・ブランドはグローバル・マーケティングの複合化展開により構築されるブランドである[7]。

　ブランド・コンセプト方策の全体図を図表5-9に示した。ここでは横軸が時間の推移，縦軸がコンセプトをマーケティングに反映させるプロセスとなっている。時間の推移に関してはPark et al.(1986)のBCMに従い，市場導入段階→修正段階→拡張展開段階の3つに分けている。それぞれの段階において，ブランド・コンセプト（特にサブ・コンセプトの部分）を見直し，市場環境の動向を把握しながら必要に応じて展開内容を修正していくことが求められる。つまりブランド・コンセプト方策では，市場の動向を把握しながら時と共にグローバル・マーケティングを変化させていくことが念頭に置かれている。

　図表5-9の縦軸については，ブランド・コンセプトを便益と結びつける段階→コア＆サブ・コンセプトへの分類段階→標準化−適合化セッティング段階→マーケティング・ミックス展開段階に分類されている。本書ではブランド・コンセプトを反映させることのできる便益として，価格要素，品質要素，ステータス要素，集団要素，感情要素，多様性・新規性要素，社会貢献要素の7つを挙げた。消費者，顧客，パートナーへ展開する便益を基に，中核となるコア・コンセプト，市場環境に合わせるサブ・コンセプトにそれぞれ分類し，標準化−適合化のバランスをコンセプト毎に模索する。その後，各コンセプトを具体的なマーケティング・ミックス（4Pや4C，4A）へ反映させ市場へ展開するのである。

　なお各種ブランド・コンセプトを各国，各地域に展開した場合のパフォーマンスについては古川(2016)やRoth(1995a)，Roth(1995b)が詳しい。サブ・コンセプトは環境要因と深く関係することになるが，この点について本書では第8章以降にまとめて取り扱う。

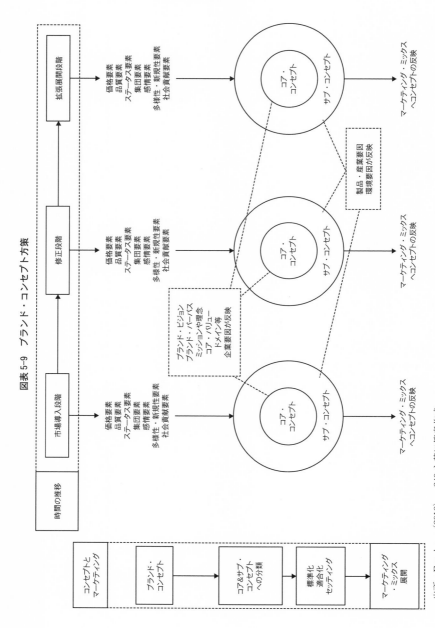

図表 5-9　ブランド・コンセプト方策

出所：Furukawa (2018), p. 249 を基に筆者作成。

5　まとめ

　グローバル・マーケティングの主要目的はブランドの構築である（大石(2004), 古川(2016)）。そしてブランドを構築するためには製品の品質や機能のみの展開では限界があり，品質や機能を超えた価値をどのように各国で展開するかが肝要となる。本章では便益という概念に基づき，品質や機能に留まらない様々な価値をどのようにグローバル・マーケティングに反映させることができるかについて検討してきた。この点において有用であったのが BCM 理論であった。BCM 理論は便益をコンセプトの一部として捉え，その内容をマーケティングへ反映させることを念頭に構築された考え方であった。BCM 理論をグローバル・マーケティングの文脈で捉えて再構築した概念がブランド・コンセプト方策である。ブランド・コンセプト方策は標準化－適合化をコンセプト毎にコントロールしようとする点が特徴的である。また環境の変化と共にサブ・コンセプトの部分を修正することで，グローバル・マーケティングの展開が進化していく点も特徴的である。なおブランド・コンセプトは広告等のコミュニケーション管理だけによって展開されるものではないことを指摘しておく（原田(2001)）。ブランド・コンセプトを基にした内容が，国際的な企業戦略や製品開発，生産・流通管理を含むマーケティングの諸活動へ反映されるのである（井上(2002), 井上(2004), 原田(2010)）。どのようなブランドを構築するかという目的地が決まれば，そこへたどり着くための効果的な手段も検討することができるようになる（Aaker(2014), 田中(2017)）。ブランド・コンセプト方策は Park et al.(1986) をベースにしているとはいえ，未だ研究が始まったところである。本方策に関する定性的・定量的検証は今後の研究課題である。

［注］
1　本書において企業の理念はミッション，コア・バリュー，パーパスを含む概念として取り扱っている。
2　Aaker(2014), 邦訳, 38 頁。

3　なおブランド論における既存研究では，類似概念としてブランド・アイデンティティ，ブラン
ド・バリュー，ブランド・ピラー等が存在していた。これらの概念は現在，ブランド・ビジョンと
いう概念に統合されている。

4　富山(2005)も同様に，グローバル・マーケティングの起点としてミッションやビジョンを挙げ
ている。

5　Millward Brown(2019), p. 96.

6　Holt et al.(2004)は，高品質の証，文化的神話の創出，社会的責任の3要素で消費者，顧客，
パートナーによるグローバル商品選択行動の64％が説明可能であるとしている。12カ国を対象に
実施された調査。

7　なおグローバル・ブランドは，企業のグローバル・マーケティング展開に伴い誕生したとされて
いる（田中(2017))。

第 6 章

アーキテクチャとデザイン

　グローバル・マーケティングにおいては，世界的に構築した流通網を駆使していかに製品開発や製造を効率化するかという点も重要な点となる。特定の資源を確保し生産・製造を実施するのに最適な国や地域が存在している。仕掛品を貿易しながら生産・製造することで，企業は競争優位を獲得しやすくなる（本点に関する詳細は第7章ならびに第14章にて整理する）。本章ではモジュラー型とインテグラル型という2つの基本設計（アーキテクチャ）の観点から，製品開発や製造面について焦点を当てる。

1　モジュラー型とインテグラル型

　アーキテクチャとは製品の設計思想を意味する（藤本（2004））。そしてアーキテクチャの基本にはモジュラー型とインテグラル型という2つのスタイルが存在している。モジュラー型製品開発とは，モジュールと呼ばれる組み立てユニット（≒部品）を組み合わせることによって製品を開発することを意味する（青島・武石（2001））。これは組み合わせ型や積み木型とも呼ばれ，既に出来上がっているユニットを組み合わせることによって新しい価値を生み出そうとするものである。モジュールは専用のものではなく，他社の製品にも利用されることがある。また基本的には組み立てるだけで特段のノウハウを持たずとも製品ができるという特徴がある。たとえば DELL 等の PC ブランドは，モジュラー型製品開発の典型である。彼らは基本的に様々なモジュールを組み立てることによって，製品を成立させている。

　一方でインテグラル型製品開発は擦り合わせ型とも呼ばれ，ユニット間の調整を一つ一つ実施しながら製品開発するアーキテクチャである。ユニット間の丹念な調整が必要となるため，結果として製品全体の性能を極限にまで高めることも可能となる。調整を効率的に実施するために，基本的にユニットはコントロールができる自社内や関連会社内で製造（内製化）される（藤本(2001)）。しかしユニットや部品を一つ変更した場合，それに伴って他のユニットを全て調整し直す手間とコストを要してしまうのが特徴的である。自動車製造業はインテグラル型を採用する傾向にある。たとえば燃費（1ℓのガソリンで走れる距離）を極限までに高めるためには，インテグラル型の考え方が不可欠となる。

　ifixit.com は様々な製品を分解した様子を Web で公開しており，製品の内部にどのようなモジュールが使用されているのかを解説している。たとえば2017 年末に発売された iPhone X を分解しメインボード，ならびにサブボードのユニットをそれぞれ確認してみると，メインボードもサブボードもユニットを組み立てることで製品を作っていることが分かる。しかしメインボードとサブボードでは自社（アップル）比率が異なる。メインボードではモジュールの自社（アップル）比率が 57.1%であるが，サブボードに至っては基本的に外部の企業によって製造されたモジュールを組み合わせて製造されている。サブボードにおけるモジュールの自社（アップル）比率は 3.8%であった[1]。核心となる部分はインテグラル型の傾向，そうでない部分はモジュラー型の傾向といったように完全なるインテグラル型，モジュラー型という製品はほとんど無く，実際には双方のアーキテクチャを巧く組み合わせているのが現状である。2 つのアーキテクチャを併用する理由としては図表 6-1 が参考になる。

　モジュラー型とインテグラル型のメリットとデメリットは表裏一体である。互いのメリット・デメリットを補い合うためにモジュラー型とインテグラル型を併用することになるのである。

　モジュラー型のメリットは製造コストを抑えられる点にある。それぞれのモジュールを全て自社生産にしてしまえば，それだけの研究開発コストや在庫コストを抱えることになってしまう。自社外で製造されているモジュールであれば基本的に市場競争の原理が働くため，その点においてもコストが削減可能と

図表6-1　モジュラー型とインテグラル型

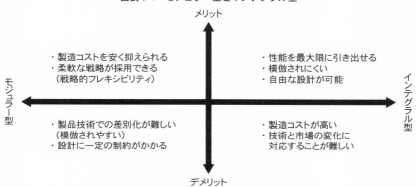

出所：筆者作成。

なる。万が一急速に社会環境が変化し製品の大きな改良が必要になった際で
あっても，モジュールや部品を変更し対応することによって迅速かつ柔軟に環
境へ対応することが可能となる。Sanchez（1995）はこの点を戦略的フレキシビ
リティと呼んでいる。その一方で，技術での差別化が難しくなる点がモジュ
ラー型における最大のデメリットである。モジュールは競合他社も購入できる
ことが多く，同じモジュールを購入して同じように組み立てれば類似した製品
を作ることが可能となってしまう。また自社が大変優れた設計をしても，それ
を達成できるようなモジュールが存在していなければ製造できない点もデメ
リットとして挙げられるポイントとなる（青島・武石（2001））。
　インテグラル型のメリットは，製品の性能を最大限に引き出すことができる
点である。ユニットや部品間で擦り合わせを実施することで研ぎ澄まされた品
質や機能性を発揮することが可能となる。またユニットや部品間の細かい調整
が実施されるので，競合他社による模倣が難しいという特徴がある。更にユ
ニットや部品から開発することも可能なので，比較的自由な設計ができ技術的
な革新性を追い求めることも可能である。しかし擦り合わせという性質がゆえ
に，製造コストが高価となってしまう点が最大のデメリットとなる。また環境
の変化が発生しても，製品の内容を変更するには全部品間の再調整も必要にな
るため，モジュラー型よりも対応に多くの時間がかかってしまう点がデメリッ

トとなる。

2　造形美としてのデザイン

　イノベーターのジレンマでは，製品の技術的な側面が市場のニーズで求められている部分を超えてしまうところに問題があった。破壊的イノベーションが必要とされる背景はそこにあり，技術的には優れていなくとも市場のニーズに沿った品質や機能に製品を再構成・再調整することが求められる。モジュラー型では組み合わせにより新規性や破壊的イノベーションを起こすことは可能であるが，技術的な特異点を持たない製品は競合他社に模倣されてしまう懸念を抱えることになる。ブランドの構築が，この懸念に対する一つの解消策となりうる。前章で説明した通り，差別化に必要な要素は必ずしも技術であるとは限らないのである。Aaker (1991) はブランドを構築することによって，優良顧客の創造や，価格競争からの脱却，製品差別化を企業が獲得することができると述べている。既述の通り，消費者や顧客，パートナーにとっての便益は価格，そして品質や機能に留まらない。ブランド構築には，様々な便益を提供することが必要である。本章では感情的な便益を消費者，顧客，パートナーへ提供する造形美としてのデザインを取り上げる。なおアーキテクチャの議論やカントリー・オブ・オリジン（第 10 章）の領域では設計をデザインと訳すが，本章においては造形美を意味するものとしてデザインを定義する。

　本章で取り上げた iPhone に関しては 2011 年以降，世界各地でサムスン社のスマートフォン galaxy とデザインを巡って特許紛争を繰り返している。元々は 2011 年の 4 月にアップル社がアメリカにおいて，そして 2011 年の 6 月には韓国においてサムスン社を提訴したことからこの紛争が始まった[2]。サムスン社も 2011 年 4 月に日本とドイツにおいて同様の内容を提訴しており，これらから差別化におけるデザインの重要性が分かる[3]。インテグラル型の代表例として示した自動車業界に属するマツダもデザインへの注力へと尽力している。同社は 2010 年以降「鼓動（こどう）— SOUL of MOTION —」というデザイン哲学を掲げ，製品の機能性だけでなくデザインによっても消費者に訴求

する取り組みを実施している。マツダはこのデザイン哲学を普遍的なものとして捉えており，時代が変化しても変わらないマツダらしさを表現する代表的なものとして位置づけている[4]。マツダ車に限らず多くの自動車は，これまで企業ブランドよりも製品ブランドが強くデザインにおいても企業内で一貫した部分が多く存在しなかった。またモデルチェンジ毎に大幅にデザインを変更する自動車も多く存在していたのが現状である。この他にもスウェーデンのエレクトロラックス社によるデザイン差別化志向等，事例に関しては枚挙には暇がない[5]。

　特にB to Cの分野において国際的に活躍する企業がこれまで以上にデザインへと注力した取り組みを実施しており，技術に限らない差別化要素を構築しようとしている。デザインは基本的に特許を取得して保護する企業の資産である。万が一デザインの模倣があったとしても消費者，顧客，パートナーが「偽物」という認識をしてしまう程，デザインは強力な差別化要素となるものである。ブランドの真実性（オーセンティシティ）が模倣困難性をもたらすのである。

　デザインには動きや音といった要素も含まれるが，日本ではデザインが企業の差別化要素として認識されるのが大変遅かった。日本においては特許庁が2015年4月に，動きやホログラムによるデザイン，形ではなく色の組み合わせによるデザイン，音声，標章を付ける位置に関する保護をはじめた[6]。しかし図表6-2で示した通り，2012年時点では既にこれだけの国や地域がデザインに関する各種要素を企業の差別化要素として認識し保護する取り組みを実施していた。

　優れたデザインや人口に膾炙するデザインを開発することによって，技術的な特異点が十分で無かったとしても差別化を図ることが可能である。ただしデザインが優れていれば，技術は全く不要であるということを意味している訳ではない。製品が製品としてあるための必要最低限の品質や機能が欠如することがあれば，デザインに優れていた商品であっても消費者，顧客，パートナーに選択されることはない。Aaker（1991）は必要最低限の品質や機能を「絶対品質」と呼びブランド構築の前提としている。またイノベーターのジレンマ概念においても，市場で求められている技術的ニーズの範疇に破壊的イノベーショ

図表 6-2　諸外国・地域における新しいタイプの商標の保護状況（2012 年時点）

	米国	OHIM	英国	フランス	ドイツ	韓国	台湾	豪州	日本
動き	◎	◎	◎	◎	◎	◎	○	◎	×
ホログラム	◎	◎	◎	◎	◎	◎	○	◎	×
色彩	◎	◎	◎	◎	◎	◎	◎	◎	×
位置	◎	◎	◎	◎	◎	◎	－	◎	×
音	◎	◎	◎	◎	◎	◎	◎	◎	×
におい	◎	△	△	△	△	◎	○	◎	×
触感	◎	△	△	△	△	－	－	◎	×
味	◎	△	△	△	△	－	－	◎	×
トレードドレス	◎	◎	◎	◎	◎	－	－	◎	×

注1：◎：保護あり，○：改正中，－：不明，×：保護なし，△：過去登録例があったが，その後
　　登録されていない。
注2：OHIM とは，欧州共同体商標意匠庁（Office for Harmonization in the Internal Market（Trade
　　Marks and Designs））を意味する。
注3：日本においては 2015 年以降，新しいタイプの商標保護制度が整備されはじめた。
出所：特許庁(2012)，66 頁。

ンを収めなければ（市場で求められている技術的ニーズを下回ってしまえば），消費者，顧客，パートナーに選択される製品とはならないとされている。本章で紹介したスマートフォンであれば，通話やメール，インターネットといった基本的な機能さえ使えず，それらの機能があったとしても使い物にならない品質であれば絶対品質を毀損していることになる。自動車の場合，たとえば運転する国の法律に沿わない部分が一つでもあれば，その自動車は公道を走ることすらできなくなる。図表 6-3 は第5章で示したブランド・コンセプトの内容を踏まえて絶対品質の部分を示したものである。なお絶対品質には価格という要素も含まれている。価格についても，消費者，顧客，パートナーの予算範囲を大幅に超過する場合，そもそも彼らの選択肢から除外されてしまうためである。絶対品質の上位概念は知覚品質と呼ばれる。知覚品質の部分で技術や価格に限らない差別化を模索することが求められるのである。

図表 6-3　ブランド・コンセプトの観点から捉えた絶対品質の範囲

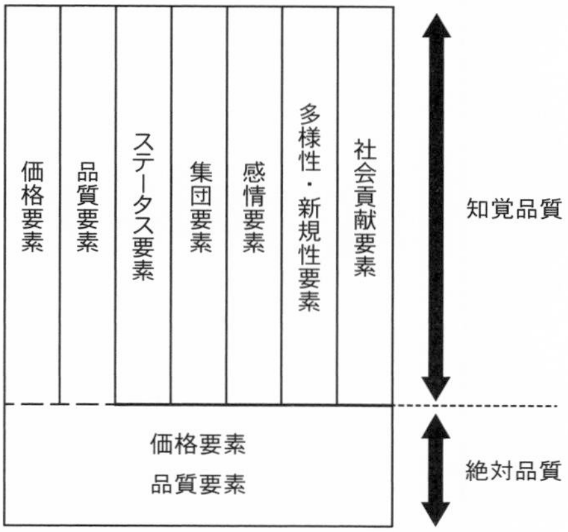

出所：筆者作成。

3　アーキテクチャ論と組織間関係

　ここまでモジュラー型は社外の資源を活用しながら，インテグラル型は社内の資源を活用しながら製品開発を展開するという構図を説明してきた。しかし社外の資源を活用せずにモジュラー型を採用するというパターンも存在している。

　図表 6-4 では横軸にインテグラル型，モジュラー型を配置し，縦軸に企業の連携関係（クローズド・オープン）を示している。ここまで説明してきたモジュラー型とは，オープン×モジュラー型を，インテグラル型はクローズド×インテグラル型を意味していた。しかしそれだけではなく，クローズド×モジュラー型のパターンも存在している（藤本 (2004)）。クローズド×モジュラー型の場合，自社や関連会社内というクローズドな部分にいくつかのモジュールや部品を開発・製造する組織が存在しており，外部の資源を活用せずともそれらを組み合わせることで製品開発を行うパターンである。

　インテグラル型の場合には部品を開発・製造する組織同士の知識共有が不可欠となる。モジュラー型の場合にはユニットを製造するという「タスク」に関

図表 6-4　アーキテクチャの基本スタイル

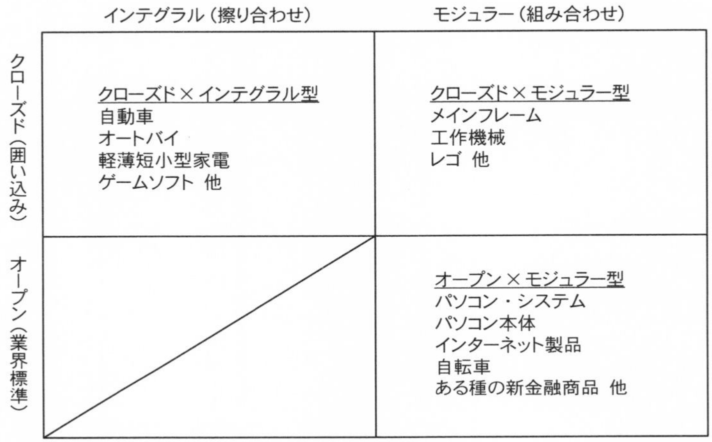

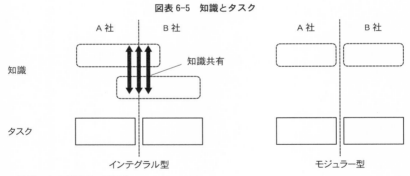

インテグラル（擦り合わせ）　　　　　　モジュラー（組み合わせ）

クローズド×インテグラル型
自動車
オートバイ
軽薄短小型家電
ゲームソフト 他

クローズド×モジュラー型
メインフレーム
工作機械
レゴ 他

オープン×モジュラー型
パソコン・システム
パソコン本体
インターネット製品
自転車
ある種の新金融商品 他

クローズド（囲い込み）　オープン（業界標準）

出所：藤本（2004），132 頁。

図表 6-5　知識とタスク

A 社　　　B 社　　　　　　　　　A 社　　　B 社

知識

知識共有

タスク

インテグラル型　　　　　　　　　　　モジュラー型

出所：立本（2017），227 頁。

しても，製造に要する「知識」に関しても企業間で連携が必要な部分は相対的に少ない（立本（2017））。しかしインテグラル型に関しては，タスクはそれぞれ分かれているものの，自社内や関連会社の組織間で知識を共有することによって擦り合わせを達成するという特徴がある（図表 6-5）。

　どのようなアーキテクチャを採用するか（しているか）によって，イノベーションの形や組織形態は変化することになる（Chesbrough and Teece

(1996))。インテグラル型を採用している場合，各国市場への参入は自社資本の投入（海外直接投資）によって実施される傾向となる。更にインテグラル型では，組織間のコンフリクトの解消や調整の実施が重要となるため，自社のコントロールを増大させることで，最適な擦り合わせを実現しようとする。その一方でモジュラー型を採用している場合，必ずしも海外直接投資をせずともユニットや部品の組み合わせによって製品のイノベーションや製造が可能となる。各国に存在する各社と取引をしながらユニットや部品を収集し，組み立てることによってモジュラー型の製品開発は達成される。Chesbrough and Teece(1996)は中央集権化が進むにつれ，組織間コンフリクトや調整活動が難しくなるものの，外部企業と取引する際に生じるリスクは減少すると述べている（図表6-6）。インテグラル型の様に，組織間関係のコントロールが重要な場合は海外直接投資によって自社資本を以て海外進出をすることが重要になる。自社の抱える組織（部門）が増大することによって組織間コンフリクトの解消や調整の問題が生じるが，企業間取引をした場合に発生する様々なリスクを低減することが可能となる。一方でモジュラー型の場合はその反対となる。次章では，多国籍企業研究の領域における取引コストや内部化といった概念を用いながら本点について更に掘り下げることとする。

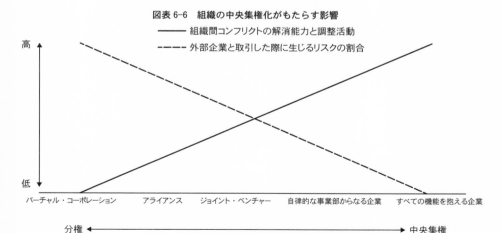

図表 6-6　組織の中央集権化がもたらす影響

出所：Chesbrough and Teece(1996), p. 129 に筆者加筆。

4　アーキテクチャとマーケティング

　アーキテクチャの議論は，製造業に特化したものであるという誤解があるが決してそうではない。アーキテクチャはコンテンツやソフトウェア等も含めて様々な産業においても当てはめることができるとされている（立本（2017））。世界的に，かつ様々な産業・業界においてオープン・モジュラー型の製品開発が実施されるようになった結果，技術的特異点による差別化だけでなくマーケティングによる価値の創出が再認識されている。もちろんクローズド×インテグラル型の場合においてもマーケティングは重要である。

　諸上（2013）はモジュラー型とインテグラル型の製品開発とマーケティングとの関係を整理している（図表6-7）。図表6-7において縦軸は上位市場標的型のマーケティング，中・低位市場標的型のマーケティングという区分になっている。上位市場標的型のマーケティングとは製品の品質や機能性，感性的な面白さやユニークさといった様々な便益を大きく評価し，それに対して対価も多く支払う傾向にある消費者，顧客，パートナーが存在する市場を意味している。一方で，中・低位市場標的型のマーケティングとは，製品の品質や機能よりもコストを重要視する消費者，顧客，パートナーが存在する市場を意味している。タイプⅠの象限においては，品質や機能だけに留まらない様々な便益を提供することでマーケティングが展開される。この象限では便益の組み合わせによって多様な価値を展開することができる。タイプⅡの象限においては，擦り合わせによる高級化（ステータス）展開のマーケティングが展開される傾向にある。インテグラル型の製品開発によって，品質や機能性も高い唯一無二の存在に高級ブランドとしての価値を付与し展開される。タイプⅢの象限においては，必要最低限の価格，品質，機能でかつ，それを超えた便益も併せて提供することが求められる。最後にタイプⅣにおいては，コストと品質，機能性のバランスが最適化されるように調整された展開が求められる。つまり価格と品質便益の提供を主軸としながら，コストパフォーマンスを訴求するマーケティングが求められる。諸上（2013）は，1980年代以降における日本企業の多くが

図表 6-7　モジュラー型・インテグラル型とマーケティング

マーケティングの基本タイプ		オープン×モジュラー型	クローズド×インテグラル型
	上位市場標的型	タイプⅠ 差別化重視の組み合わせ型ビジネス	タイプⅡ 差別化重視の擦り合わせ型ビジネス
	中・低位市場標的型	タイプⅢ コスト重視の組み合わせ型ビジネス	タイプⅣ コスト重視の擦り合わせ型ビジネス

出所：諸上(2013)，38 頁。

国際市場で活躍してきたのはタイプⅣの象限であると述べている。しかし近年においては，ユニットや部品の組み合わせで製品の新規性を創出し，更に各種便益の提供との組み合わせによって世界各地の消費者や顧客，パートナーに選ばれるものづくりが増加しつつある。

5　まとめ

本章ではアーキテクチャにおけるモジュラー型とインテグラル型を紹介したうえで，近年モジュラー型の製品開発が増加していること，そしてそれに付随する課題にどのように対応することができるのかについて整理・検討した。日本企業の抱える過剰品質問題やイノベーターのジレンマはクローズド×インテグラル型の製品開発スタイルに起因する部分が多いと考えられる。もちろんクローズド×インテグラル型にも優れた点は存在する。クローズド×インテグラル型における最大の優位点は，製品の技術的な模倣困難性にある。いずれにしても上述の通り，現実にはモジュラー型・インテグラル型の単純な二分論で説

明することは不可能で，それぞれをミックスさせながら製品開発が実施されている。模倣されては困る製品の核心的な部分にはインテグラル型を採用し，そうでない部分に関してはモジュラー型を採用することで，競合他社に完全な模倣は許さずともモジュラー型のメリットを享受しているのである。どこからどこまでをインテグラル化するのかといった論点は，海外参入においてどの範囲まで自社の資本で海外展開を実施するのかといった点と関連することとなる。

[注]

1　ifixit.com で紹介されている全ての部品に占めるアップル比率を算出した。

2　日本経済新聞夕刊，「アップル，米でサムスンに勝利　世界で訴訟　長期化の様相」，2012 年 8 月 25 日，3 面。

3　同上。

4　マツダ株式会社 Web ページ，次世代デザイン，https://www2.mazda.com/ja/next-generation/design/（2019 年 8 月 16 日アクセス）。

5　安室（2013）はデザインマネジメントの形態を類型化している。デザインマネジメントには，造形美としてのデザイン管理だけでなく，CEO とデザイナーのコラボレーションの役割が必要とされている。またデザインを製品戦略の一部として展開した 1930 年代以降の歴史については薄井（2010）に詳しい。

6　特許庁（2012），「新しいタイプの商標の保護制度」，https://www.jpo.go.jp/system/trademark/gaiyo/newtype/index.html（2019 年 8 月 16 日アクセス）。

市場参入のモチベーションと形態

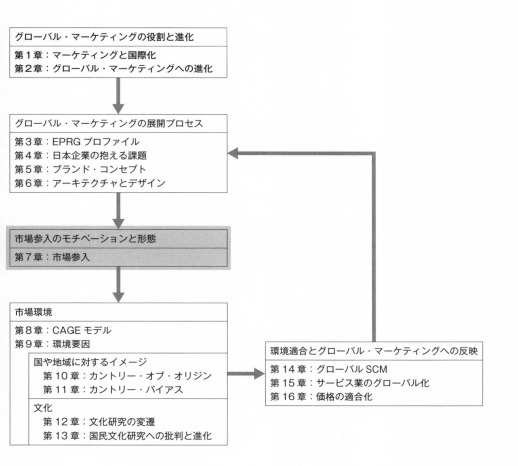

グローバル・マーケティングの役割と進化

第1章：マーケティングと国際化
第2章：グローバル・マーケティングへの進化

グローバル・マーケティングの展開プロセス

第3章：EPRG プロファイル
第4章：日本企業の抱える課題
第5章：ブランド・コンセプト
第6章：アーキテクチャとデザイン

市場参入のモチベーションと形態

第7章：市場参入

市場環境

第8章：CAGE モデル
第9章：環境要因

　　国や地域に対するイメージ
　　　第10章：カントリー・オブ・オリジン
　　　第11章：カントリー・バイアス
　　文化
　　　第12章：文化研究の変遷
　　　第13章：国民文化研究への批判と進化

環境適合とグローバル・マーケティングへの反映

第14章：グローバル SCM
第15章：サービス業のグローバル化
第16章：価格の適合化

第 **7** 章

市場参入

　アーキテクチャのスタイルによって，海外市場への参入形態も変化する。これは自社のコントロールをどれほど拡大させるかということと，アーキテクチャのスタイルが関連するためであった。本章ではまず，なぜ企業は海外進出（海外直接投資）するのかの論点を整理した後，市場参入モードについて整理する。海外直接投資（FDI : Foreign Direct Investment）とは，海外市場への経営拡大のために他国へ有形資産（工場等）を取得する企業の投資行動である[1]。FDI は企業が海外市場に対して長期的な影響力を獲得するために実施される。なお間接投資（Indirect Investment）とは証券投資を意味し，海外市場での経営支配（影響力）を持つことは無い（竹田(2003)）。

1　FDI の発生要因

　本章では企業の海外市場参入に関して検討するために，まずは FDI の発生要因に関する代表的な考え方に焦点をあてる。
　図表 7-1 に日本を本拠地とした企業による FDI 額（第一次産業ならびに製造業）と日本円／米ドル換算の為替レートを示した。これを見ると日本円が強くなると FDI も増加する傾向にあることが分かる。このように為替レートに着目して FDI の発生要因を明らかにしようとしたのが Aliber(1970) である。彼は国際展開している企業にとって，為替レートが損益に大きな影響をもたらしている点に着目した。母国の通貨が強い力を持つようになれば，海外市場に拠点も作りやすくなる。母国における通貨が，進出国での通貨より強い力を

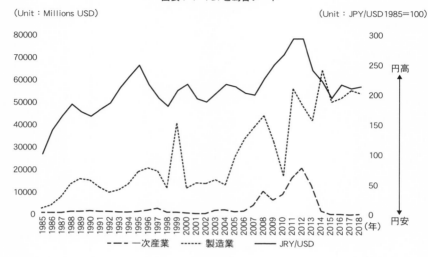

図表 7-1　FDI と為替レート

注：日本からの対外直接投資額を参照している。
出所：OECD, International Direct Investment Database より筆者作成。

持っていれば，低い利子率で借り入れすることも可能となる。この考え方は
至ってシンプルなものであるが，その一方で複数国への FDI については企業
にとって為替変動等のリスク・マネジメントが複雑で困難となる。また
EURO に代表されるような最適通貨圏（複数国間で単一の通貨を用いる地域
圏）と呼ばれる地域においては説明力が乏しくなるとされている（Dunning
(1988)）。

　企業の持つ内部資源に優位性がある場合，FDI が発生すると考えたのが当
時マサチューセッツ工科大学の学生であった Hymer と，その指導教官の
Kindleberger である。これは国際寡占間競争論と呼ばれる（竹田(2003)）。
Hymer(1960) は，企業の製造技術，開発能力，コスト競争力，差別化能力，
流通，ブランド等に関する能力が海外市場において優位性を持っている場合，
FDI が発生すると考えた。海外市場において規模の経済を獲得することで更
なる効率性向上を目指すために FDI が実施される。このような考え方を提示
した Hymer は若くして亡くなってしまい，彼の研究は Kindleberger によっ

て引き継がれることで広く知られるようになる（Kindleberger（1984））。国際寡占間競争論は，企業における内部資源の優位性に着目しているという特徴がある。しかし企業の内部資源が十分でなくとも海外進出をし，国際的に展開しながら新たな力（内部資源）を獲得する企業も存在している点を十分に説明することが難しい。

　製品の導入期・成長期・成熟期・衰退期といったプロダクト・ライフ・サイクル論を基に FDI の発生要因を考えたのが Vernon（1966）である。製品の導入期・成長期においては，母国市場において生産，製造が実施されることが多いものの，成熟期に入ると生産，製造工程が標準化され大量生産が可能となる。大量生産によるコストダウンの結果，製品の海外輸出が発生し海外でも需要が発生する。海外市場においては現地発の競合他社が存在するために，コスト競争が勃発することになる。その結果，最も効率的に製品を生産，製造し，コストを低減させるために FDI が発生するという論理である。これは企業が安価な労働力や資源を獲得し競合他社と競争するために FDI を行うという考え方である。プロダクト・ライフ・サイクル論においては，製品の導入期から衰退期にかけて市場での競争関係が熾烈になる。競争関係の変化が FDI を引き起こすとしている点が Vernon（1966）によるプロダクト・ライフ・サイクル論の特徴的な点である。なおプロダクト・ライフ・サイクル論では先進国から途上国へという FDI の流れが前提として考えられているが，近年は途上国発のイノベーションも発生している。またコンテンツの展開をはじめとした全世界同時展開を実施する企業が出現してきたことも考慮しておく必要があるだろう。

　組織間のコントロール範囲に着目したのが，内部化理論である。前章で述べた通り，組織間においては取引が発生し，それに付随して様々なコスト（取引コスト）が発生する。Williamson（1975）は，取引コストを最小化することによる企業内組織の効率性を論じている。外部の組織と取引する場合，内部の組織と取引する場合に比べて情報の不確実性が高まる。そして取引先を探す費用（開設コスト）や，契約に至るまでに必要な費用（契約コスト），また契約後もその内容が履行されていることを監視するための費用（監視コスト）が生じることになる。また外部企業とのやり取りが必要となるため，ユニットが製造さ

れてから商品化に至るまでに時間を要する。そして最も重要な点は，外部の組織との取引によって自社の技術的特異点が流出する可能性が高まってしまうことである（Rugman(1981)）[2]。Buckley and Casson(1976)は，取引を内部化する（企業内組織での取引にする）ことで，取引に付随する様々なコストを低減させることができるとしている。外部企業との取引量が増加する程，上記リスクも増大することになる。そのため，内部化理論では内部化によるリスク低減と取引コストとの関係によって組織の内部化度合いが決まるとされている。国際市場参入において海外企業と取引を実施するのか，それとも FDI によって自社の組織を海外市場に展開し取引コストを最小化するのかといった点で，内部化理論は市場参入の形態と関係する。

　竹田(2003)は，本章でここまでに取り上げた考え方以外にも寡占的反応行動論，経営資源移動論等を取り上げて FDI の発生要因に関する研究をまとめている。寡占的反応行動論は，競合企業の後追いをする結果として FDI が発生するという考え方である（Knickerbocker(1973)）。そして経営資源移動論は，経営資源を利用して効率性や利益を最大化できる立地を探索する結果，FDI が発生するという考え方である（Fayerweather(1969)）[3]。

　Dunning(1979)は，様々な FDI 発生の要因研究について代表的なものを 3 つに集約した折衷理論を提示している。この折衷理論は OLI パラダイムと呼ばれ，① 所有（企業）特殊優位性（Ownership Advantages），② 立地特殊優位性（Location Advantages），③ 内部化インセンティブ（Internalization Advantages）から構成されている。① は国際寡占間競争論に関するものである。つまり技術やノウハウ，企業規模から国際経験に至るまでの内部資源に差別化度合いが高いほど FDI へのモチベーションが高まることを意味する。② は経営資源移動論に関わるものである。つまり現地の労働力や資源，インフラといった生産の要素だけでなく，市場としての潜在性等が魅力的な立地が FDI へのモチベーションを高めることになる。③ は内部化理論に関するものである。これはノウハウの流出を含む取引コストを懸念するため，現地企業に頼らず自社独自の力で進出する必要がある場合に FDI へのモチベーションが高まるものである。Dunning(1979)はこれらの諸要素一つ一つではなく，それぞれが満たされた場合に FDI が発生すると述べている。

2　参入モード

　第1章で示した通り，国内マーケティングから延長マーケティングへの飛躍がマーケティングにおける国際化の起点である。国際化には多国籍企業研究の諸理論で説明されている通り，様々なFDI発生要因が関連している[4]。そして組織構造については内部化の度合いが大きく関わることになる。

　Agrawal and Ramswami（1992）はOLIに代表される要素が，海外市場参入における参入モードを規定するとしている（図表7-2）。ここで挙げられている参入モードは輸出，単独展開，ライセンシング，合弁展開，そして参入しないという選択肢となっている。なお単独展開はグリーン・フィールド投資とも呼ばれる。これは自社の設備等が何もない（グリーンな）場所（フィールド）に単独資本で展開することを意味している。

　参入モードをもう少し詳しく分類すると，間接輸出，直接輸出，単独展開（グリーン・フィールド投資），ライセンシング，フランチャイジング，契約生産，合弁展開（ジョイントベンチャー），クロスボーダーM&Aが存在している[5]。図表7-3に各参入モードを図示した（間接輸出と直接輸出ならびに単独展開（グリーン・フィールド投資）は単純であるのでそれ以外を記載してい

図表7-2　OLIパラダイムと参入モード

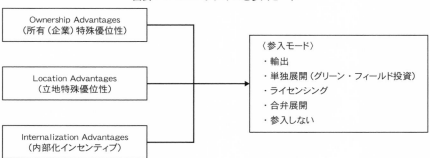

出所：Agrawal and Ramswami（1992），p. 5.

図表 7-3　海外市場参入モード

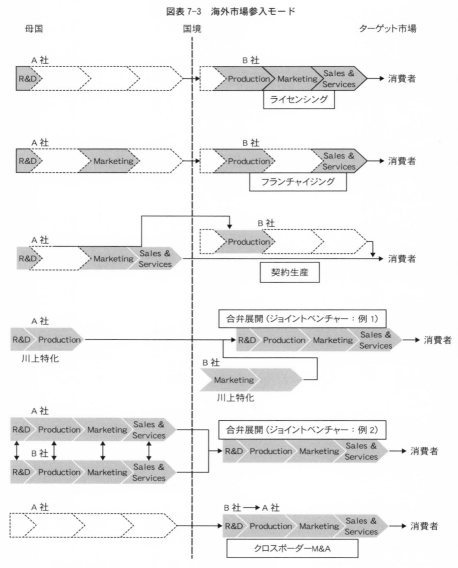

出所：Hollensen (2016), p. 334 にクロスボーダー M&A を加筆。

る）。

　ライセンシングとはブランドや技術の利用を海外の他社に許可するものである。ライセンスを提供する側（ライセンサー）はライセンスを利用する側（ライセンシー）にブランド・技術の商標利用権料（ロイヤリティ）を課すことが特徴である。ブランドや技術があれば，それを基に商品の生産，製造，マーケティング，販売は他社が請け負うため，大量の FDI は必要無く固定費も他の参入モードに比べ低くなる傾向がある（藤沢(2000)）。そのためライセンシングは国際化の初期段階において展開されることが多い。ブランド管理の観点では，ライセンサーはブランドのコントロールを十分にできなくなることがデメリットとなる。そのためライセンサーには適切にブランドが利用されているかの監視コストが増大することも特筆すべき点である。

　フランチャイジングではライセンシングと比較して A 社のコントロール範囲が拡大している。A 社は R&D（研究開発）だけでなく，開発した商品のマーケティング機能も担う。海外の委託先（B 社）には A 社が規定した商品とマーケティングノウハウを基に生産，製造，販売を実施してもらうことになる。フランチャイジングではマニュアルが利用されることが多く，生産，製造，販売の細かな内容まで一つ一つ規定されていることが多い。A 社にとっては，マーケティング機能まで自社内に取り込むことでブランドのコントロール範囲を広げている。ただし海外の委託先にある程度の裁量を与えて，適合化を模索するフランチャイズ形態もある（川端(2009)）。

　契約生産は，生産，製造を海外の他社に委託するものである。A 社が生産，製造以外の全ての機能をコントロールしている点が特徴である。R&D（研究開発），マーケティング，そして販売の機能は全て A 社にあるが，生産，製造だけは海外の他社に委託する。素材調達，生産，製造，商品化までが複数国を移動しながら実施され，一つの商品が作られることもある。図表 7-3 では R&D（研究開発）やマーケティング，販売機能が母国に位置しているが，これらの機能が海外に移されることもある。契約生産の代表的なものには OEM（Original Equipment Manufacturing），EMS（Electronic Manufacturing Service）がある。その一方で契約「生産」といえども，R&D（研究開発）の一部である設計まで契約企業が担う ODM（Original Design Manufacturing）と

いう形態も存在している。なお OEM, EMS, ODM の詳細は第 14 章にて取り扱う。

　合弁展開（ジョイントベンチャー）は海外，もしくは国内の他社と協力し，海外展開を実施するものである。合弁展開（ジョイントベンチャー）にはいくつかのパターンが存在しているので，ここでは代表的なものを 2 つ取り上げる。一つ目は川上と川下の分業である。A 社は川上の R&D（研究開発）と生産・製造の機能を担い，B 社が川下のマーケティングと販売機能に特化するものである。2 つめは全ての機能を A 社と B 社で協力しながら展開するものである[6]。合弁展開（ジョイントベンチャー）は企業文化の異なる組織が協力しながら展開されることも多く，組織間の摩擦が生じやすいという特徴がある。そのため，高い組織間調整能力が求められる参入モードとなる[7]。しかし国によっては制度上，母国企業の単独資本では参入できない国も多く存在しており，参入するためには現地の企業との合弁展開（ジョイントベンチャー）を選択せざるを得ないケースが存在している。

　最後にクロスボーダー M&A は，海外で展開されている全ての事業を A 社に取り込む（内部化する）参入モードである。クロスボーダー，つまり国境を超える M&A によって，海外市場参入において現地環境を熟知した組織やノウハウを一度に入手することが可能となる。現地環境への適応が強く求められる食品やサービスに関する事業において特にクロスボーダー M&A は発生しやすいという特徴がある[8]。また Kumar et al.(2020) によれば，新興国発の多国籍企業は海外展開に際し，クロスボーダー M&A を展開するスピードが速いことが明らかになっている。クロスボーダーに関わらず，M&A は買収した事業と元々持っている事業との間でどのような相乗効果を生み出すことができるかが長期的な成長の鍵となる。またこの参入モードを選択するためには巨大な資本力が必要となることや，買収後の組織間摩擦の解消（PMI：Post-Merger Integration）に時間を要することも課題である。組織によってそれぞれ異なる考え方（文化）が存在しており，管理体制やシステム形態の統合も求められることになる。

　丸谷(2001) は参入モードの形態を商品のみを販売する輸出，生産と製造，そして販売の権利を現地企業に与えて利益を得るノウハウの提供，出資を伴う

図表 7-4　参入モードの特徴

		コントロール力	取引コスト	投入資源	変動費	固定費	市場シェア	総費用
輸出	間接輸出							
	直接輸出							
ノウハウの提供	ライセンシング							
	フランチャイジング							
	契約生産（ODM, OEM, EMS 等）							
出資を伴う直接投資	ジョイントベンチャー							
	完全所有子会社							
	M&A							
	単独展開（グリーン・フィールド投資）							

出所：Jeannet and Hennessey(2004), p. 311 ならびに丸谷(2015), 106 頁に筆者が一部加筆修正。

直接投資という 3 つの枠組みで捉えている。図表 7-4 はその枠組みと共に，各参入モードにおけるコントロール力，取引コスト，投入資源，変動費，固定費，市場シェアが示されたものである。図表 7-4 の通り，間接輸出，直接輸出，ライセンシング，フランチャイジング，契約生産，合弁展開（ジョイントベンチャー），完全所有子会社（≒クロスボーダー M&A），単独展開（グリーン・フィールド投資）という順にコントロール力が強くなり，それに伴い取引コストも小さくなっていく。コントロール力が高まれば効果的なブランド管理が成立し，市場シェアも高まることになる。しかしコントロール力を高めるためには，多くの経営資源の投入が必要になり固定費も増大する。グローバル・マーケティングにおいて，参入モードは単一のものが選択されることは少なく，商品や市場毎に異なる参入モードが選択されることもある（丸谷(2015)）。

　内部化を促進させる要素について図表 7-5 に示した。内部化促進要素には製品に関するもの，企業の内部要因，理想とする参入モード，特殊な取引的要因，そして外部要因が挙げられている（Hollensen(2016)）。製品については，製品の差別化優位性，ならびに製品の複雑さが内部化を促進させる。製品の差別化優位性が優れている程，技術やノウハウの消散リスクが懸念されることになるし，複雑な製品である程インテグラル型アーキテクチャが採用されることになる。企業の内部要因については国際経験や企業の規模が挙げられる。国際経験が豊富な程ノウハウの蓄積が発生するため，コントロールの範囲が拡大してもそれに対応することが可能となる。また企業の規模が大きければ投入可能

な資本・経営資源の量も増大することになり，その結果として内部化の拡大も可能となる。理想とする参入モードについては，企業の考え方によって規定される要因である。現地市場での失敗リスク回避や柔軟性を重視する傾向にあれば，刻一刻と変化する環境に対応しやすい体制を構築するだろう。その一方で，コントロール重視であれば内部化を拡大させてコントロール力を高めることになる。

　特殊な取引的要因については，ノウハウの暗黙的性質，参入の機会，タイミングの良い行動が該当する。ノウハウが暗黙的に継承されている場合は，外部の企業に業務内容を委託することも難しくなるために内部化を拡大させることに繋がる。また都合の良いタイミングだけを見計らって取引を実施してきた企業にとっては，取引関係が断続的になるために毎度取引関係を構築することになる結果，取引コスト（開設コスト）が増大する。結果として最終的に取引コストを減らすために内部化を拡大させることに繋がる。

　外部要因については様々な要素が考えられるが，ここでは6つが取り上げられている。母国と進出国間の距離については次章において CAGE という枠組みから紹介する。母国と進出国間の差が大きければ参入する際に現地市場のノ

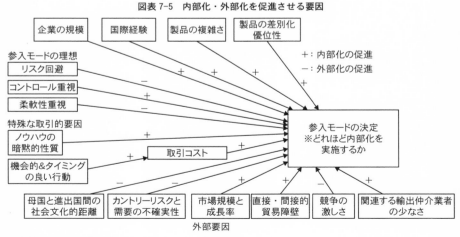

図表 7-5　内部化・外部化を促進させる要因

出所：Hollensen (2016), p. 334.

図表 7-6　国内／国際のマーケティング管理組織の 4 パターン

	国内	国際
企業内	① 親会社内の職能諸部門 に対するマネジメント	② 親会社・地域統括本社・ 現地子会社会社間における マネジメント
企業間	③ 国内の外部組織 に対するマネジメント	④ 国外の外部組織 に対するマネジメント

出所：井上（2003），40 頁。

ウハウを持つ現地企業と協同することになるだろう。また進出国の政治経済状況が不安定であったり，需要の見込みが不確実であったり，現地市場での競争が激しければ，外部化を拡大することで環境の変化に柔軟に対応しようとする。一方で市場規模と成長率が安定しており，貿易の障壁が高く，輸出仲介業者が少ないほど，FDI を積極的に実施し内部化を伴う展開を実施する。

　内部化と外部化の割合によってグローバル・マーケティングを展開する組織マネジメントパターンは 4 つに分類することができる（井上（2003））。図表7-6 は縦軸に企業内－企業間，横軸に国内－国際が割り当てられている 4 象限の組織管理マトリクスである。国内において企業内管理が必要な ① においては，親会社内の職能諸部門に対するマネジメントが中心となる。R&D（研究開発），生産，製造，マーケティング，販売等の機能別組織であれば，それぞれの機能を有機的に結びつけるマネジメントが中心となりマーケティングが実施されることとなる。海外展開において内部化が大きく拡大している ② の場合，企業内ではあるが親会社・地域統括本社・現地子会社間の組織コンフリクトの解消，コーディネーションが中心となる。そして ③ においては，国内においてもオープン・モジュラー型の様に外部の企業と協業しなら展開するため，国内の外部組織に対する管理が中心となる。そして ④ では，国外の外部組織との連携を管理することが必要になる。企業形態によって組織マネジメントの中心内容も変化することになる。

3　コンソーシアム展開

　図表 7-6 における ③ の象限は，近年コンソーシアムという形態を用いた海外進出の観点で着目されている。コンソーシアムとは共通の目的を持った組織の集団を意味する。国内では競合同士であったライバル企業が，海外進出という共通目的のために手を取り合い，協力しながら海外展開を画策するのである。一企業において国内市場では十分な経営資源を保有していたとしても，海外市場への展開に際しては不十分な場合がある。その際に競合企業間で経営資源を補完し合い，海外進出を果たすのである。また「市場創り」という目的もコンソーシアム展開が成立する背景となる。商品の認知が海外市場において不十分である場合や，Made in 〇〇 といった原産国効果を認知してもらうために国内の競合企業同士が手を結ぶこともある。

　井上・井上 (2018) は，海外展開におけるコンソーシアム展開について秋田県における日本酒メーカーの事例を用いながら分析している。秋田県においては ASPEC（Akita Sake Promotion and Export Council：秋田県清酒輸出促進協議会）と呼ばれる日本酒の海外進出を目的にした共同体が設立されており，秋田県の酒造協同組合も ASPEC をバックアップしている。更に市町村や各種省庁，シンクタンク，金融機関が協力し「あきた海外展開支援ネットワーク」として ASPEC を支援しており，秋田企業同士で協力しながら，海外における日本酒市場の拡大のために海外展開を実施している。実際は輸入業者を通した間接輸出の部分も残るものの，海外の酒販店への直接輸出も展開されている（井上・井上(2018)）。

　このように経営資源を補完し合いながら海外市場，そしてまずは市場創りを目的にコンソーシアム展開は実施される。同業種や異業種を問わず国内（もしくは地域）の競合他社同士で実施されるコンソーシアム展開は合弁展開（ジョイントベンチャー）の一部に位置づけられると考えられる。しかし海外での市場創りという目的のために，競合他社間の組織連携が発生する点は既存の枠組みでは説明しきれない部分があると考えられる。

4　シャワー浸透とリフト浸透

　市場参入に際しては，組織形態だけでなく参入ターゲットの選定も考慮する必要がある。各国市場はそれぞれ多様な特徴を抱えており，その特徴によっても参入国決定の一要因となる（グローバル・マーケティングにおいての環境要因については，本書の後半部分において整理する）。参入国が決定した後においても，参入国内において STP を実施することが求められる[9]。ここでは所得レベルといった最も基本的なポイントからシャワー浸透とリフト浸透について検討する。

　図表 7-7 は一国の所得レベルをピラミッド型にして表したものである。当然のことながら高所得者層をターゲットに選定すれば高い利益率を望める。所得レベルの高い層から参入し，市場浸透を図ることをシャワー浸透と呼ぶ。これは共通分母方策を示した図表 2-10 において最高級セグメントをターゲットにしながら参入する考え方である。シャワー浸透においては利益率の高い高級品として参入することになるため，高級ブランドが展開されることになる。また進出後に大衆層をターゲットとしたセカンドブランドを構築することでボリュームゾーンを狙うことも可能である（諸上(2012a)）。一方でリフト浸透は

図表 7-7　シャワー浸透とリフト浸透

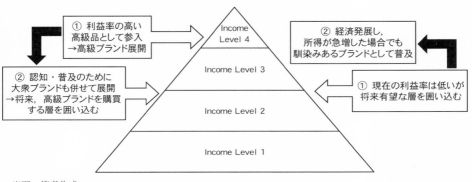

出所：筆者作成。

中〜低所得層を初期のターゲットとして参入するパターンである。ターゲット
が中〜低所得層であるために参入当初は十分な収益は望めないものの，経済発
展を遂げた際にボリュームゾーンとなる彼らを参入の段階から囲い込んでしま
うという狙いがある[10]。シャワー浸透において，商品はプレミアム価格で展開
（市場スキミング価格設定）され，利益を早い段階で獲得しようとする価格設
定が採用されることになる。一方で，リフト浸透においてはまず市場シェアを
獲得するため低価格で展開される市場浸透価格設定が採用されることになる
（上田（2002））。なおリフト浸透については次章における BOP（Base Of the
Pyramid）市場の箇所において詳しく説明することとする。

5　まとめ

　本章ではまず海外市場参入に関して FDI 発生要因の論点を整理した。FDI
発生要因には様々な内容が検討されてきたが，代表的なものを集約した OLI
パラダイムを参照すると，所有（企業）特殊優位性，立地特殊優位性，そして
内部化インセンティブが存在していた。
　これらの動機を基に企業は海外市場参入へ踏み切ることになる。そしてこれ
らの動機は参入モードの選択にも影響を与えていた。本章では参入モードとし
て間接輸出，直接輸出，単独展開（グリーン・フィールド投資），ライセンシ
ング，フランチャイジング，契約生産，合弁展開（ジョイントベンチャー），
クロスボーダー M&A を取り上げたが，いずれにおいても組織に対するコン
トロール力，取引コスト，投入資源量，変動費，固定費，市場シェアの関係が
異なることが示唆されていた。また競合他社間の連携によるコンソーシアム参
入という形態や，参入ターゲットとその後の商品やブランドの浸透スタイルの
関係性についても本章において整理した。ただし注意しなければならないの
は，企業は海外参入モードを自由に選択することが難しいという点である。黄
（1994b）は，企業の国際化プロセスや，企業の保有する能力，そして展開市場
の環境によって選択できる参入モードが制約されるとしている。
　本章では十分に触れられなかった部分として，カントリーリスクがある。カ

ントリーリスクとは政治や経済，災害や疫病等に起因して突発的に発生する各
国のリスクである。市場参入においてはこの点も深く考慮しておく必要があ
る。たとえばグローバル市場で製品を流通させる際には，輸送コストだけでな
く関税や政治的，慣習的リスクが降りかかることになる。基本的に地域貿易協
定（RTA：Regional Trade Agreement）を活用して製造・組み立てするのが
一般的であるが，制度に変化が発生することも多い。1930 年代に発生したブ
ロック経済の流れや，2020 年までに発生した各国間の貿易摩擦，そして政変
等もカントリーリスクとして該当するものである。次章では，これらの点も踏
まえて文化，制度，地理，経済の側面から国家間の差異について検討していく
こととする。

[注]

1　竹田(2003)，29 頁。OECD, Glossary of Foreign Direct Investment Terms and Definitions, https:
//www.oecd.org/daf/inv/investment-policy/2487495.pdf（2019 年 8 月 19 日アクセス）。

2　Rugman(1981)は，内部化の優位性は「企業特殊的知識（技術やノウハウを含む）」の消散リス
クを低下させる点にあると指摘している。

3　国際貿易研究の古典にまで遡れば，Richard による比較優位論や Hecksher-Ohlin モデルをはじ
めとして貿易の発生要因に関する研究が重ねられてきた。これらに関しては紙幅の都合上，説明を
別稿に譲る。

4　ここまでに整理した海外直接投資に関する議論は，主に製造業を前提としたものである。川端
(2000)は製造業における直接投資の議論は，小売業にはそのまま適応することが難しいとしてい
る。小売業は対象とする市場の規模や，母国の流通環境を前提とした発展という点で製造業とは条
件が異なるからである。ただし小売業の国際化においても，直接投資，ライセンシング，フラン
チャイジング等といったように参入モードについては共通する部分も多い。

5　この他にも，越境 EC による市場参入も出現し始めている。越境 EC による参入モードについて
は伊田(2020)を参照されたい。

6　A 社と B 社が協力して子会社を設立して現地市場へ参入することもある（Alon et al.(2017)）。
また図表 7-3 ではマーケティングが一部門として扱われているが，マーケティングの機能は必ずし
も一部署だけで完結するものではないことを留意されたい。

7　Douglas and Craig(1992)はジョイントベンチャーの成否に関わる内容として，中心的テーマの
統一，パートナーの特徴，オーナーシップ構造等を挙げている。

8　たとえば，大手酒類メーカーである Anheuser-Busch InBev は各国の参入においてクロスボー
ダー M&A を積極的に展開している。

9　藤沢(2000)は参入モードによっても参入価格の設定が変化すると指摘している。

10　富山(2012)はトヨタ自動車と現代自動車のロシア市場参入について検証している。そこではト
ヨタ自動車はシャワー浸透を，現代自動車はリフト浸透といった異なる参入プロセスが観察されて
いる。

市場環境

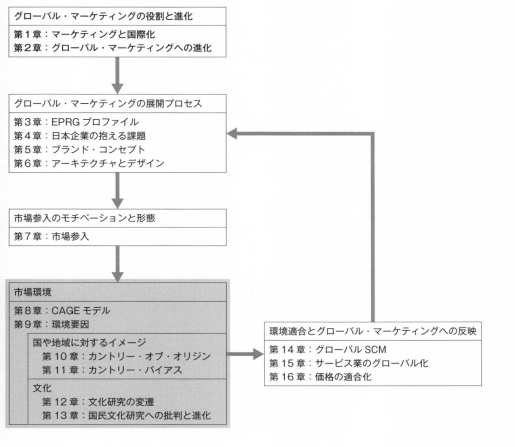

グローバル・マーケティングの役割と進化

第1章：マーケティングと国際化
第2章：グローバル・マーケティングへの進化

グローバル・マーケティングの展開プロセス

第3章：EPRG プロファイル
第4章：日本企業の抱える課題
第5章：ブランド・コンセプト
第6章：アーキテクチャとデザイン

市場参入のモチベーションと形態

第7章：市場参入

市場環境

第8章：CAGE モデル
第9章：環境要因

　　国や地域に対するイメージ
　　　第10章：カントリー・オブ・オリジン
　　　第11章：カントリー・バイアス

　　文化
　　　第12章：文化研究の変遷
　　　第13章：国民文化研究への批判と進化

環境適合とグローバル・マーケティングへの反映

第14章：グローバル SCM
第15章：サービス業のグローバル化
第16章：価格の適合化

CAGE モデル

　前章では FDI の発生要因について整理した。FDI の発生要因に関しては為替の問題，寡占的反応行動論，経営資源移動論，そして OLI パラダイム等が動機として存在していた。本章では市場環境という視点に主眼を置き，グローバル・マーケティングの標準化ならびに適合化を検討するための論点を整理することとする。市場参入においては母国と展開国にどのような差異が存在するのかを深く理解しておくことが必要であった。母国との差異を適合化として反映させたマーケティングが必要となることも多い。またカントリーリスクを考慮していなければ事業が順調であっても突如撤退しなければならない場合も出てくるだろう。グローバル・マーケティングを考える際には企業の内部要素と併せて，各国の経済状況，制度，自然環境，人口統計学的環境等といった外部環境の分析・把握も重要となる。本章では CAGE と呼ばれるモデルから 2 国間の環境に関する差異を検討する枠組みを整理する。そのうえで単純なリサーチだけでは魅力的な市場として映らない BOP（Base Of the Pyramid）市場の存在についても検討する。

1　セミ・グローバリゼーション

　世界にはグローバル化に向かっている部分とローカル化が未だに残り，時には強まっている部分が混在している。セミ・グローバリゼーションとは，このようにグローバル化とローカル化が混在している状況を意味している（Ghemawat（2007））。

　GATT やそれに伴う WTO は貿易という観点においてグローバル化を推進する役割を担っている。1947 年に 23 の参加国から設立された GATT（General Agreement on Tariffs and Trade）は関税の削減を第一に掲げて多角的貿易体制を発展させた。同組織では，① 自由貿易（関税の削減），② 無差別待遇（加盟国においてそれぞれの国に上下関係はないこと，輸入品と国産品の扱いも同等であること），③ ラウンド制（加盟国がまとまって話し合う機会を設ける）の 3 点が基本原則として掲げられていた[1]。GATT の創設以降，複数のラウンドが設けられ貿易自由化が模索されてきたのである。ヒト，モノ，カネ，情報等を含んだ様々な経営資源の流通量とスピードが高まる程，世界経済の発展・拡大が進むことを念頭に GATT は活動してきた。なお GATT は 1995 年に国際機関である WTO（World Trade Organization）として管理されるようになった[2]。1995 年以降は，WTO による管理対象が製品だけでなくサービスにも適用されるようになった。WTO は現在 164 の国や地域を含む加盟国によって構成されている（2020 年 2 月 8 日現在）[3]。WTO は加盟国・地域の全会一致を条件として交渉を進める特徴があるが，巨大な組織となってしまったが故，意見の集約に苦慮している[4]。特に先進国と発展途上国での意見の対立が大きく，交渉が進展しない状況となっているのが現状である[5]。

　そのため WTO ではなく，個別の国家間，または地域で経済連携を模索する動きが活発化している。たとえば東南アジアの ASEAN（Association of Southeast Asian Nations）やアジア太平洋地域での APEC（Asia Pacific Economic Cooperation），環太平洋パートナーシップである TPP（Trans-Pacific Partnership）等，国家間や地域で自由貿易協定や経済連携協定を結ぶ動きが増大しているのである。自由貿易協定（FTA：Free Trade Agreement）は関税の削減から自由貿易を志向するものであるが，経済連携協定（EPA：Economic Partnership Agreement）については関税の削減だけでなく知的財産や投資に関するルール，ビジネス環境に関するルールまで連携した協定である[6]。これら様々な国家間・地域間協定が存在しているが，総括したものが地域貿易協定（RTA：Regional Trade Agreement）と呼ばれる[7]。

　図表 8-1 に 1980 年以降の全世界における RTA 締結件数推移を示した。RTA の締結数は 2000 年以降，サービスに関するものが増大してきた。その

図表 8-1　RTA 件数の推移

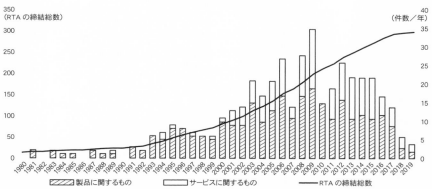

出所：WTO, Regional Trade Agreements Information System (RTA-IS), 2020 年 2 月 8 日アクセス。

一方で製品・サービス問わず，毎年の締結数は 2009 年をピークに減少しており締結総数が頭打ちであることが読み取れる。また図表 8-2 では地域別の RTA 件数について示した。多くの国々が密集しているヨーロッパ圏や東アジア地域では RTA 件数が多く存在しており，経済のリージョナル化（地域化）が進展していることが分かる。RTA 圏内では，各種資源が比較的容易に移動可能であるため，製品の生産，製造を RTA 圏内で完結させようとする動きも存在している（Kotler et al.(2007)）。製造過程の仕掛品を，天然資源で優位性を持つ国，労働力で優位性を持つ国といった形で RTA 圏内の国や地域を移動させながら最終製品として完成させることでコストを抑えた製品の生産，製造が可能となるのである。

　このように様々な地域貿易協定が整備されることによって，グローバル化やリージョナル化が進展するきっかけになる。しかしそれらの利用率についても言及しておく必要がある。図表 8-3 は日本の発行済み FTA 利用率を示したものである。JETRO(2018) によれば，FTA 協定が整備されているにもかかわらず，日本における協定の利用率は 48.2% であることが指摘されている（2018 年実績）。大企業と比較すると中小企業は特に利用率が低いことが分かる。なお韓国についても同時期で比較すると 73.5% の利用率となっており利用率には大きく差がある[8]。FTA の利用率が高まらない要因については，手続

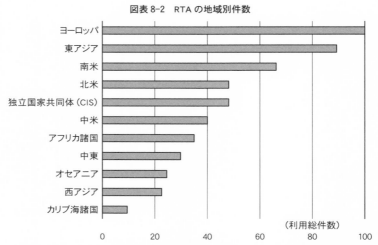

図表 8-2　RTA の地域別件数

出所：WTO, Regional Trade Agreements Information System（RTA-IS）, https://rtais.wto.org/UI/PublicMaintainRTAHome.aspx（2020 年 2 月 8 日アクセス）。

きの煩雑さが指摘されている。FTA を利用するためには製品や部品の原産地判定を行う必要があるが，品目毎にその基準が異なっていたり，輸出の都度，証明書を発行する必要があったり，それに伴う事務的負担が大きいことが利用率低下の要因とされている（JETRO（2018））。

　グローバル化やリージョナル化を進展させる制度が存在していても，それが利用されなければ意味がない。更に時代によっては RTA 等の自由貿易志向よりも保護貿易主義へ移行し関税を高めようとする動きも活発になることがある。1929 年の世界恐慌後に発生したブロック経済体制に象徴されるように，複数国，または一国内で経済を囲い込み輸入製品の量を削減しようとする動きは反グローバル化の傾向として捉えることができる。保護貿易主義傾向に変化すると生産・製造を海外で展開している企業は調達コストが高まることで価格競争力が低下する。その結果，製品生産・製造国や地域の変更を余儀なくされることも多く，コスト吸収に要する努力を強いられることにも繋がる[9]。2018年から始まったアメリカの輸入製品に対する高関税措置についても，経済的な報復が重なり米中貿易戦争と呼ばれる動きにまで発展した。世界の経済状況は

図表 8-3　日本の発行済み FTA の利用率（企業規模別）

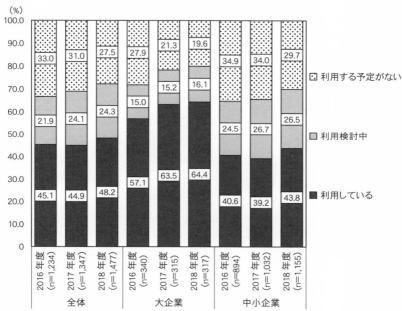

注：母数は対象国・地域（調査時点で FTA が発効済みのタイ，マレーシア，インドネシ
　　ア，フィリピン，ベトナム，その他 ASEAN，インド，メキシコ，チリ，ペルー，スイ
　　ス，オーストラリア，モンゴル）のいずれか一つ以上に輸出を行っている企業数。ただし
　　FTA 利用状況について無回答・不明の企業を除く。
出所：JETRO（2018），「2018 年度日本企業の海外事業展開に関するアンケート調査」，63
　　頁。

刻一刻と変化しており，グローバル化しようとする動きとローカル化しようと
する動きが重層的に重なり合うことでセミ・グローバリゼーションを形成して
いる。

2　CAGE モデル

　母国と進出国市場の差異を分析するため，Ghemawat（2007）によって提唱
されたのが CAGE モデルである。Ghemawat（2007）はセミ・グローバリゼー

ションの状況下で各国がどのように貿易量・貿易額を変化させるかについての研究に取り組んでおり，経済学における重力モデルを応用して CAGE モデルを提示した。重力モデルとは国家間の貿易量・貿易額の大きさを 2 国間の経済規模等の差異を分析することで予測しようとするモデルである（Trotignon (2010)）。重力モデルが応用された CAGE モデルにおいても 2 国間の距離という点に焦点があてられており，国家間の距離が大きいほど適合化が，距離が小さいほど標準化が模索できるとしている点が特徴的である。CAGE は 2 国間の距離を測定するために必要となる各要素の頭文字を意味しており，それぞれ C（Culture）：文化，A（Administrative）：制度，G（Geographical）：地理，E（Economic）：経済の 4 要素を意味している。これらの要素が複雑に絡まり合うことで，各国，各地域の環境が形成されている。グローバル・マーケティングにおいては，貿易量や貿易額の多寡だけでなく現地のどのような要素に注意して標準化や適合化を検討する必要があるのかを整理することが重要であり，CAGE モデルはその点で有用な概念である。

2−1　文化

　C（Culture）の文化的な要素については，言語，民族・社会的接点，そして宗教等が含まれている。文化は人々の持つ信頼観，価値観，規範，気質といった内容に至るまで多岐にわたる。文化については第 12 章以降，詳細に掘り下げることとするが，本章では文化の中でもグローバル・マーケティングを検討するうえで必ず考慮する必要がある要素として言語と宗教を挙げる。言語は特定の国に限られたものでなく，地域的・民族的に共有されているコミュニケーションツールである。識字率の問題を抱える国や地域も未だに存在している一方で，第二外国語，第三外国語を習得している国や地域も存在している。図表 8-4 は世界の言語分布を示したものである（2019 年現在）。ネイティブ言語人口については圧倒的に中国語の人口が多く，第 2 位のスペイン語と比較しても 3 倍以上の開きがある。第 3 位の英語に追随しているのがヒンディー語である点も興味深い。中国語やヒンディー語のネイティブスピーカー数からは，中国やインドの抱える人口の大きさも窺い知ることができる。なおネイティブスピーカーの数だけでなく，第 2 言語，第 3 言語として話されている話者人口

図表 8-4　世界の言語分布

ネイティブ言語人口　　　　　　　　　　　　　　　　　話者人口

言語	主要国	人口(百万人)		言語	主要国	人口(百万人)
中国語	中国	1,311	1	英語	イギリス	1,132
スペイン語	スペイン	460	2	中国語	中国	1,117
英語	イギリス	379	3	ヒンディー語	インド	615
ヒンディー語	インド	341	4	スペイン語	スペイン	534
アラビア語	サウジアラビア	319	5	フランス語	フランス	280
ベンガル語	バングラデシュ	228	6	アラビア語	サウジアラビア	274
ポルトガル語	ポルトガル	221	7	ベンガル語	バングラデシュ	265
ロシア語	ロシア	154	8	ロシア語	ロシア	258
日本語	日本	128	9	ポルトガル語	ポルトガル	234
ラフンダー語	パキスタン	119	10	インドネシア語	インドネシア	199
マラーティー語	インド	83	11	ウルドゥー語	パキスタン	170
テルグ語	インド	82	12	ドイツ語	ドイツ	132
マレー語	マレーシア	80	13	日本語	日本	128
トルコ語	トルコ	79	14	スワヒリ語	タンザニア	98
韓国語	韓国	77	15	マラーティー語	インド	95
フランス語	フランス	77	16	テルグ語	インド	93
ドイツ語	ドイツ	76	17	パンジャーブ語	パキスタン	93
ベトナム語	ベトナム	76	18	呉語	中国(チベット語族)	82
タミル語	インド	75	19	タミル語	インド	81
ウルドゥー語	パキスタン	69	20	トルコ語	トルコ	80

出所：Eberhard, D.M., Gary F.S. and Charles D.F. (eds.) (2019), *Ethnologue: Languages of the World*, Twenty-second edition, SIL International, Online version : http://www.ethnologue.com（2020 年 3 月 8 日アクセス）。

をみると，第 1 位に英語，僅差ではあるが第 2 位として中国語という順位になるが，上位 5 言語に含まれる言語の種類に関してはほとんど同じである。

　世界の宗教の分布を示したものが図表 8-5 である。宗教・宗派によってルールや人々の考え方が大きく異なるため，それぞれの考え方を十分に尊重しなければ海外展開は成立しない。特に食品に関しては禁忌事項が存在する場合もあ

り，食品や医薬品を取り扱う企業に関しては進出すら叶わない場合も存在する。イスラム教徒向けに配慮された食品であることを示すハラル認証や，ユダヤ教徒向けのコーシャ認証等，認証の獲得が必須である場合も多々存在する[10]。

　海外展開において，言語や宗教は対応する必要のある内容として常に考慮されるものであるが，特に延長マーケティング段階においては対応に注意しなければならない。国内からそのまま標準化製品を海外へ展開する場合，国内と同じ言語や宗教分布が類似していれば完全標準化製品が受け入れられることも考えられるが，基本的には２国間の距離はゼロにはならないことが普通である。少なくとも言語や宗教に関係する部分は，第一に適合化が実施される部分となる。また消費者，顧客，パートナーだけでなく，当然のことながら自社組織のマネジメントにおいても言語や宗教の差異を理解しなければならない。

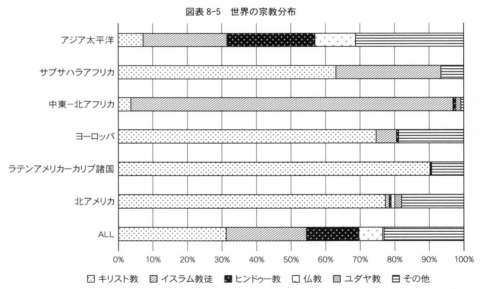

図表 8-5　世界の宗教分布

凡例：キリスト教　イスラム教徒　ヒンドゥー教　仏教　ユダヤ教　その他

※その他には，無党派層ならびに民間信仰が含まれている。
出所：Pew Research Center, Religion & Public Life data, Religious Composition by Country, 2010-2050 より筆者作成（https://www.pewforum.org/2015/04/02/religious-projection-table/, 2019 年 9 月 22 日アクセス）。

2−2　制度

　A（Administrative）の制度的な要素については，本章の冒頭で示したような地域貿易体制に関する協定や植民地関係，共通の貨幣，法律，政策，政治的な対立から出来た制度がここに含まれる。またカントリーリスクに関する多くの点も制度的な要素に属する。竹田（1976）は政治な対立に起因するカントリーリスクとして，① 国有化等による強制収用，② 戦争や内戦，③ 外国企業への差別的規制，④ ナショナリズム，⑤ 高い課税，⑥ 労働組合との交渉問題の 6 点に整理している。これらのリスクは市場参入後に突然生じるものも存在するため，場合によっては撤退を余儀なくされることもある。

　自由貿易に向けた各種協定の内容については既にセミ・グローバリゼーションの箇所で概観したのでここでは詳細に説明しないが，植民地関係が未だに残っており流通貨幣が共通の国や地域では 2 国間の距離が近く生産，製造活動の標準化を模索できる余地が大きい。Ghemawat（2007）は，既に植民地関係が解消した国や地域においても，両国の間には他国と比べて貿易額を増加させる傾向があると指摘している。既に植民地関係が解消されていたとしても，それまでに構築されたその他の制度的な部分の解消に至るまでは時間を要するため両国間の貿易が促進されることとなる。図表 8-6 に 2 国間での制度的な類似点と差異が貿易額の変化にどのような影響をもたらすかについて示した。この中で制度に関するものは共通の地域貿易ブロック，植民地／統治国，共通の貨幣に関する部分である。特に植民地／統治国関係にある国や地域では貿易額が大きく増大することが分かる。続いて制度に関するものの中では，共通の貨幣であることが貿易額増大に強く関係している。取引において貨幣が異なる場合，為替リスクが付きまとうことになる。このようなリスクを回避するために共通の貨幣を採用している国や地域を優先的に選択し貿易額を増大させていることが考えられる。また共通の地域貿易ブロックを構築することは，2 国間の言語が共通であった場合とほぼ同じ程度，貿易額を促進させる効果がある。図表 8-6 において，共通の言語，共通の地域貿易ブロックの影響は最も小さい値であるが，それでもプラス 45%前後という値であり，大きなインパクトをもたらすことを意味している。なお「国境が接しているか否か」といった点も貿易額の増大と大きな関係がある。本点は次の G（地理的）といった要素に関連

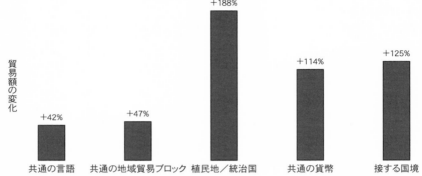

図表 8-6　類似点と差異による貿易額の変化

※訳語は Ghemawat, P.(2007) の邦訳を用いている。
出所：Ghemawat, P.(2009), p. 16.

する部分である。

2−3　地理

　G（Geographical）の地理的な要素については，物理的な隔たりに起因する
ものがここに含まれる。物理的な 2 国間の距離や，国境を接しているか否か，
時差や気候条件，そして衛生状態等により 2 国間の距離を測ることができる。
図表 8-6 で示した通り，国境が接しているだけで接していない国と比べて
125％貿易額が増大する。物流の面から考えてみても，陸上輸送による物流の
方が海上輸送よりも機動力があり空輸するよりも低コストであるのが一般的で
ある。そのため各種資源を陸上輸送により流通させることが可能な国や地域で
はより貿易額が増大するのであろう。消費者，顧客，パートナーへ各種資源を
移送する場合，陸上輸送であれば彼らのすぐ近くまで，もしくはダイレクトに
資源を移送することができる。空輸は機動力があるものの，コストが高く，基
本的に飛行場間での輸送となるため最終的に相手への移送手段は陸上輸送とな
る。つまりラストワンマイル問題が生じてしまうのが課題であった。しかし近
年，規制の許す国や地域においてドローンを用いた資源の移送が現実化し始め
ている。中国において巨大な EC 展開を実施している JD.com（京東）は物流

に強みを持っている。JD.com は中国において 3 億人を超えるユーザーを抱え
ており，オンラインで生鮮食品まで販売している点が特徴的である。生鮮食品
も取り扱うため，注文から発送までの時間を可能な限り短縮することに注力し
ており，取扱商品の 90%以上を注文の当日か翌日配送できる物流システムを
構築している[11]。同社は中国全土で 550 カ所を超える倉庫，約 7000 の配送ス
テーションを持ち，人口カバー率 99%の物流体制を維持している[12]。同社は
2015 年 10 月からドローン配送に関する研究開発を始めており，2017 年 5 月時
点で，省政府と交渉を重ねながら北京，江蘇，陝西，四川に約 60 のドローン
飛行ルートを保持している。なお 1 トンを超える重量の荷物も輸送できるド
ローンも開発中とされており，アクセスの難しい過疎地へも迅速に商品を流通
させる体制を構築している[13]。JD.com による取り組みの様にドローンの活用
が進展し，それによって国際展開まで実施された場合，必ずしも国境を面して
いなくとも貿易額が増大する可能性がある。規制の問題とも深く関係すること
になるが，ドローンにより空輸でのコストが低下すれば国境を接していなかっ
たとしても 2 国間の距離さえ近ければ両国間の流通は促進することになる。
Ghemawat（2007）によると交通や情報インフラは地理的要素だけでなく，次
に説明する経済的要素とも深く関連すると述べている。
　なお地理的要素は疫病といった観点において，カントリーリスクと関係す

図表 8-7　COVID-19 による業績下方修正の平均値（上位 5000 の多国籍企業）

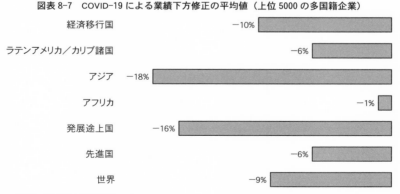

出所：UNCTAD（2020），p. 1.

る。2003 年頃に流行した SARS や 2020 年頃に流行した COVID-19 等といったウイルスは特定の地域から周辺国，そして世界中へ拡散した。たとえば COVID-19 の際には各国における流通が停滞した結果，多国籍企業の多くが業績の下方修正を行う結果となった。図表 8-7 は COVID-19 を主因とした多国籍企業における業績下方修正傾向を比較したものである（2020 年 3 月までの影響）。これをみると COVID-19 は発生源の一つとされているアジアにおいて特に大きなインパクトをもたらしたことが分かる。

2-4　経済

E（Economic）の経済的な要素については，経済規模，貧富の差，天然資源量，人的資源量，インフラ，得られる情報や知識の質やそれらを獲得するためのコストが挙げられている[14]。これまでの文化・制度・地理的な要素については，2 国間の差異が大きい場合，企業活動にとってメリットとなることはほとんど存在していなかった。その一方で，経済的な要素については差異を用い

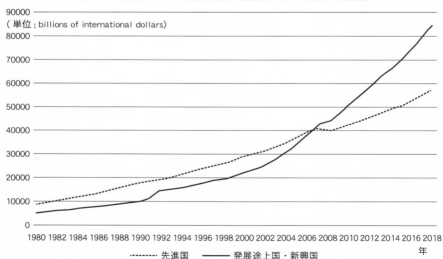

図表 8-8　先進国ならびに発展途上国・新興国の GDP（購買力平価換算）

出 所：IMF, http://www.imf.org/external/datamapper/PPPGDP@WEO/OEMDC/ADVEC/WEO WORLD（2020 年 2 月 12 日アクセス）。

ることがクロスボーダーの企業活動にメリットとなる場合がある。たとえば天然資源が低コストの国や地域で生産・製造活動を実施したり，人的資源が低コストの国で労働集約的な活動を行ったりすることは経済的な差異を用いたクロスボーダーの活動といえる。しかしこのような活動も，発展途上国や新興国が経済的に急速な成長を遂げることで少しずつ実施が困難となる。図表 8-8 はIMF による世界の先進国と発展途上国・新興国の GDP（購買力平価換算）の集計値である（先進国・発展途上国・新興国の定義や各カテゴリーに含まれる国については出所を参照されたい）。

　この図を見ると，2008 年時点で先進国の値を発展途上国・新興国が超え，その後も成長を続けていることが分かる。特に発展途上国・新興国のカテゴリーに含まれる中国・インドの値は飛び抜けており，全体を牽引している。また図表 8-9 に世界 75 カ国におけるインターネット利用率と GINI 係数の値を示した。インターネットの利用率に関しても未だに世界でばらつきが存在しており，現地において情報の獲得がしやすい国や地域とそうでない場所がある。

図表 8-9　インターネット利用率と GINI 係数

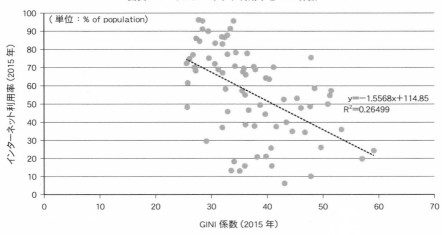

注 1 : 世界 75 カ国のデータを用いた。
注 2 : GINI 係数における 2016 年以降のサンプルサイズが小さいため，敢えて 2015 年の値を用いている。
出所 : World Bank より筆者作成。

COVID-19 の世界的な影響を経て，世界的に情報の流通量が増大し，企業経営においてもインターネット環境の重要性が高まっている。また貧富の差を示した GINI 係数については年によって変動があるものの，インターネット利用率との関連性をみると 2000 年以降，継続的に弱い負の相関が確認できる。

　経済的な要素において，インフラ，得られる情報・知識の質，そしてそれらを獲得するためのコストについては展開対象国が有利な状況である程クロスボーダーの活動が活発化する。その一方で，経済規模，天然資源量，人的資源量に関しては 2 国間の差異を用いることで価値を生み出そうとする動きも活発である。ただし近年はフェアトレードやコーズ・マーケティング，SDGs を念頭に置いた企業行動等といった，経済的な差異を用いて利益を獲得しようとする動きに反する活動もある。

2−5　製品・産業による感応度の違い

　CAGE モデルは貿易量・貿易額を推定する重力モデルとは異なり，2 国間の差異の大きさを CAGE の側面から捉えようとするものである。CAGE モデルにより母国市場と進出国市場間の差異を捉えることで適合化の必要な部分を模索することが可能となる。本書で繰り返し述べてきた通り，グローバル・マーケティングにおける中心課題の一つに標準化−適合化問題がある。標準化と適合化のバランスをとり，複合化を探る必要があるが複合化の最適ポイントが存在する訳ではない。企業要因，製品・産業要因，環境要因という 3 フィルターから，標準化−適合化の程度を決定していくことになる。CAGE モデルは主に環境要因を分析するために用いることができるが，製品・産業要因の分析にも関わる部分が存在する。これは製品・産業によって CAGE の 4 側面において重要視される部分が異なることを意味する（図表 8-10）。言語がコンテンツの大部分を占めているテレビ番組や映画，そして各国で特殊な傾向を持つ食品等に関する製品・産業については文化的な側面が強く関係することになる。医療やインフラに関連する部分は各国政府による介入が大きいため，医療品，電力や公共交通，通信等に関連する製品・産業は制度的な側面が強く関係する。また素材の特徴，体積や質量の大きさにより長距離輸送に向かない製品（ガラスや果物等）については地理的な側面が強く関係する。そして自動車等の所得

図表 8-10　CAGE の製品・産業に応じた感応度

文化的な隔たり	制度的な隔たり	地理的な隔たり	経済的な隔たり
文化的な差異がもっとも重要なのは以下の事例	政府の介入が多く見られるのは以下の事例	地理が大きな役割を果たすのは以下の事例	経済的な差異が最大の影響力を持つのは以下の事例
・製品が含む言語のコンテンツが大きい（テレビ番組）	・必需品の生産者（電力）	・製品の価値対重量比または価値対容積比が大きい（セメント）	・需要の本質が所得水準によって異なる（自動車）
・製品が文化または国のアイデンティティに関わる（食品）	・他の「権利」の生産者（医療品）	・製品が破損しやすい，または傷みやすい（ガラス，果物）	・標準化または規模の経済が限定的（セメント）
・製品の特徴が以下の点で異なる	・大規模雇用主（農場）	・現地の監督・事業要件が厳しい（多くのサービス）	・労働その他の要素のコスト差が顕著である（衣料）
○大きさ（自動車）○標準（電気器具）	・政府への大手納入者（公共交通）・国威産業（航空宇宙）		・企業が需要に迅速に対応する必要がある（家電製品）
・製品が国固有の品質を伴う（ワイン）	・天然資源開発業者（石油，鉱業）		
	・巨額な回収不能額（インフラ）		

出所：Ghemawat(2007)，邦訳，85 頁。

水準と深く結びついた製品や，アパレルといった労働コストが最終製品価格に色濃く反映される製品・産業については経済的な側面が強く関係することになる。

3　BOP（Base Of the Pyramid）市場の存在

企業要因，製品・産業要因，環境要因を踏まえてグローバル・マーケティン

グは展開されることになるが，事業活動である以上は当然のことながら企業は収益性を求めることが一般的である。CAGE モデルでは展開市場間の差異が小さい程，海外展開が発生しやすいとしている。しかし展開市場間の差異が大きく，収益性が望めなくとも海外展開が生ずる場合がある。たとえば BOP（Base Of the Pyramid）と呼ばれる収益性の極めて低い（もしくは得られない）人々をターゲットにして事業展開をする場合がある。BOP（Base Of the Pyramid）とは 1 人あたりの年間所得が 3,000 USD 以下の人々を指す。なお年間所得が 20,000 USD 以上の人々を TOP（Top Of the Pyramid），TOP と BOP に挟まれた 3,000 USD 以上の人々を MOP（Middle Of the Pyramid）と呼ぶ（Hammond et al.(2007)）[15]。BOP 市場は一部分だけのマーケティング・リサーチでは収益性の面で取り上げられることはほとんどない。しかし BOP 市場をターゲットとする企業の多くは下記 ①～⑥ の理由から意味のある市場として認識されている[16]。① 爆発的な人口を抱えており，薄利多売であっても大きなインパクトが存在する。② 将来 MOP や TOP 層へ移行する可能性を持つ消費者にブランドを認知してもらえる。③ 新たな商品開発の場とすることができる。④ 社会で選ばれる企業，ブランドになるための社会的責任を果たすことができる。⑤ 現地市場での雇用の創出によって新規市場を醸成することができる。⑥ 世界をより良い場所にすることができる。

　BOP は所得こそ大変低いものの，その人口は莫大である。Gap Minder Database を用いて筆者が算出したところ，BOP は世界に約 36.3 億人存在しており世界人口の 47.3% にも上る。MOP は約 35.4 億人で世界人口の 46.2%，TOP は約 5 億人で世界人口の 6.5% となっている（2020 年 3 月現在）[17]。なお図表 8-11 に新興国や発展途上国の多いアフリカ，アジア諸国のみに絞った各所得層データも併せて示してある。

　アジア・アフリカ諸国のデータを用いて単純計算すると BOP の人口は TOP の約 19 倍である。消費者，顧客，パートナーが商品を購入する確率は等しいと仮定した場合，TOP 層向けに機能や性能の高い商品を一つ 10 ドルで販売した場合は 10 ドルの収入であるが，機能や性能を極限まで削り必要最低限にした商品を 1 つ 1 ドルで BOP 層向けへ販売すれば 19 ドルの収入となる。更に海外の BOP 層向けに事業展開することによって，新たな雇用創出を通して経

図表 8-11　TOP, MOP, BOP 人口の世界，アジア・アフリカ諸国比較

	世界		アジア・アフリカ諸国	
	人口（億人）	%	人口（億人）	%
TOP	5	6.5	1.6	2.7
MOP	35.4	46.2	20.4	40.9
BOP	36.3	47.3	30.3	56.4
TOTAL	76.7	100	52.3	100
BOP/TOP 比	7.3 倍		18.9 倍	

出所：Gap Minder, Database を用いて筆者算出。

済発展や貧困削減といった社会問題の解決にもインパクトを与えることができるのである。企業にとっても収入が増加する可能性があるだけでなく，将来所得が上昇し今よりも強い購買力を持つことが想定される潜在的な消費者，顧客，パートナーへブランドを認知してもらうことも可能である。SC ジョンソンはケニアにおいてトイレ清掃事業を通して現地の起業家育成に寄与しているし，ユニリーバにおいてもインドにおいて手洗い教育の推進に取り組むことで雇用を創出し，現地での認知度も高めてきた[18]。また日本で販売されていた蚊帳をアフリカ諸国においてマラリア予防のために展開している住友化学等，BOP 層をターゲットとして事業と社会問題の解決を両立しようとする試みは多く存在する[19]。竹田（2012）ならびに竹田（2020）は，1950 年代におけるマーケティングの視点は「売れる商品」作りであったのが，1960 年代には「選ばれる商品」，1980 年代には「選ばれる経営」，2000 年代後半には「選ばせる経営」，そして 2020 年以降は「選び合う経営」といった形へ変化していると指摘している。これはマーケティングが単なる企業視点，消費者・顧客・パートナー視点だけを考慮した活動でなく，社会視点も併せて強く考慮する活動へ変化してきたことを意味している。倫理的な観点や，社会貢献の観点から商品選択・購買をする消費者が存在しているように，利益追求だけでなく社会をより良くする観点を備えた商品が現在では求められている。なお古川（2016）の調査では，この消費傾向は特に北欧諸国に強いことが明らかとなっている。

　BOP 層をターゲットとすることによって，既存製品の破壊的イノベーションを引き起こすこともある。Govindarajan and Trimble（2012）によれば，GE

ヘルスケアによる心電図測定器はインド事業において価格が高く，重くて持ち運びに不便，操作が複雑という問題点を抱えていたとされている。しかしその後，インド事業向けに機能を簡素化し，心電図にディスプレイまで無くしてしまうことで軽量化に成功したMAC400を発売する（心拍数は紙に印字する工夫を施した）。それだけでなく電気の不安定な地域も考慮して電池で作動するようにしたり，スタートとストップの2ボタンのみで操作可能にしたりする等，破壊的イノベーションを達成した。MAC400はインド事業向け（特に十分な電気も通っていない農村のBOP層向け）に作られたが，この製品は欧州各国で爆発的な人気となった。保有資金の十分で無い開業医の多くがMAC400を購入したのである[20]。発展途上国や新興国で開発された製品が，先進国へ展開される現象をリバース・イノベーションと呼ぶ。上記の事例では，GEヘルスケアがインドへ進出していなかったとしたらリバース・イノベーションは起きなかっただろう。今まで相手にしていた消費者，顧客，パートナーとは全く異なる人々を相手にすることが破壊的イノベーションのきっかけとなる場合が存在するのである。

　林(2016)は先進国に比べて新興国，そしてBOP層では，消費者の所得や生活インフラが製品購買において最も大きな要素になると指摘している。新興国やBOP層の所得や生活インフラといった前提に合わせたイノベーションにより，先進国では得られなかった新たな価値を創出するきっかけとすることができる。

4　新興国・発展途上国におけるイノベーション

　イノベーターのジレンマにおいては，破壊的イノベーションが必要とされていた。そして破壊的イノベーションは今までとは全く異なる文脈で自社製品を捉え直した場合に促進されると考えられる。破壊的イノベーションを達成するためには，新興国・発展途上国といった進出先での文脈に合わせることが達成のきっかけとなる場合がある。最もシンプルなイノベーションはコストカットである。これはコスト・イノベーションと呼ばれ，既存の資源を用いながら機

図表 8-12　新興国・発展途上国におけるイノベーション

	コスト・イノベーション	グッドイナフ・イノベーション	フルーガル・イノベーション	リバース・イノベーション
製品の特徴	・コスト効率的な原材料 ・現地調達 ・現地生産 ・標準化／コモディティ部品 ・小さなパッケージサイズ	・コスト効率的な原材料 ・現地調達 ・現地生産 ・標準化／コモディティ部品 ・中核機能の限定 ・手動の部分が多い ・高い堅牢度 ・簡単に使える	・コスト効率的な原材料 ・現地調達 ・現地生産 ・標準化／コモディティ部品 ・小サイズ化 ・新しい特徴（例：ポータブル） ・貧弱なインフラに合わせた適合化	コスト・イノベーション グッドイナフ・イノベーション フルーガル・イノベーションの特徴を総合的に用いながらグローバル市場へ展開できる余地を模索
事例	・BYD－バッテリー ・Huawei－携帯電話, インフラ ・Nokia－携帯電話 ・ZPMC－クレーン重機 ・Haier－ワインクーラー ・Godrej－石鹸 ・HUL－洗剤	・MT－重量計 ・Logiteck－M215 マウス ・Saurer－工作機械	・GE－超音波画像診断装置（Logiq Book） ・Qiagen－HPV 検査キット ・Safaricom－個人間送金システム（M-Pesa）	・Logiteck－M215 マウス ・MT－重量計 ・Saurer－工作機械 ・GE－超音波画像診断装置（Logiq Book）

出所：Zeschky et al.(2014), p. 25 から一部抜粋。一部筆者による意訳をしている。

能を極限まで削ることで生産・製造コストと価格を低下させるものである（Williamson(2010)）。コスト・イノベーションに，機能の最適化を付加させたものがグッドイナフ・イノベーションである。グッドイナフ・イノベーションにおいては，生産工程においてコストの削減を目指しつつも機能もそぎ落とし過ぎないように最適化を目指す点でコスト・イノベーションとは異なる（Gadiesh et al.(2007)）。そしてグッドイナフ・イノベーションに展開国だけの新しい特徴を付加させるのがフルーガル・イノベーションである。フルーガル・イノベーションにおいては，コストの低減と機能・性能バランスの最適化だけでなく，耐久性や利用の簡便さ等，現地市場に合わせた新しい特徴によって適合化を図るイノベーションである（Zeschky et al.(2011)）。

　Zeschky et al.(2014) は，コスト・イノベーション，グッドイナフ・イノ

ベーション，フルーガル・イノベーションを達成する過程にこそリバース・イノベーションの種が潜んでいるとしている（図表 8-12）。なお新興国や発展途上国でのイノベーションには製品や価格だけでなく，チャネルの問題も考慮しなければならない。

5 チャネルの重要性

新興国や発展途上国におけるチャネルは，TT：Traditional Trade と MT：Modern Trade に分類することができる。TT とは昔ながらの零細小売店を意味しており，そのほとんどが家族経営のパパママストアである。そして MTとは近代的な小売店を意味しており，スーパーマーケット，ハイパーマーケット，コンビニエンスストアといった大量に商品を揃えて販売する形態である。

図表 8-13　東南アジア諸国の TT 比率（軒数）

	2005 年	2006 年	2007 年	2008 年	2009 年	2010 年	2011 年	2012 年	2013 年	2014 年	2015 年	2016 年	2017 年	2018 年	2019 年
インド	100%	100%	100%	100%	100%	100%	100%	100%	100%	100%	100%	100%	100%	100%	100%
インドネシア	100%	100%	100%	100%	100%	100%	100%	100%	100%	99%	99%	99%	99%	99%	99%
ベトナム	100%	100%	100%	100%	100%	100%	100%	100%	100%	100%	100%	100%	99%	99%	99%
カンボジア	100%	100%	100%	100%	100%	100%	100%	100%	100%	100%	100%	100%	100%	100%	100%
スリランカ	100%	100%	100%	100%	100%	100%	100%	100%	99%	99%	99%	99%	99%	99%	99%
タイ	99%	99%	99%	99%	99%	99%	99%	98%	98%	98%	98%	98%	98%	98%	98%
中国	98%	98%	97%	97%	96%	96%	95%	95%	95%	94%	94%	94%	93%	93%	93%
パキスタン	100%	100%	100%	100%	100%	100%	100%	100%	100%	100%	100%	100%	100%	100%	100%
バングラデシュ	100%	100%	100%	100%	100%	100%	100%	100%	100%	100%	100%	100%	100%	100%	100%
フィリピン	93%	93%	93%	92%	92%	91%	90%	90%	89%	87%	86%	84%	83%	82%	80%
マレーシア	96%	96%	95%	94%	94%	93%	93%	92%	91%	91%	90%	90%	89%	88%	87%
ミャンマー	100%	100%	100%	100%	100%	100%	100%	100%	100%	100%	100%	100%	100%	100%	100%
ラオス	100%	100%	100%	100%	100%	100%	100%	100%	100%	100%	100%	100%	100%	100%	100%

注：MT（Modern Trade）：Convenience Stores, Discounters, Forecourt Retailers, Hypermarkets, Supermarkets.
　　TT（Traditional Trade）：Food/Drink/Tobacco Specialists, Independent Small Grocers, Other Grocery Retailers.
出所：Euromonitor passport database より筆者作成（2020 年 9 月 1 日アクセス）。

図表 8-14　東南アジア諸国の TT 比率（売上高構成）

	2005 年	2006 年	2007 年	2008 年	2009 年	2010 年	2011 年	2012 年	2013 年	2014 年	2015 年	2016 年	2017 年	2018 年	2019 年
インド	99%	99%	98%	98%	99%	98%	98%	98%	98%	98%	98%	98%	98%	97%	97%
インドネシア	92%	91%	90%	89%	89%	88%	87%	86%	85%	83%	83%	83%	83%	83%	82%
ベトナム	97%	96%	96%	95%	95%	95%	94%	94%	94%	93%	93%	93%	93%	92%	92%
カンボジア	98%	98%	97%	97%	96%	95%	93%	93%	92%	91%	90%	88%	87%	86%	85%
スリランカ	95%	94%	92%	91%	89%	86%	85%	80%	78%	76%	73%	72%	71%	71%	70%
タイ	67%	66%	65%	63%	62%	61%	60%	58%	57%	56%	55%	55%	55%	54%	54%
中国	53%	49%	45%	43%	42%	40%	38%	37%	36%	35%	34%	34%	33%	33%	32%
パキスタン	98%	98%	98%	97%	97%	97%	97%	97%	97%	96%	96%	96%	95%	95%	94%
バングラデシュ	100%	100%	99%	99%	99%	99%	99%	98%	98%	98%	98%	98%	98%	98%	98%
フィリピン	41%	40%	38%	37%	36%	34%	33%	31%	30%	28%	27%	26%	26%	26%	25%
マレーシア	76%	72%	70%	65%	62%	58%	56%	55%	54%	53%	53%	53%	53%	53%	54%
ミャンマー	100%	100%	100%	100%	100%	100%	99%	99%	99%	99%	99%	99%	98%	98%	98%
ラオス	100%	100%	100%	100%	99%	99%	99%	99%	99%	98%	98%	97%	97%	97%	97%

注：MT（Modern Trade）：Convenience Stores, Discounters, Forecourt Retailers, Hypermarkets, Supermarkets.
　TT（Traditional Trade）：Food/Drink/Tobacco Specialists, Independent Small Grocers, Other Grocery Retailers.
出所：Euromonitor passport database より筆者作成（2020 年 9 月 1 日アクセス）。

　TT と MT の比率を見てみると，多くの新興国や発展途上国においては軒数比においても，売上高構成比においても未だに TT が主流となっている。東南アジア諸国の TT 比率を図表 8-13（軒数ベース）ならびに図表 8-14（売上高構成ベース）に示した。軒数ベースの TT 比率をみると，フィリピン，マレーシア，中国において TT の比率が少しずつ低下している。しかし最も低下しているフィリピンの 2019 年値であっても TT の比率は未だに全体の 80%を占めている状況である。売上高構成ベースの TT 比率をみると，フィリピン，中国，マレーシア，タイにおける TT 比率の低下がみられる。次第に MT における売上が上昇していることがここから読み取れる。特にフィリピンや中国の MT 売上比率向上が顕著であるが，その一方でフィリピンや中国以外の国においては未だに 50%以上の売り上げが TT によってもたらされている現状がある。母国においては MT を用いて展開することが常態化していたとしても，新興国や発展途上国，そしてその中の BOP 層へアクセスするために

は，いかに TT を攻略するかが肝要となるであろう[21]。

6　まとめ

　本章ではここまでセミ・グローバリゼーションの現状を整理したうえで，グローバル・マーケティングにおいて市場環境を把握するのに有用な枠組みである CAGE を説明した。CAGE はそれぞれ文化，制度，地理，経済といった要素によって構成されており，各側面において母国市場と進出国市場の差異を検討する助けとなるものである。グローバル・マーケティングにおいて現地の市場環境は無視できないものであり必要に応じて適合化を検討することになる。海外市場展開において，各国・各地域の特徴を理解し市場細分化を実施することは不可欠である。そして市場細分化のためには CAGE だけでなく，消費者のライフスタイル等といったよりミクロな内容まで検討することが求められる（諸上（1993））。

　本章では新興国や発展途上国における人口や経済規模の拡大を念頭に置き，BOP の存在についても取り扱った。BOP 層へのアプローチは自社へ長期的な競争優位をもたらす可能性を秘めているだけでなく，現地市場の抱える社会課題をも解決することにも繋がる。母国とは全く異なる市場環境において既存製品・サービスを捉え直すことがイノベーターのジレンマから脱却する一つの方策である可能性が示唆される。

［注］
1　WTO（1986），The Text of The General Agreement on Tariffs and Trade, https://www.wto.org/english/docs_e/legal_e/gatt47.pdf（2020 年 3 月 8 日アクセス）。
2　WTO Web ページ，https://www.wto.org/（2020 年 3 月 8 日アクセス）。
3　同上。
4　筋内（2014），10-11 頁。
5　経済産業省，ドーハラウンド，https://www.meti.go.jp/policy/trade_policy/wto/1_doha/Doha_Round.html（2020 年 3 月 8 日アクセス）。
6　外務省，経済連携協定（EPA）／自由貿易協定（FTA），https://www.mofa.go.jp/mofaj/gaiko/fta/index.html（2020 年 3 月 8 日アクセス）。
7　WTO Web ページ，https://www.wto.org/（2020 年 3 月 8 日アクセス）。
8　日本経済新聞「FTA の果実　日本つかめず」，2019 年 8 月 17 日，1 頁。

 9　JETRO(2018) によれば，保護主義への移行によって自社の生産国・地域の変更を約 18%の企業
　　が実施する計画をしたことが明らかになっている。
10　禁忌事項に関しては，宗派によって解釈が異なることもある。
11　荒井伸二(2019)，「JD.com」，グローバル・マーケティング研究会報告資料，2019 年 8 月 27 日。
12　同上。
13　同上。
14　重力モデルにおいても GDP や一人当たりの所得等について検討されており，経済規模の大きい
　　国同士である方が貿易額は増大するとされている。
15　TOP, MOP, BOP の所得に関する定義は多く存在しているものの，本書では一般的であると考え
　　られる Hammond et al.(2007) の定義に従う。BOP の定義やビジネスを通した関与の背景について
　　は Prahalad and Hart(2002) や Landrum(2014)，原木(2012) に詳しい。
16　安室(2011) は BOP ビジネスを非営利目的のものと営利目的のものに分類している。前者は社会
　　課題の解決を目的としており，ビジネスがその手段となる。後者は目的手段関係が逆となる。本章
　　において，BOP をターゲットとしたビジネスは営利目的のものへ焦点を絞っている。
17　Gap Minder Database, https://www.gapminder.org/（2020 年 3 月 8 日アクセス）。
18　詳細は Hart(2007)，ならびに野村総合研究所ほか(2010) を参照されたい。
19　住友化学 Web ページ，https://www.sumitomo-chem.co.jp/sustainability/society/region/olyset
　　net/initiative/（2020 年 3 月 9 日アクセス）。また BOP ビジネスの事例を横断的に分析したものと
　　しては舟橋(2011) を参照されたい。
20　詳細は Govindarajan and Trimble(2012) を参照されたい。
21　フィリピン市場における TT であるサリサリストアについては舟橋(2018) が詳しい。

第 9 章

環境要因

　企業要因，製品・産業要因を経て環境要因は検討される。同じ環境下にあっても採用されるマーケティングが企業によって異なるのは，企業要因ならびに製品・産業要因が環境要因の捉え方に影響を与えているためである。ただし環

図表 9-1　環境要因の主要要素

環境要因	強制的	半強制的	任意的
法・政治	国際条約 法律・条例	保護主義 政治形態	愛国主義 カントリー・バイアス
制度	階級制度 規格	人口／教育 他のインフラ	家族関係
経済	通貨 利子率 外国為替相場	購買力 競争 景気循環 市場規模 流通機構 メディア機構 貧富の差 天然資源量	経済発展レベル 経済発展速度 市場成長速度 カントリー・オブ・オリジン
地理	温度・湿度 物理的距離	他の気候条件 衛生状況	地域
文化	宗教的タブー 文盲率	言語 伝統的しきたり	ライフスタイル 一般慣習 消費者行動 国民性

　出所：大石(1993b)，14 頁に筆者加筆。

境要因が最後に位置しているのは，その重要度が低いことを意味する訳ではない。環境要因によっては，当該国への市場参入すら難しくなることもある。また既に展開している国や地域においても，環境の変化によって撤退を強いられることもある。環境要因を把握・理解し，過去や現在の情報から将来を予測できるかがグローバル・マーケティングのパフォーマンスを左右することもある。それでは環境要因には具体的にどのような要素が含まれているのだろうか。図表 9-1 に環境要因の主要要素を示した。CAGE の枠組みで示した様に，環境要因には各国における法律・政治，制度，経済，気候や時差等の地理的なもの，そして文化が挙げられる。ただし環境要因には必ず現地に合わせなければならない強制的なもの，半強制的なもの，任意的なものが存在している。

1　ニーズとマーケティングの関係

　そもそも母国と各国や各地域の間に存在している環境の差異に，企業はどう対応する必要があるのだろうか。環境に関する特徴を各国や各地域を描写するデータと考えた場合，そのデータに対してマーケティングがどのような位置づけにあるのかについて，本書の立場を明らかにしておく。

　マーケティングとは市場のニーズを捉え，商品にその内容を反映させることと捉えられることが多い。しかし市場のニーズを追い求めた結果，本当に持続的な競争優位が得られるのかについては再考する必要がある。特に近年はビッグデータを用いて消費者，顧客，パートナーの詳細な分析を実施し AI（Artificial Intelligence）を用いながら，業界や人々の行動予測，そして戦略策定まで展開しようとする取り組みがある。たとえば Google や Amazon は大量のユーザーデータを収集し，AI でその内容を分析しながら，消費者，顧客，パートナーへの新サービスや購買可能性の高い商品を提供・提案している。収集可能な情報の種類についても急速に増加しているのが現状である。たとえば消費者データに関していえば，小売店における店内の消費者動向を動画データにより分析が実施されたり，インターネット上の購買履歴から消費者の趣味嗜好分析が実施されたりしている。また各家庭内においては Google Home,

図表 9-2　音声認識デバイスの世界的な利用状況

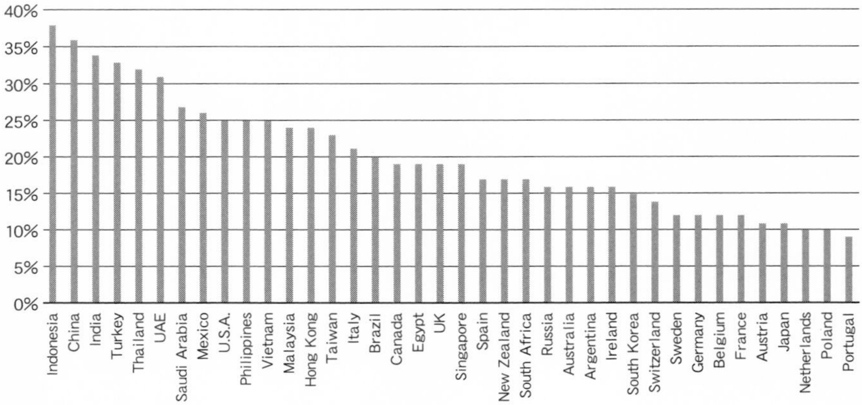

出所：Globalwebindex（2018），p. 9 より古川作成。

Amazon Alexa, Apple Siri といった音声認識デバイスが普及することで，これまで認識できなかった人々の行動が明らかになりつつある。

　図表 9-2 に音声認識デバイスの世界的な利用状況に関するデータを示した。日本においては世界各国と比較して普及が進んでいないものの海外に視野を向けると音声認識デバイスの利用が進んでおり，世界を駆け巡るデータの流通量は飛躍的に増大している。IBM によるとビッグデータの特徴は次の 4 つにまとめられている。1 つ目にデータの容量規模が膨大であること。2 つ目にデータの内容が多様性に富んでいること。3 つ目に迅速性が求められるデータであること。そして最後にデータが正確性に優れていることである[1]。特に規模や容量，多様性，迅速性といった側面からビッグデータを人間の手で分析するには限界があり，その点で AI の活用が求められている。AI に関しては 2045 年までにシンギュラリティと呼ばれる「AI の能力が人類の思考能力を超える領域」にまで達すると予測されており，迅速かつ効率的に大量のデータを分析することが可能となる（Kurzweil（2006））。

　図表 9-3 に AI 技術のマーケティング活用動向を示した。マーケティングに従事する人々のうち 78％が既に AI をマーケティングへ利用しているか，直近で利用する計画があるとしている。自然現象を解明し，その結果を医療等の自

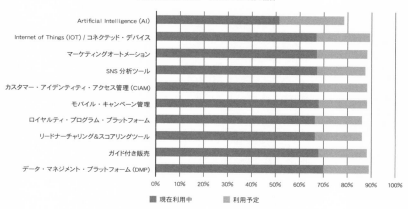

図表 9-3　AI のマーケティングへの活用動向

下記のツールや技術をすでに利用している，もしくは今後2年以内に利用する
予定であると回答したマーケティング担当者の割合

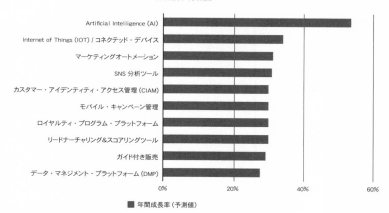

出所：Salesforce（2017），p. 19.

　然科学に活かす場合にはビッグデータや AI は大変有用な存在になると思われ
る。ただし企業活動にとっては，有用になる部分とそうでない部分の双方が存
在することが考えられる。

2 データドリブン・マーケティングのジレンマ

　ビッグデータを用いて市場のニーズを把握する企業が少数の場合，データ自体が競争優位の源泉となり，迅速で質の高い分析技術とその規模が決定的な差別化を企業にもたらすであろう。しかし時間と共に分析技術のコストは逓減する。実際に IBM 社の提供している AI のワトソンは既に広く無料で公開されており，どの企業でも一定の範囲内で利用可能な状態になっている[2]。またビッグデータ取引所に関する整備も進められており，ビッグデータの利用可能範囲は今後も拡大するだろう[3]。一方で，たとえ多くの企業が AI を利用できたとしても情報蓄積量が企業によって異なるため，情報蓄積量の多寡が次の競争優位の源泉になるという議論がある。ただし少数のサンプルサイズであったとしても統計分析を用いれば母集団を予測することは可能であり，AI を用いればその精度は向上することから，データ量の多寡については大きな競争優位の要因にはなり得ないと考えられる（Furukawa(2019)）。

　今後，多くの企業が AI を採用した戦略策定を実施し，ビッグデータを用いて市場ニーズに関するデータを収集したと仮定すると，展開する商品にはコモディティー化が発生することが予想される。つまりどの企業であっても，AIを利用しながら市場ニーズを予測しそれに対応した戦略が提案された場合，消費者のニーズを最大限に反映させた「同じような商品」が市場に投入されることになる。たとえば食品の場合，パッケージカラーという一側面を切り取ってみると，青や紫といった寒色は食欲を減退させるが，赤や黄といった暖色は食欲を増進させる効果があるとされている。各社がビッグデータや AI を用いて商品のパッケージを考案した場合，小売店に並ぶ商品には赤色，黄色，橙色のパッケージがほとんどとなるだろう。パッケージ以外に関しても，類似した味の商品等，コモディティー化が進展することが考えられる。AI は最適化を模索するシステムである。市場に存在する全てのプレイヤーが自身にとって最適な戦略（消費者ニーズの最大化）を AI によって達成することになれば，結果としてコモディティー化が発生してしまうという懸念があるのである[4]。この

図表 9-4　ビッグデータ・AI 時代におけるデータドリブン・マーケティングのジレンマ

図表 9-4　ビッグデータ・AI 時代におけるデータドリブン・マーケティングのジレンマ

- 競合他社の多くが，消費者ニーズへ迎合し過ぎるようになると，類似商品が増加
- 結果的にコモディティー化が発生し，消費者ニーズの蓄積・反映が大きな差別化要素では無くなるジレンマ
- 消費者ニーズの蓄積・反映が差別化へ

差別化の程度 / データの蓄積&反映量

データ優位期　競合模倣期　優位性減少期

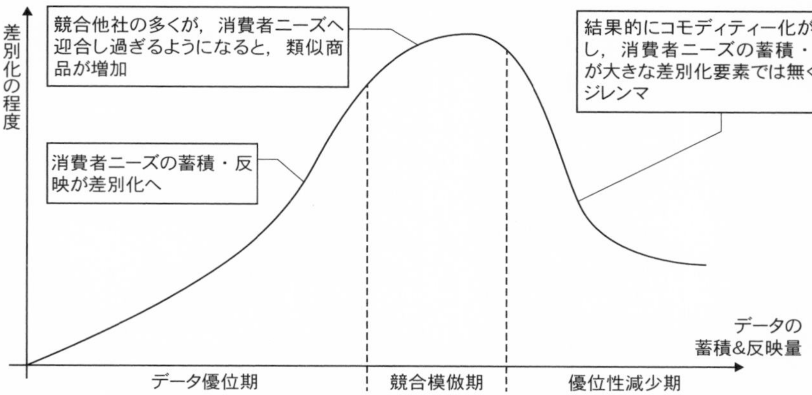

注：ビッグデータや AI の普及と技術的コストの逓減を前提としている。
出所：Furukawa(2019), p. 122 に筆者加筆。

　論理は古くから言及されてきた。たとえば Levitt(1960b) は，成功例や調査の結果に捉われすぎてしまえば，最終的に競争優位を失うことに言及し，データドリブン・マーケティングと同質化の関係を指摘している。この懸念は，ビッグデータや AI の活用が進むにつれて色濃くなっていくことは容易に想像できる。図表 9-4 にデータドリブン・マーケティングのジレンマを図示した。ここではデータ優位期，競合模倣期，そして優位性減少期において，データドリブン・マーケティングによる差別化の達成度合いが変化することが示されている。

　商品の差別化や消費者ロイヤルティーの向上を目指して市場のニーズを追求し過ぎる結果，商品の販売量が低下するというジレンマが存在する。本点が，近年のマーケティング分野におけるデータの位置づけに対する本書の立場である。この議論は決してビッグデータや AI が無用の長物であると主張している訳ではないことも指摘しておく。ビッグデータや AI は業務効率の改善や一人一人の消費者，顧客，パートナー動向のトラッキング等，オペレーションレベルでは莫大な力を発揮すると考えられており，本技術を使いこなせない事業やそれを利用できない企業は市場環境の変化に対応しきれずに淘汰されてしまう

だろう。ビッグデータやAIは必要条件であるが，近い将来，持続的な競争優位を生み出す十分条件とはなり得なくなることが考えられるということである。

3　ニーズ創出の側面を持つマーケティング

　ここまでビッグデータやAIといった近年の技術的進展を踏まえて，マーケティングにおいてデータをどのように捉える必要があるのかについて検討してきた。その結果，データへの適合を追求し過ぎてしまうとコモディティー化が発生するという懸念が想定される。

　マーケティングは，市場のニーズに対応するだけでなく，市場のトレンドやブームを生み出す役割も担っている。兵庫県の洋菓子メーカーであるモロゾフは1936年に日本のバレンタインデーを考案し，チョコレート販売のトレンドを創出するマーケティングを展開してきたし，国際流行色委員会（International Commission for Colour）は1963年以降，毎年ファッション関連商品で流行させる色を事前に決定し，トレンドを創出している[5]。

　マーケティングにはニーズの創出とニーズへの対応の双方を考慮することが重要なのである。トレンドやブームの種は，各国や各地域のニーズを考慮して展開することではじめて普及する。上述したファッション関連商品の色についても，各国や各地域で受け入れられ易い洋服の形や素材等といったニーズと組み合わせられることによって，はじめて色に関するトレンドやブームが形成されるのである。

　環境要因は各国や各地域の特徴を表すものである。上記議論を踏まえるとグローバル・マーケティングを検討する場合，環境に対応し過ぎても，全く無視してしまっても問題である。本書で何度も触れてきた通り，グローバル・マーケティングの具体的方策は企業要因の検討から始まる。企業要因に含まれるビジョンやパーパス，ミッション，コア・バリュー等は当該企業の存在意義を表すものである。どのような国や地域に参入するとしても，この存在意義は標準化されて展開されるものであり基本的に環境要因に左右されることはない。本

書の冒頭で示した通り，今や消費者，顧客，パートナーは容易に世界を移動する時代である。そのような中で同一企業のビジョンやパーパス，ミッション，コア・バリュー展開が，進出国間で異なれば一貫性を失い消費者，顧客，パートナーの信頼を失うことにも繋がる。企業要因に含まれる企業の存在意義とそれを達成するためのビジョンが消費者，顧客，パートナーのニーズを創出する種となり，競合他社との差別化を生み出す源となる。そして環境要因は存在意義とビジョンを浸透させるために考慮されるのである。

4　データドリブン・マーケティングのジレンマと　　ブランド・コンセプト方策

　グローバル・マーケティングにおいて環境要因を検討する場合，どこまでを適合化として対応するかが焦点となる。本点を考える際に有用となるのは，ブランド・コンセプト方策である（詳細については第 5 章を参照されたい）。ブランド・コンセプト方策はブランド・コンセプト理論に依拠している。ブランド・コンセプト理論とは，企業の展開したいコンセプトを明確にし，マーケティングの方向性を決定しようとする考え方であった（Park et al.(1986)）。本概念では，どのような商品であっても複数のコンセプトが組み合わされて展開されるとしている。

　そしてブランド・コンセプト方策には，中核となるコア・コンセプトとそうでないサブ・コンセプトが存在していた（Aaker(2014), Furukawa(2018)）。グローバル・マーケティングを検討する際，まずコア・コンセプトを明確にすることが求められる。そしてコア・コンセプトには上述の通り企業要因と関連性の深い内容が採用され，標準化で展開されることになる。ただしコア・コンセプトのみでは，ブランドが十分に浸透していかない国や地域も存在するため，各国・各地域の環境要因を考慮することも必要となる。その点で各国・各地域の環境要因に対応し適合化するのがサブ・コンセプトである。最終的に複数のコンセプトをミックスさせることによって複合化が達成され展開市場においてブランドが浸透することになる。

　コア・コンセプトとサブ・コンセプトの考え方を用いて複合化を達成することで前述したビッグデータ・AI 時代におけるデータドリブン・マーケティングのジレンマに対処することができる。ビッグデータを AI によって分析するといったデジタル化が進展するほど，企業側の思いや信念・理念等といった人間にしかできないアナログな側面が差別化の重要な要素になると考えられる。これらの要素は事業のビジョンやパーパス，ミッション，コア・バリュー等を通してコア・コンセプトに反映され，標準化傾向で展開される。企業が事業や商品を通して世の中に提供したい内容であるコア・コンセプトを中核として据え，それを普及・浸透させる目的でデータに基づいたサブ・コンセプトを検討することで，上述したジレンマに対処することが可能となる。

5　まとめ

　本章ではグローバル・マーケティングにおける環境要因の捉え方について検討してきた。環境要因は CAGE の枠組みだけでなく，強制的・半強制的・任意的といった次元によっても捉えられる。マーケティングはニーズの反映こそ全てであり，環境適応がマーケティングの真髄であると誤解されることも多いが決してそうではない。マーケティングは顕在化したニーズに対応する役割だけでなく，ニーズを創造する（潜在的なニーズを掘り起こす）役割も担っているのである。グローバル・マーケティングにおいて環境要因は重要な要因である。しかし環境要因に捉われ過ぎてしまうとデータドリブン・マーケティングのジレンマに陥ってしまうことが懸念される。特にビッグデータや AI といったデジタルな側面が発達してきた現在においては，企業側の思いや信念・理念等といったアナログな側面が差別化に重要な要素となる。本書では次章以降，環境要因について触れていくことになるが，読者は本章における環境要因の位置づけを踏まえて内容を理解してもらいたい。

［注］
1　IBM Big Data & Analytics Hub, https://www.ibmbigdatahub.com/infographic/four-vs-big-data
（2018 年 10 月 1 日アクセス）。

2　IBM, Watson, https://www.ibm.com/watson（2018 年 10 月 1 日アクセス）。

3　日本経済新聞(2018)，「ビッグデータ「取引所」始動」，9 月 28 日朝刊，13 面。

4　競合他社との差別化についても，AI による最適点を模索する結果として各社はゲーム理論における囚人のジレンマに陥ることが想定できる。

5　Morozoff, http://www.morozoff.co.jp/, International Commission for Color, http://intercolor.nu/, International Commission for Colour, https://intercolor.nu/（2019 年 8 月 25 日アクセス）。

第 **10** 章

カントリー・オブ・オリジン（COO：Country Of Origin）

　ブランドの発祥や製品が作られた国・地域によって，消費者，顧客，パートナーが抱くブランド・イメージは変化する。特定の国や地域に関連した連想やイメージをカントリー・オブ・オリジン（COO：Country Of Origin）と呼ぶ。ベルギー産のチョコレート，イタリア産の皮革製品，日本産の自動車等，特定の国と結びつきの強い製品イメージが存在する。具体的な製品と結びつかなくとも，食の都フランスや，工業製品のドイツ等といったように抽象的に国や地域が捉えられることもある。特定の国や地域に関連した連想やイメージには様々なものが存在しており，これらが消費者，顧客，パートナーの製品に対する態度形成・製品選択に影響を及ぼすことがある。実際に多くの製品にはMade in ○○といったカントリー・オブ・オリジン情報が記載されており，当該製品の生産・製造国が明確になっている。

　カントリー・オブ・オリジン研究は，1960 年代に Dicher（1962）そしてSchooler（1965）を嚆矢としてはじまった。その背景には企業の製造拠点が国際的に移動してきたことが関係している。1960 年代に企業の海外製造が活発になり製造拠点を労働力の安価な場所へ移す企業が増加するようになった。製造拠点が移動することにより，どこで生産されたものであるのかといった点が消費者，顧客，パートナーが抱くブランド・イメージにも影響を与えるようになったのである（古川・寺﨑（2018））。以降，カントリー・オブ・オリジンに関する研究はグローバル・マーケティングの主要な一分野として幾多の研究が蓄積されている。Obermiller and Spangenberg（1989）は特定の国や地域に関連したイメージは ① 認知的，② 規範的，そして ③ 感情的といった側面で消費者，顧客，パートナーに情報処理されるとしている。本書においても

Obermiller and Spangenberg(1989) の分類に沿ってカントリー・オブ・オリジ
ン研究を概観し，本章ではまず ① 認知的要素を説明・検討することとする。
② 規範的，③ 感情的側面に関しては次章において整理する。

1　認知的側面

　カントリー・オブ・オリジンの情報は 3 つの側面で情報処理されるが，その
一つが認知的側面である。我々が製品を評価する際，当該製品に関する価格や
デザイン，機能性といった便益を参照することになる。それと同時に，製品の生
産国も併せて参照され人々の評価をサポートする。製品評価のための情報を補
うために，カントリー・オブ・オリジンを手がかり情報として用いる情報処理
プロセスが認知的側面である。上述の通り，認知的側面に関する研究は企業の
製造拠点が海外に移転されることにより発生した研究領域である。そのため初
期の研究は製造拠点が変化した場合に消費者，顧客，パートナーの評価がどの
ように変化するかといった点に関する研究がほとんどであった。製造コストの
安価な国や地域へ製造拠点を移転することによって，当然のことながら低コス
トで製品を製造することが可能となる。一方で製造コストの安価な新興国や発
展途上国での製造が，消費者や顧客，パートナーにとってはネガティブなイメー
ジを想起させやすいことが多くの研究により明らかとなっている（Gaedeke
(1973), Lillis and Narayana(1974), Dunn(1976), Bannister and Saunders(1978),
Khanna(1986), Nebenzahl and Jaffe(1996)）。消費者，顧客，パートナーにネ
ガティブなイメージを想起させ最終的に販売量が減ることになれば，製造拠点
を移すインパクトも薄れてしまう。認知的要素は製造国に関する手がかり情報
（COM：Country Of Manufacture）が代表的なものである。ただし近年ではそ
の他の手がかり情報も提示されるようになってきている。たとえば iPhone に
は「Designed by Apple in California, Assembled in China（設計：カリフォル
ニア，組み立て：中国)」と表記されている。このように複数の手がかり情報
を組み合わせたものはハイブリッド製品と呼ばれている（Obermiller and
Spangenberg (1989)）。設計国（COD：Country Of Design）や組み立て国

（COA：Country Of Assembled）に関するもの以外についても，部品供給国（COP：Country Of Parts），ブランド発祥国（COB：Country Of Brand），本社所在国（COC：Country Of Company）等とイメージの関係はこれまで明らかにされてきた（Ettenson and Gaeth(1991)，Van Pham(2006)，Woo(2016)）。

　更に原産国表記を明示せずに原産国を想起させようとする取り組みも実施されている。たとえばイギリス発祥のアパレルブランドである Superdry は，ブランド名に「極度乾燥（しなさい）」という日本語を挿入することで，日本を想起させる手がかり情報を展開している。このブランドは，日本とは製造や設計等は特段関係性が無いにも関わらず日本という原産国を想起させている点が興味深い。

　世界 2,500 人を対象に各国の国家イメージを調査している Future Brand（2019）によれば，日本に対して世界の人々が抱くイメージは現在においても未だに先端技術だとされている（図表 10-1）。その他にも日本には，高品質や

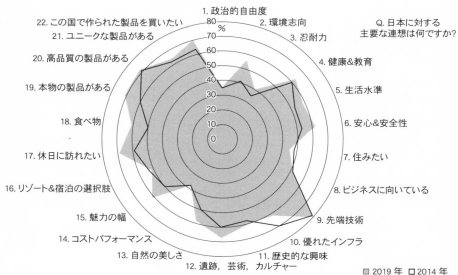

図表 10-1　日本に対するカントリー・オブ・オリジン

出所：Future Brand(2019), p. 57.

偽物ではない本物の製品を提供してくれる国であるというイメージが強いことが分かる。製品に関するイメージ以外においては，遺跡，芸術，文化が際立っており，休日に訪れたい国といったイメージも抱かれている。

　これまでカントリー・オブ・オリジンの認知的側面は，消費者や顧客，パートナーの購買意図に大きな影響を与えるものと想定されてきた。しかしその影響は限定的であることが近年の研究で明らかになりつつある。Magnusson et al.(2011) は手がかり情報の認知の正確さや想起率のデータを用いながら，消費者は製品を購買するか否かを認知的要素と直接的に結びつけながら考えているとは言い難いと指摘している。そのうえで彼らは認知的側面を介した情報処理プロセスが直接的に購買意図へ影響を与えるのではなく，購買意図の前段階であるブランド態度（好感度）に影響をもたらしていることを明らかにした[1]。Diamantopoulos et al.(2011) も同様に，認知的側面は直接的というよりも間接的に購買意図へ影響を与えることを指摘している。そして彼らは認知的側面と購買意図の間にはカントリー・オブ・オリジン以外のブランド・イメージが媒介していることを検証している。

　Diamantopoulos らは更に，① 認知的側面が直接的に購買意図へ影響を与えるモデルと，② 認知的側面がブランド・イメージを介して購買意図へ影響を与えるモデルのどちらが説明力の高いモデルであるのかを定量的に検証した（図表 10-2）。彼らは英国 6 都市に在住する 339 名を対象にアメリカ製および中国製の冷蔵庫を実験刺激に用いた分析を行い，① よりも ② モデルの方が高い説明力を持っていることを明らかにしている。認知的側面に関する既存研究では ① のモデルを前提としたものが主流であった。一方で ② モデルに関する研究はこれまでドイツ語圏を中心に研究が発表されてきたこともあり，世界的には十分に検討されてこなかったという背景がある。

　以上を踏まえると，カントリー・オブ・オリジンの認知的側面は購買意図へは直接的な影響が少ないかもしれないが，その前段のブランド・イメージに影響を与えることが想定される。カントリー・オブ・オリジンの手がかり情報を消費者，顧客，パートナーがどれほど正確に認知しているか，想起率はどれほどかといった課題はあるものの，これらを適切にターゲットへ認知させることによって好ましいブランド・イメージを抱いてもらうことが可能である。それ

図表 10-2　カントリー・オブ・オリジンの認知的側面と購買意図の関係

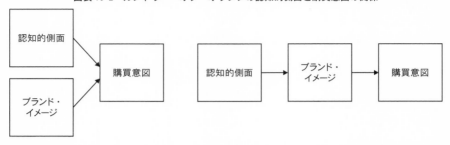

①直接的に購買意図へ影響を与えるモデル　　②間接的に購買意図へ影響を与えるモデル

出所：Diamantopoulos et al.(2011), p. 511 より一部抜粋・加筆修正。

故に，カントリー・オブ・オリジンの手がかり情報をポジティブでより好ましいものに変化させていく取り組みも必要となる。

　近年，カントリー・オブ・オリジンをポジティブで好ましい手がかり情報として消費者，顧客，パートナーに認知してもらうためにコンテンツを用いた国家戦略が展開されている。次節ではコンテンツ戦略を用いてカントリー・オブ・オリジンの認知的側面を活用しながら当該国企業のブランド・イメージ向上を図っている事例を検討する。

2　コンテンツ戦略による手がかり情報の認知

　コンテンツ戦略の成功例として代表的であるのが韓国の国家戦略である。韓国ではコンテンツを世界へ戦略的に展開するために作られた各種組織を 2009年に統合して，国家ブランド委員会を設立した。国家ブランド委員会は大統領直轄の国家ブランディングチームであり，映画，放送，音楽，ゲームといったコンテンツの戦略的な海外展開を担っている[2]。国家の支援の下，韓国ドラマ，音楽，ゲーム等のコンテンツを積極的に諸外国へ展開することで，韓国に対してポジティブなイメージを醸成することを活動の目的としている。コンテンツ展開とその浸透によって，国家に対するカントリー・オブ・オリジンが好意的

に受け取られるようになれば，その後，当該国発の製品やブランドが受け入れられやすい土壌を作ることが可能となる。コンテンツの積極的な展開が市場創りと当該国企業に対するポジティブなブランド・イメージに寄与するのである。

　韓国による東南アジア地域に集中したコンテンツ展開により，この地域では数度の韓流ブームと呼ばれる動きも発生した（李（2010））。本章では，Google Trend を用いて「韓流」ブームの歴史的推移を確認した（図表 10-3）。Google Trend ではインターネットにおける人々の検索回数や検索の傾向，地域的な検索動向から Trend 指数（キーワードの人気や関心度の傾向）を歴史的かつ国や地域別に算出することができる。図表 10-3 に 2004 年 1 月 1 日から 2019 年の 12 月 31 日にかけての日本における Trend 指数を示した。ここでは 2005 年，そして 2011 年に日本において韓国と関係した関心の高まりが発生していることが分かる。これを踏まえて 2005 年から 2011 年前後の韓国におけるコンテンツ海外輸出額を日本のものと比較してみる[3]。日韓のコンテンツ輸出額を比較した図表 10-4 では，年々韓国のコンテンツ海外輸出額が増大しており

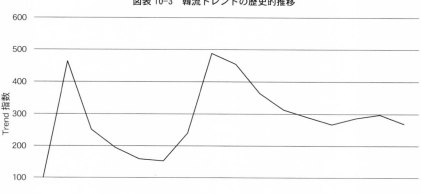

図表 10-3　韓流トレンドの歴史的推移

※「韓流」というキーワードを用いて日本におけるトレンドを Google Trend により抽出した。
※抽出期間は 2004 年 1 月 1 日から 2019 年の 12 月 31 日。
出所：Google Trend により筆者作成。

図表 10-4　韓国の放送コンテンツの海外輸出額（単位：百万ドル）

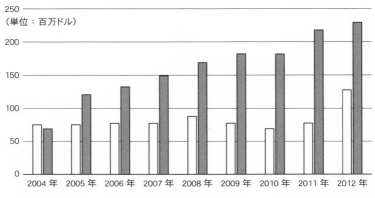

注：2007年以前は，未来創造科学部，放送通信委員会「2013年放送産業実態調査報
　　告書」より総務省作成。
　　2008年以降は，文化体育観光部「2013コンテンツ産業統計（2012年データ）」よ
　　り総務省作成。
出所：総務省(2014)，390頁。

図表 10-5　日本と韓国の放送コンテンツの海外輸出額の構成比率（2012年）

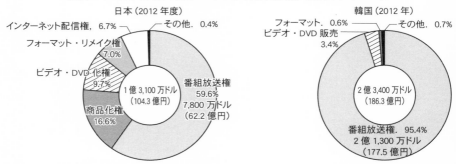

注：日本：総務省情報通信政策研究所「放送コンテンツの海外展開に関する現状分析」
　　韓国：韓国文化体育観光部「2013コンテンツ産業統計（2012年データ）」より総務省作成。
出所：総務省(2014)，390頁。

2012年までに日本の輸出額の約2倍となっていることが分かる。また2012年
におけるコンテンツ海外輸出額の構成比率を示した図表10-5を見ると韓国は
番組放送権に徹底的に選択と集中をかけてコンテンツ戦略を展開していること

が分かる。

3　韓国のコンテンツ戦略

　本章ではここまでカントリー・オブ・オリジンにおける認知的側面に関係する事例として，韓国によるコンテンツ戦略について概観してきた。本節では韓国によるコンテンツ戦略の成果について定量的な検証を試みる。上述の通り，韓国は東南アジア地域に集中してコンテンツ戦略を展開してきた。アジア圏におけるコンテンツへの関心を調査している博報堂（2013）によれば，アジア圏において，韓国発のコンテンツに触れる割合が 30％を超える国や地域は，香港，台湾，中国，フィリピン，ベトナムの 5 カ国であったとされている（2013年時点）[4]。そこで本節ではこの 5 カ国を対象に韓国によるコンテンツ展開の影響について検証を進めることにした。

　上述の通り，カントリー・オブ・オリジンの認知的側面は直接的に購買意図へ影響をもたらさないが，当該国や地域に関係する企業や製品のブランド・イメージを変化させることが想定される。Google Trend は歴史的なデータを収集できることが最大のメリットであるが，具体的な企業や製品の具体的なブランド・イメージまで調査することが難しい。そこで本節ではコンテンツ戦略の成果指標として韓国製品への関心度を採用した。

　コンテンツ戦略により，消費者，顧客，パートナーはコンテンツ展開国に対してポジティブな感情を抱くことに繋がり，韓国製品に対する関心も高まることが考えられる。本節ではまず，コンテンツ戦略の浸透状況について調べるために，アート・エンターテインメント検索カテゴリーにおける「Korea」キーワードの Trend 指数を抽出した。続いて韓国製品への関心度を調べるために，同国で代表的な B2C 企業（Samsung, LG, Hyundai, KIA, LOTTE）をキーワードとして，全ての検索カテゴリーにおける Trend 指数を抽出し合成変数を作成した。なお韓国コンテンツの浸透状況，ならびに韓国製品への関心度については，香港，台湾，中国，フィリピン，ベトナムの地域別にデータを抽出している。データの抽出期間は 2004 年 1 月から 2019 年 8 月である。抽出したサン

プルサイズは 940 である（188 サンプル（1 カ月で 1 サンプルとなるため 188
か月分のデータ）×5 か国）。

　図表 10-6 に韓国コンテンツの浸透状況（独立変数）と韓国製品への関心度
（従属変数）の散布図を示した。散布図を確認してみると，全体的に正の相関
がみられる。最小二乗法による回帰直線を引いてみても正の関係性を確認でき
た（y＝1.19x＋171.71，R^2＝0.18）。ただし今回収集したデータはネスト構造
になっており（各値が国家にネストされており），より慎重な効果検証が求め
られる。そこで本節では更に一般化線形混合モデル（GLMM：Generalized
Linear Mixed Model）も用いながら追加検証を試みた。

　今回のデータには時期によっての変動が想定できるし，地域間においても特
徴が変化することが想定される。そこで GLMM を用いることで時期や地域差

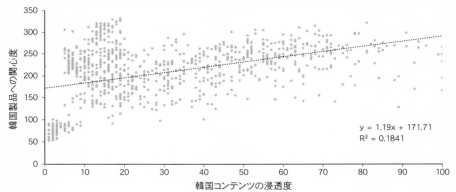

図表 10-6　東南アジア地域における韓国コンテンツ浸透状況と韓国製品への関心度

N＝940

注：博報堂 Global Habit(2013) において韓国発コンテンツ（アニメ・マンガ・ドラマ・映画・音楽）
　　に興味を示す人の割合が 30％を超える東南アジアの中国，台湾，香港，フィリピン，ベトナムを対
　　象国としている。
　　韓国コンテンツへの興味は，Google Trend におけるアート・コンテンツ検索カテゴリー内キーワー
　　ド「Korea」の Trend 指数を用いている。
　　韓国製品への関心 Trend 指数は同国で代表的な B2C 企業（Samsung, LG, Hyundai, KIA, LOTTE）
　　の社名をキーワードとして，Google Trend のすべての検索カテゴリーにおける Trend 指数を用いて
　　いる。
　　対象期間は 2004 年の 1 月から 2019 年の 8 月。
出所：筆者作成。

といった点も考慮しながら独立変数と従属変数の関係性を分析することが可能となる（久保（2012））。GLMM では固定効果と変量効果という概念を用いるが，本節では，独立変数となる韓国コンテンツの浸透度を固定効果としてモデリングした。そして変量効果として，時期，地域差，切片を検討している。なお従属変数は韓国製品への関心度である。分析には SAS University Edition における GLIMMIX プロジャーを用いており，積分計算にはラプラス近似法を用いた。

　GLMM の結果，韓国コンテンツの浸透は，韓国製品の関心度と有意な正の関係にあることが明らかになった（$\beta=0.18$, Standard Error$=0.09$, T-value$=2.15$, $p<.05$）。単純な回帰直線を検討した場合と比べて GLMM では時期や地域差が考慮された結果，効果量が小さくなった。しかし依然として，コンテンツの浸透は当該国製品への関心度と関係があることが示唆された。

　なお今回取り扱ったデータは時系列データである。時系列データは見せかけの相関が発生しやすいことが指摘されており，一時点を切り取った分析と比較してより慎重に検討しなければならないことが指摘されている（Granger（2001））。本章における分析も時系列データを用いており，見せかけの相関の存在を否定できない。そこで本章では時系列データに起因した分析上の課題に対応するために，ベクトル自己回帰（VAR：Vector Auto Regression）モデルも用いて検証を重ねることにした。ベクトル自己回帰モデルは時系列データの分析に最適化された分析手法であり，本検証データとの相性も良い。今回は各国に分けて韓国コンテンツの浸透と韓国製品への関心度との関係性を検証した。なお分析には R version3.6.1 の VARS パッケージを用いている。

　まずベクトル自己回帰分析を実施するにあたり，AIC（Akaike's Information Criterion）を用いて検証に必要な最適モデルを検討した。その結果，韓国コンテンツの浸透開始から 9 カ月後までを一つのモデルで検証した場合，AIC が最小になることが分かった。そのため 9 カ月をラグとして採用している。図表 10-7 に自己回帰分析の結果を示した。各国における R^2 の値は最小で 0.55（台湾），最大で 0.89（フィリピン，ベトナム）であり，全ての国においてモデルの p 値が有意となった。ベクトル自己回帰モデルは，グレンジャー因果（Granger Causality）と呼ばれる独立変数と従属変数間の因果推論が可能であ

図表 10-7　ベクトル自己回帰（VAR：Vector Auto Regression）モデルによる検証

	R^2	モデル p 値	グレンジャー因果 f 値
香港	0.64	＊＊	1.90
台湾	0.55	＊＊	1.88[+]
中国	0.89	＊＊	3.08＊＊
フィリピン	0.89	＊＊	1.42
ベトナム	0.83	＊＊	2.77＊＊

＊＊$p<.01$, ＊$p<.05$, [+]$p<.10$
出所：筆者作成。

ることが特徴的である。そこで本検証においてもグレンジャー因果を検証したところ，台湾（f=1.88, $p<0.1$），中国（f=3.08, $p<0.01$），ベトナム（f=2.77, $p<0.01$）の 3 カ国で韓国コンテンツの浸透と韓国製品への関心間のグレンジャー因果を確認した。

　続いて図表 10-8 に韓国コンテンツの浸透が始まってから何カ月後に韓国製品への関心が高まるのかについてインパルス応答関数を用いて算出したものを示した。図表 10-8 ではグレンジャー因果が確認された台湾，中国，ベトナムの値を示してある。台湾，中国，ベトナムにそれぞれ共通していたのは，韓国コンテンツの浸透が始まってから 1 カ月後に韓国製品への関心が高まっていたことである[5]。また台湾・中国においては韓国コンテンツの浸透が始まってから 4〜6 カ月後に韓国製品に対する関心が再び高まることを確認した[6]。

　本検証では韓国コンテンツの浸透状況と当該国製品への関心度合いの関係について検証した。その結果，韓国コンテンツの浸透が進むほど，韓国製品への関心が高まるという構図が示唆される結果となった。ただし，どのような条件において，韓国コンテンツの浸透状況と当該国製品への関心の関係が強くなり，もしくは弱くなるのかまでは検証することができなかった点は課題である。

　今回は韓国のコンテンツ戦略を対象に検証を進めたが，本結果は韓国以外の国におけるコンテンツ戦略についても一般化可能であると考えられる。つまりコンテンツを用いた積極的な国際展開によりコンテンツ発祥国に対する好感度が変化し，その結果として当該国製品への関心度が高まるという関係性が考え

図表 10-8　台湾，中国，ベトナムのインパルス応答値

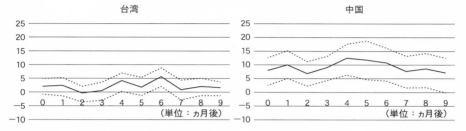

台湾　　　　　　　　　　　　　　　中国

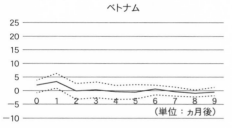

ベトナム

注：点線はそれぞれ 95％信頼区間を表している。
出所：筆者作成。

られるのである。世界的にも日本には，海外に発信することができる多様なコンテンツが存在している。図表 10-1 で示した通り，世界的にも日本の芸術や文化といった側面が注目されているのが現状である。これらのコンテンツを積極的に世界へ発信することで，日本の原産国イメージ（認知的側面）を更にポジティブにすることは可能である。

　「芸術は自然を模倣する」という言葉を遺したのはアリストテレスである。これはつまり芸術は我々の身の回りにある自然を模倣して作品が創られることを意味している。それから 2000 年以上の年月を経て，詩人であるオスカー・ワイルドは「自然は芸術を模倣する」という言葉を残している。この言葉は，我々は芸術を通して今まで見えなかった自然の側面を見ることができる（新たな視点を獲得することができる）ということを意味している。芸術の範囲を映画や音楽等をはじめとした各種コンテンツ，そして自然の範囲を我々人間の行動や思考にまで拡げると本章における主張と重なる。コンテンツを鑑賞するこ

とで，今までは想像もしていなかった思考や行動が生まれることがある。芸術が，今まで知らかなかったモノや考え方を知るきっかけとなり，それが我々の次の行動，つまり消費者，顧客，パートナーの欲求である「ニーズ」や「ウォンツ」の創出に繋がるのである。本節では芸術の一部であるコンテンツを取り上げたが，コンテンツはグローバル・マーケティング展開において市場の創造を可能とする存在であるといえる[7]。

4　まとめ

　カントリー・オブ・オリジンには ① 認知的，② 規範的，③ 感情的側面が存在していた。本章においてはその中でも認知的側面に焦点を当てて概念の整理と検討を行った。カントリー・オブ・オリジンの手がかり情報を意味する認知的側面は購買意図への直接的な影響は大きくないが，ブランドに対する態度（好意度）やブランド・イメージに影響を与えると考えられている。本章では韓国のコンテンツ戦略を事例としながら，東南アジアにおける浸透状況と当該国製品への関心度との関係性について検討してきた。韓国はこれまで各種コンテンツ展開を通して国に対する消費者，顧客，パートナーのイメージを変化させることで，カントリー・オブ・オリジンの認知的側面をポジティブに捉えてもらおうと注力してきた。そして韓国コンテンツの浸透状況が，韓国製品への関心度にポジティブな影響を与えることが示唆される結果となった。カントリー・オブ・オリジンの認知的側面がポジティブに捉えられれば，消費者，顧客，パートナーに当該国発のブランドを受け入れてもらうきっかけとすることができる。ただしこれを達成するためには，単一企業ではなく，複数企業で共同しながら，また産官で協力をしながら長期的に海外展開を模索する必要性が示唆される。

　次章では ② 規範的，ならびに ③ 感情的側面の整理・検討をする。カントリー・オブ・オリジンの ② 規範的，③ 感情的側面はカントリー・バイアス（外国に対する先入態度）という観点から捉えることができる。認知的側面の様な単なる手がかり情報ではなく，消費者，顧客，パートナーの特定国に対す

るネガティブ，またはポジティブな態度もグローバル・マーケティングにおける環境要因を理解するうえで重要である。

［注］

1　彼らはアメリカの消費者 544 名を被験者として，テレビ，自動車，アパレルの評価に対する調査を実施している。消費者が自らの認識している原産国情報が間違っていると認識した場合，ブランドへの態度を修正することも同時に明らかにしている。

2　韓国国家ブランド委員会，http://17koreabrand.pa.go.kr/（2018 年 8 月 10 日アクセス）。

3　日本においてもコンテンツを用いた海外戦略は展開されている。クールジャパン戦略の変遷については松井(2019)，ならび三浦(2017) を参照されたい。

4　具体的にはアニメ，漫画，ドラマ，映画，音楽について海外のコンテンツに触れる割合が調査されている。

5　本傾向はフィリピンにおいても同様であった。

6　本傾向は香港（5 カ月後に関心が上昇）においても同様であった。

7　海外には様々なコンテンツに関わる規制が存在している（松井(2019)）。たとえば女性の肌の露出の多さや，暴力的な表現等の規制がある。そのためコンテンツを海外展開するといえども，現地市場の規制に併せて適合化が必要になる場合がある。

第 11 章

カントリー・バイアス

　前章ではカントリー・オブ・オリジンの ① 認知的側面に焦点を当て，概念の整理と検討をしてきた。認知的側面は原産国の手掛かり情報を意味していた。認知的側面と，本章で検討する ② 規範的側面ならびに ③ 感情的側面を結びつけて考える際には Chao(2001) のアメリカ人を対象にした検証が参考になる。Chao(2001) は，テレビとステレオシステムがアメリカ産の場合，そしてメキシコ産であった場合で消費者の製品に対する態度や購買意図がどれほど異なるかを検証した。具体的には，組立国（COA：Country Of Assembly），部品供給国（COP：Country Of Parts），設計国（COD：Country Of Design）がそれぞれアメリカであった場合とメキシコであった場合という条件で分析を行っている。その結果明らかになったのは，アメリカ人は全ての条件においてメキシコ産よりもアメリカ産であった場合の方がポジティブな態度を示し，購買意図も高めるということであった。この結果から示唆されるのは，アメリカ人は自身の国で作られた製品を高く評価したという点と，少なからず敵対していた歴史をもつメキシコに対立的な感情からメキシコ産を避けたという点である。前章でも述べた通り，カントリー・オブ・オリジンの認知的側面は購買意図へ直接的な影響が少ないことが想定される。しかし Chao(2001) の研究では COA, COP, COD が購買意図にまで影響を及ぼすという結果となっていた。この背景にはカントリー・バイアスが関係していると考えられている。カントリー・バイアスとは外国に対する先入態度を意味する（寺﨑(2019)）。カントリー・オブ・オリジンとカントリー・バイアスの関係性について整理をした寺﨑(2019) によれば，「カントリー・オブ・オリジンから感情的ないし規範的な情報処理ルートへと消費者，顧客，パートナーを導く引き金となるのがカント

リー・バイアスである（73頁）」としている。前章で触れた通り，カントリー・オブ・オリジンは ① 認知的，② 規範的，そして ③ 感情的といった側面で消費者，顧客，パートナーに情報処理される（Obermiller and Spangenberg (1989)）。情報処理ルートの ② 規範的，③ 感情的側面にはカントリー・バイアスが関係しているのである。Wang et al.(2012) はそれまでのカントリー・オブ・オリジン研究が ① 認知的側面に偏っていることを指摘しており，②③ に関する研究を充足させていく必要性があることを示唆している。本章ではカントリー・バイアスとして主に消費者エスノセントリズム（規範的側面），アニモシティ（感情的側面），またそれらに関連する概念として外国に対する肯定的な態度を取り上げ，内容を検討することにする。

1　規範的側面

　消費者，顧客，パートナーが原産国を評価する際には自国バイアスがかかる場合があることが知られている（Verlegh(2007)）。自国バイアスとは，人々がアイデンティティを持つ国に対してポジティブな評価を抱きやすいという評価の偏りを意味する。国に対する個々人のアイデンティティの強さや愛国心によって自国バイアスの程度に差があるものの，日本人であれば「日本製」という言葉に安心や信頼を感じ，アメリカ人であれば「アメリカ製」という言葉に同様の傾向を示しやすい。自国バイアスに深く関連する概念が消費者エスノセントリズム（CET : Consumer Ethnocentrism）である。消費者エスノセントリズムは単なる自国バイアスだけでなく，自国発の商品を積極的に購買することで自国の経済活性化に貢献しようという動きでもある（Shimp and Sharma (1987)）。地産地消を推進することで国内雇用を増やし，自国産業の保護を目指すという考え方が消費者エスノセントリズムの背後に流れる考え方である。朴(2012) や寺﨑(2019) は1980年代，日本からコストの面で優位性を持った商品が大量に流入した際，アメリカ産業は大打撃を受けて国内でのリストラが増加したとしている。それを踏まえてアメリカ人には海外商品ではなく積極的に国内商品を購買する運動が発生し消費者エスノセントリズムが高まる要因と

なったと整理している。

　消費者エスノセントリズムは一人だけの行動ではなく，集団で行動することによりその目標が達成されるという性質を持つため，原産国イメージの規範的側面として捉えられている。消費者エスノセントリズムが高まった場合，消費者は国内製品を積極的に購買するようになるだけでなく，グローバル・ブランドや海外製品を避けるようになる。また消費者エスノセントリズムの傾向は消費者，顧客，パートナーの枠を超えて，政府の国産品調達制度にも波及することがあるとされている（Kotabe and Helsen(1998)）。

　図表 11-1 は消費者エスノセントリズムがどのように形成され，何に影響を及ぼすのかについて示した図表である。Shankarmahesh(2006) によると，消費者エスノセントリズムは社会心理学的要素，経済的要素，政治的要素，デモグラフィック要素によって形成されるとしている。それらの中でも，愛国心，保守主義，集団主義，特定の国に対する嫌悪感（アニモシティ），物質主義

図表 11-1　消費者エスノセントリズムの先行要因

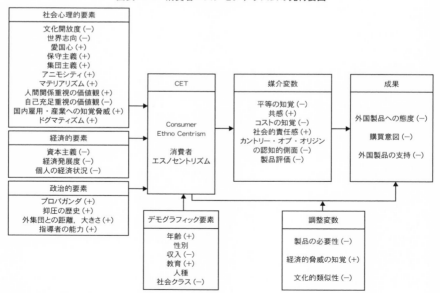

出所：Shankarmahesh(2006), p. 161.

（マテリアリズム），人間関係重視の価値観，国内雇用・産業への知覚脅威，ドグマティズム，プロパガンダ，抑圧の歴史，外集団との距離や大きさ，指導者の能力，年齢，教育といった要素が消費者エスノセントリズムを高めることになる。また消費者エスノセントリズムは，平等の知覚，共感，コストの知覚感覚，社会的責任感，製品への評価そして認知的側面を媒介して外国製品への態度や，購買意図等に影響を及ぼすことが示されている。消費者エスノセントリズムは様々な要素が複雑に絡み合った概念であり，それが影響を及ぼす範囲についても幾多の研究が実施されている（e.g. Sharma et al.(1995), Rawwas et al.(1996), Olsen et al.(1993), Klein and Ettenson(1999)）[1]。

2　感情的側面

認知的側面，規範的側面に続くのが感情的側面である。感情的側面は特定国への感情によって形成される原産国イメージを意味する。感情的側面で代表的な概念がアニモシティである。アニモシティとは特定の国に対する敵対心のことを意味する（Klein and Ettenson(1999)）。アニモシティはカントリー・バイアス研究の中において感情的側面として位置づけられており，この感情が高まると特定国の製品にネガティブな印象を持つようになる。Klein et al.(1998) は中国の南京に在住する消費者を対象とし，日本の商品に対する評価と購買意図について検証をしている。検証の結果，歴史的・経済的な背景から日本にアニモシティ感情を抱いている被験者は，日本の商品への購買意図が高まらないということが明らかになっている。興味深い点は，被験者の多くが日本の商品に対してポジティブな評価をしているという点である。製品評価はポジティブであるにも関わらず購買に至らないという現象が発生していたのである。李（2011）も韓国ソウル近郊の消費者 153 名を対象に調査を実施し，アニモシティは製品評価には影響を与えなかったことを明らかにしている[2]。

資生堂が中国市場を開拓してきた歴史は，アニモシティを克服するためのマーケティング活動として特筆すべき点がある[3]。資生堂は中国において国産の化粧品がほぼ普及していなかった時代から展開を試みていた（宮本(2013)）。

同社は日本で展開されているブランドをそのまま中国で展開するのではなく，1994年に中国専用ブランドとしてAUPRES（欧珀莱）を導入する。その際，日本という表記は極力表示せずに，「中国女性のためのブランド」という点を積極的に訴求した（太田（2013））。太田（2013）によれば，実際にAUPRES（欧珀莱）は中国人女性の肌，気候風土，水質に合うように徹底的に調査・研究され，適合化展開されたブランドであったとしている。AUPRES（欧珀莱）はデパート向けのブランドとして展開していたが，それと同時に他の地域でも展開していたグローバルShiseidoや，Clé de Peau Beautéといったブランドも同じチャネルで展開した（太田（2013））。AUPRES（欧珀莱）でターゲットとなる消費者への導入部分を作り，スイッチ先のブランドとしてグローバルShiseidoや，Clé de Peau Beautéが選択できるようなブランド展開を実施したのである（劉・上田（2003））。AUPRES（欧珀莱）に続いて1998年にはZAやPure & Mild（泊美）と呼ばれる新ブランドも展開する（太田（2013））。ZAやPure & Mild（泊美）もAUPRES（欧珀莱）と同様に資生堂の名前を表に出さない中国専用ブランドとして展開された点は共通しているが異なるターゲットを対象としていた。AUPRES（欧珀莱）は比較的高価格帯で展開されていた一方で，ZAやPure & Mild（泊美）は中価格帯のブランドとして展開されたのが特徴的である（安部（2010））。またチャネルに関してもデパート以外のチャネルで展開することにより差別化が図られていた（太田（2013））。1998年までに中国専用ブランドとしてAUPRES（欧珀莱），ZA，Pure & Mild（泊美）が展開されたが，更に広い消費者の獲得を目指して2004年にはURARA（悠莱）を中国発ブランドとして展開する。URARA（悠莱）はチャネルもこれまでのブランドとは異なる個人化粧品店で展開したものであることが特徴であった（山本（2010））。

　資生堂の中国進出は中国人のための中国発ブランドとして市場浸透を図っているところに共通点がある。化粧品は欧米諸国が良い原産国イメージを持たれる傾向にあるが（安部（2010）），それを超えて市場浸透を図るために徹底的に適合化し，消費者のブランドに対する愛着を育てた取り組みが特筆すべき点である。アニモシティという感情的側面を克服するためにも，ブランドに対する愛着度合いを高め，長い時間をかけて現地に浸透して消費者の信頼を獲得する

ことが必要であったことが推察される[4]。そのような意味では企業の社会貢献
活動もアニモシティの克服に有用であることが考えられる。アニモシティは歴
史的な対立や政治的なコンフリクト等が要因となっている感情である（Klein
and Ettenson(1999)）。それを超えて対立国発のブランドを受け入れてもらう
ためには，相手国への継続的な貢献活動と，その先にある信頼の獲得が重要に
なる。短期的ではなく，長期的にステークホルダーの信頼を構築する活動が特
に必要となると考えられる。

　ここまでカントリー・バイアスの主な要素として消費者エスノセントリズム
やアニモシティを取り上げてきたが，消費者エスノセントリズムについては国
内産業への脅威，アニモシティについては嫌悪感といったようにいずれもネガ
ティブな点を有していた。その一方で，特定国，もしくは海外や外国を肯定的
に捉える人々も存在している。感情的側面の中で，ポジティブな原産国イメー
ジをもたらすものはアフィニティである。アフィニティとは，特定の国に対す
る好意的な感情を意味する（Jaffe and Nebenzahl(2006)）。

3　外国に肯定的な態度を示す人々の存在

　寺﨑(2017)は，アフィニティの他にも外国に対してポジティブな態度を示
す消費者の傾向を整理している。それらは消費者世界志向，消費者コスモポリ
タニズム，インターナショナリズム，セノフィリアである（図表11-2）。これ
らはカントリー・オブ・オリジンやカントリー・バイアス研究の範疇で捉える
ことができるのか議論の余地が残されているが，アフィニティに関連した概念
として取り上げる。

　消費者世界志向とは，国家の枠組みに捕らわれることなく人類といった大き
な視点から消費行動に至る人々の傾向である（Rawwas et al.(1996)）。国家で
はなく，人類が抱える社会的問題について消費活動を通して解消しようとする
点が特徴的であり，外国製品の品質を高く評価するとされている。類似の概念
として消費者コスモポリタニズムがある。消費者コスモポリタニズムは自国と
比べた際の外国，文化の「相違」という点を積極的に理解し異文化を積極的に

受け入れようとする人々の傾向である（Riefler and Diamantopoulos（2009））。この概念は国家や自国の文化等のアイデンティティを前提とし，外国との差異を強く意識している点で消費者世界志向とは異なる。そして消費者コスモポリタニズムには消費者世界志向と同様，外国の製品に対する情報を積極的に収集し，試し買いしようとする傾向も存在している（古川・李（2020））。

　そしてインターナショナリズムとは，他国の人々へ関心・共感をする人々の傾向である（Kosterman and Feshbach（1989））。消費者コスモポリタニズムは国内と国外の違いという点に興味の焦点が置かれていたが，インターナショナリズムは国外への興味という点に焦点が絞られている点が異なる。そして最後にセノフィリアとは，国内に対してネガティブな態度を持っているが故に外国に興味を持つ人々の傾向である（Perlmutter（1954））。国内に対してネガティブな感情を有しており，外国へ目を向けようとする人々も存在しているのである。セノフィリアは自身がアイデンティティを持つ国にポジティブな態度を示す自国バイアスとは反対の概念となっていることも特筆すべき点である。

　インターナショナリズム，ならびにセノフィリアはこれまで消費者行動やグローバル・マーケティング研究の領域で扱われてこなかったが，これらの概念も外国に肯定的な態度を示す人々の傾向を示している（寺﨑（2017））。その点で，インターナショナリズム，セノフィリアの概念については，今後研究の余地が残されているともいえる。

　ここまでカントリー・バイアスとして消費者エスノセントリズムやアニモシ

図表 11-2　外国に対して肯定的な態度を示す消費者

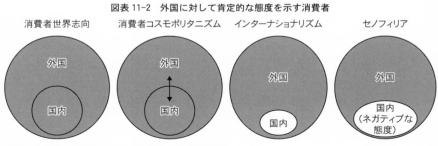

注：色の濃い部分は人々が興味を持つ焦点を意味している。
出所：筆者作成。

ティといった外国に対して否定的な側面と，アフィニティ，消費者世界志向，
消費者コスモポリタニズム等といった外国に対して肯定的な側面について整理
してきた。各概念は別個に存在している訳ではなく，互いが関係しあって我々
の意思決定に影響を与えていると考えられる。これを踏まえて，外国に対して
否定的な側面と肯定的な側面が混在した場合，それぞれの側面は相殺し合うの
かといった内容を明らかにした研究も存在する。寺﨑・古川 (2018) は外国に
対して否定的な消費者エスノセントリズムと肯定的なアフィニティを取り上
げ，両者が混在した際に，消費者の商品評価や購買意図がどのように変化する
のかについて明らかにした。寺﨑・古川 (2018) は日本発商品を対象に，中国

図表 11-3　「仕事が少ない場合，雇用者は外国人労働者よりも自国の人を優先すべきだ」という質問
に対して「賛同する」を選択した人の割合

		2017-2020 年の調査	2010-2014 年の調査	2005-2009 年の調査	1999-2004 年の調査	1995-1998 年の調査
1	エジプト	98%	85%	98%	99%	–
2	ヨルダン	96%	93%	98%	92%	–
3	マレーシア	96%	90%	86%	–	–
4	韓国	95%	70%	79%	82%	90%
5	香港	95%	82%	71%	–	–
6	アゼルバイジャン	95%	86%	–	–	83%
7	パキスタン	94%	72%	–	48%	–
8	台湾	92%	88%	91%	–	90%
9	ジョージア	91%	83%	85%	–	81%
10	キルギス	91%	54%	–	72%	–
11	ベラルーシ	90%	65%	–	–	70%
12	キプロス	89%	80%	78%	–	–
13	ナイジェリア	89%	71%	–	80%	82%
14	エクアドル	88%	70%	–	–	–
15	ルーマニア	88%	71%	61%	–	72%
16	日本	88%	62%	58%	56%	56%
17	フィリピン	87%	80%	–	86%	75%
18	ロシア	87%	73%	79%	–	71%

19	ペルー	86%	70%	80%	71%	82%
20	ジンバブエ	86%	71%	–	77%	–
21	アルメニア	85%	82%	–	–	60%
22	カザフスタン	85%	77%	–	–	–
23	タイ	85%	62%	61%	–	–
24	ガーナ	–	85%	85%		
25	スロベニア	84%	69%	73%	–	80%
26	エストニア	82%	78%	–	–	45%
27	ポーランド	82%	72%	79%	–	88%
28	トルコ	82%	62%	62%	65%	80%
29	トリニダード・トバゴ	–	82%	84%	–	–
30	中国	81%	63%	55%	64%	73%
31	アルゼンチン	78%	51%	70%	73%	76%
32	チリ	78%	67%	79%	82%	71%
33	コロンビア	76%	80%	–	–	–
34	ブラジル	76%	74%	81%	–	88%
35	モロッコ	–	75%	82%	96%	–
36	ウクライナ	–	74%	67%	–	56%
37	インド	–	71%	74%	76%	77%
38	メキシコ	71%	61%	73%	78%	73%
39	シンガポール	–	69%	–	82%	–
40	アメリカ	68%	50%	55%	49%	59%
41	オーストラリア	68%	51%	41%	–	44%
42	ウルグアイ	–	66%	70%	–	82%
43	ニュージーランド	65%	50%	49%	–	48%
44	オランダ	63%	36%	38%	–	–
45	スペイン	60%	53%	56%	54%	70%
46	ルワンダ	–	53%	72%	–	–
47	南アフリカ	–	50%	77%	78%	80%
48	ドイツ	49%	41%	54%	–	–
49	スウェーデン	27%	14%	12%	11%	24%

注：複数年のデータを掲出している国を抽出している。

出所：世界価値観調査（World Values Survey）Database を基に筆者作成。

（上海）に居住する消費者 206 名に対して調査を実施している。検証の結果，購買意図や製品判断のいずれにおいても，アフィニティといった外国に対してポジティブな傾向が強くなる程，消費者エスノセントリズムといったネガティブな傾向が抑制されることが明らかになっている。

　消費者，顧客，パートナーが外国に対して否定的な態度を有していれば，どれほど優れた商品であっても当該国発の商品が購買される可能性は低くなる。グローバル・マーケティングを検討する際にはターゲット市場に存在している人々のカントリー・オブ・オリジンに対する反応やカントリー・バイアスも慎重に考慮しなければならない。ただし彼らが外国に対して否定的な態度を有していたとしても，その態度は変化していくことも理解しておく必要がある。図表 11-3 に消費者エスノセントリズムの傾向を示す値として，「仕事が少ない場合，雇用者は外国人労働者よりも自国の人を優先すべきだ」という価値観の時代推移を国別に示した。図表 11-3 からは時代と共に傾向が変化していることが読み取れる。消費者エスノセントリズムに限らず，外国に対する態度は静態的ではなくダイナミックに変化していくのである。

4　外国に対する態度の変化

　歴史的・政治的・経済的なイベントによって人々の外国への態度は変化する。たとえば消費者エスノセントリズムは国内産業への脅威に対応した人々の態度であるため，国内の経済状況によってその傾向が左右されることが想定される。寺﨑・古川（2020）では消費者エスノセントリズムの構成概念である「外国の商品を買うことに対する罪悪感」に着目し，国内の経済状況の感じ方との関係性を検証している。その結果，消費者の好況感（国内の経済状況の感じ方）によって，輸入製品購買に対する罪悪感が変化することが明らかになっている。

　また朴（2012）はアメリカ，中国，韓国，台湾の消費者 2,164 名を対象に調査を実施した結果，反日感情の先行要因として，戦争や経済的敵対心の存在を明らかにしている。つまりアニモシティに関しても様々なイベントが要因と

なって，時代と共にその大きさが変化しているのである。Lee and Lee（2013）
はアニモシティの概念がこれまで単一的な視点で用いられてきたことを問題提
起として，アニモシティの2面性について議論している。具体的に同稿はアニ
モシティを現代的に発生している経済要因等から構成されるものと歴史的な戦
争等により構成されるものに分類している。そのうえで尖閣諸島問題発生時
（日本の消費者139名が対象）と，その6カ月後（日本の消費者157名が対象）
の双方で，日本人消費者の中国製品に対する商品の判断や購買意図がどう変化
したかを検証した。その結果，現代的なアニモシティに関しては商品の判断傾
向に変化が見られなかったが，歴史的なアニモシティに関しては尖閣諸島問題
発生から6カ月後に商品の判断へ影響をもたらすことが確認されている。

　本章ではカントリー・バイアス（規範的側面ならびに感情的側面）を中心に
整理・検討を進めてきたが，認知的側面についてもその知覚のされ方が時代と
共に変化することが示唆されている。Sharma（2011）は先進国としてアメリ
カ・イギリス，途上国として中国・インドを挙げ，計1,752名の被験者を対象
としながら，認知的側面がどのように人々へ受容されているかを調査した。そ
の結果，先進国が表記されている製品は特に途上国において商品判断への影響
が大きいこと，消費者エスノセントリズムの強い消費者は，途上国が表記され
ている商品に対して評価を低くすることを明らかにしている。Sharma（2011）
の研究は先進国と途上国を2分して，その差異を検証しているが，経済が発展
することによって認知的側面に対する人々の反応は変化していくことが示唆さ
れる。日本発の商品がかつては「安かろう，悪かろう」と判断されていた時代
から，経済成長を経て今や「最先端テクノロジー，高品質」と認知されてきた
歴史が示す通り，認知的側面についても時代によって変化するのである。また
商品体験も当該国の連想・イメージを更新するきっかけとなる。図表11-4に
カントリー・オブ・オリジンの知覚が修正されていくプロセスを示した。商品
に備わっている属性に魅力を感じ，当該ブランドへの態度を修正し，購買した
商品を利用する中で，カントリー・オブ・オリジン知覚は修正されていくので
ある。

図表 11-4　カントリー・オブ・オリジン知覚の修正プロセス

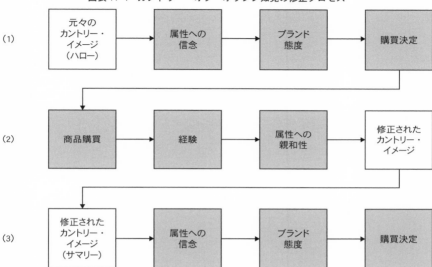

出所：Jaffe and Nebenzahl(2006)，p. 42，日本語訳は寺﨑(2019)を一部修正。

5　認知的・規範的・感情的側面の関係性

　原産国情報に対して消費者がどのように反応するのかについて，前章と本章ではカントリー・オブ・オリジン研究ならびにカントリー・バイアス研究の流れから整理してきた。原産国情報を消費者，顧客，パートナーは ① 認知的，② 規範的，そして ③ 感情的といった側面で情報処理する。特に ② 規範的，③ 感情的といった側面については，消費者エスノセントリズムやアニモシティといったカントリー・バイアス（外国に対する先入態度）が深く関係していた。Verlegh and Steenkamp(1999) は ① 認知的，② 規範的，③ 感情的側面がそれぞれ相互関係にあると指摘している。それでは ① 認知的，② 規範的，③ 感情的側面はそれぞれどのように関連し合っているのであろうか。図表11-1 に示した消費者エスノセントリズムの関係図において，アニモシティ

（感情的側面）は消費者エスノセントリズム（規範的側面）を増大させ，消費者エスノセントリズム（規範的側面）は認知的側面に影響を与えることが示されている（Shankarmahesh(2006)，Jiménez and Martín(2010)）。更に消費者エスノセントリズムやアニモシティは購買意図と関係性があることも既存研究において明らかになっている（e.g. Funk et al.(2010)，李(2012)，Wang et al.(2012)）。また図表10-2で示した認知的側面とブランド・イメージ，ならびに購買意図の関係性を考慮するとカントリー・オブ・オリジン，カントリー・バイアス，ブランド・イメージ，購買意図の関係性は図表11-5のようになると考えられる。

　前章で説明した通り，認知的側面は直接的ではなく，ブランド・イメージを介して購買意図へ影響をもたらすとされていた（Diamantopoulos et al.(2011)）。ブランド・イメージは，① 当該ブランドや商品を人と例えたイメージであるブランド・パーソナリティベースのイメージ，② 消費者や顧客，パートナーに与える便益に関する便益ベースのイメージ，そして前章ならびに本章で取り扱ってきた ③ 原産国に関するイメージの3種類に分類できる（古川(2016)）。本点を踏まえると認知的側面と関係するブランド・イメージとはパーソナリティベースのイメージと便益ベースのイメージとなる。実際に

図表11-5　カントリー・オブ・オリジン，カントリー・バイアス，ブランド・イメージ，購買意図の関係性

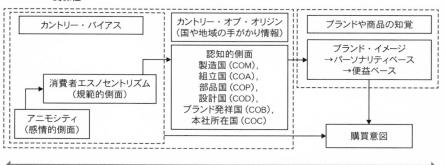

出所：筆者作成。

Fetscherin and Toncar(2010) は認知的側面とパーソナリティベース・イメージの関係性をアメリカの大学生・大学院生 119 名を対象とした調査から明らかにしている。その一方で，認知的側面と便益ベースのイメージの関係については今後さらなる研究が望まれる部分となっている（古川・寺﨑(2018)）。

6　まとめ

　カントリー・オブ・オリジンは，先進国に優位なイメージが抱かれやすく，反対に経済発展が不十分な国においてポジティブなイメージは抱かれにくい (Verlegh and Steenkamp(1999), Sharma(2011))。従前の様に，グローバル・マーケティングの主体が先進国発の企業であればカントリー・オブ・オリジンの優位性を活かしやすいが，その一方で近年見られるようになった新興国発のグローバル企業にとってはネガティブなカントリー・オブ・オリジンをどのようにして克服するかが重要な課題となる。カントリー・バイアスに関しては，先進国，新興国発のいずれの企業に関しても現地市場参入と浸透において懸念材料となる。カントリー・オブ・オリジンやカントリー・バイアスの知覚は時代と共に変化するものである。またその変化はコントロール不可能なものばかりではなく，ここまでに示した事例の様に改善のための方策を検討できる部分も存在している。ネガティブなイメージを解消するためには単一企業だけでなく，複数企業間で協力をしながら，また政府とも連携しながら国際的に活動することが示唆されていた。またそれだけではなく，消費者，顧客，パートナーの持つ外国に対する肯定的な態度を促進することができれば，外国に対するネガティブな態度を抑制することも可能となる。

［注］
1　これら研究の基礎となっているのが，消費者エスノセントリズムの測定尺度 CETSCALE である (Shimp and Sharma(1987))。CETSCALE によって消費者エスノセントリズムの傾向が測定可能となり，グローバル・マーケティング研究を促進する一つの有用なツールとなっている。
2　論文中では，製品判断と表記されている。厳密には定義は異なるものの，ここでは便宜的に商品評価に統一して表現している。
3　古川(2013) は，中国市場において中国製の化粧品が選好されるとしており，同国では消費者エ

スノセントリズムも高いとされている。また中国市場では，反日感情から日本に対するアニモシティも高いとされている。なおアニモシティの傾向は地域や時期によって変動することが明らかとなっている（Lee and Lee（2013））。

4 ハウス食品の中国展開においても同様に，展開当初は日本という手がかり情報をあまり表に出さず人々への認知・普及に注力してきた（羽子田（2020））。ハウス食品による海外市場展開の変遷については黒岩（2009）を参照されたい。

第 12 章

文化研究の変遷

　カントリー・オブ・オリジンやカントリー・バイアスは人々の行動に影響を
与える「国や地域」に関する概念であった。本章では人々の行動に影響を与え
るもう一つの大きな要素として文化を取り上げる。文化とは宗教的タブーや伝
統的しきたり，食，ライフスタイルや国民性等，多様な内容を含んだ概念であ
る。世界中には様々な文化が存在しており，それと深く関わる価値観によって
我々の行動が方向づけられることも多い。特に自身の体験してきた文化や知識
を基に多くを判断してしまう自己言及基準（SRC：Self-Reference Criterion）
と呼ばれる傾向が，グローバルな組織や消費者，顧客，パートナー管理におい
て課題となる（Cateora et al.(2013)）。また文化は特定の国に根差したものと
は限らず，国を超えて共有されている場合や，一国内において複数の文化が存
在している場合もある。本章では環境要因の中でも組織や消費者，顧客，パー
トナーの行動に影響をもたらす文化の概念をグローバル・マーケティングの観
点から整理する。
　文化は定義の難しい概念である。芸術や音楽，喜劇をはじめとした人類の文
化的な営みは古くから存在していたものの，人々の行動パターンとして社会学
等で文化が捉えられるようになったのは 1750 年代であるとされている
(Kroeber and Kluckhohn(1952))。Kroeber and Kluckhohn(1952) は 1871 年か
ら 1952 年までに刊行された文化研究において定義がどれほど存在するのかを
カウントしているが，その数は 179 にも及ぶ。これほどまでに広範な文化の概
念を包括的に整理・検討するのは不可能であるし，本書の趣旨とも合わない。
そこで本章ではグローバル・マーケティング研究で取り上げられる文化の主要
概念と，その文化研究の近年における変遷に焦点を絞ることとする。

1　文化の位置づけ

　文化を「ある環境下における人々の，集合的な心のプログラム」と定義したのは Hofstede et al.(2010) である。文化は遺伝的に生まれながら習得しているものではなく，学習によって日常生活を送りながら習得していくものと捉えられている。本章でも彼らの定義を前提としながら文化について整理・検討することとする。

　文化の位置づけを示したものが図表 12-1 である。人々が遺伝的に習得する「人としての性質」は万人に共通するものであり，ここでは文化の範疇から外れるものとなる。文化は学習によって後天的に学習されるものであるが，一人一人の性格や属人的な性質等といったパーソナリティとも異なる。文化は学習によって習得するグループや組織といった集団内でみられる性質のことを意味する（Hofstede(1980a)）。文化は PC やスマートフォン等に含まれている OS（Operating System）の様に集団で共有されており，時には新たな学習が加わり更新されることもある。文化は集団内で「こうあるべきだ」という規範を生み出すこともあり，我々の価値観と深く関係する概念である。

　文化はいくつかの要素に分けることが可能である。図表 12-2 は玉ねぎモデルと呼ばれ，文化の要素を概観するのに役立つ枠組みである。文化の要素はそれぞれ価値観，儀礼，ヒーロー，シンボルと呼ばれており，中心から外側になるにつれ時と共に変化が生じやすい要素であるとされている（Hofstede(1980b)）。一番外側に存在するのはシンボルである。

　人々の間で流行している言葉や髪形，服装，サブカルチャーと呼ばれる文化は時と共に変化しやすいものである。これらはその時，その時代を象徴するシンボルとなる。そしてシンボルは社会的に影響力を持つ一握りの人々（ヒーロー）によってもたらされることが多い。ヒーローとは，政治家であったり，企業のトップであったり，映画スターや芸能人，現代でいえばアニメのキャラクター等といった人々の行動模範となる人物を意味する。ヒーローはシンボルよりも変化が小さいが，時代によって文化を形成している存在と認識されてい

る。そしてヒーローよりも変化の少ない要素は儀礼である。儀礼は，挨拶の仕方や他者への尊敬の表し方，そして社会的・宗教的な儀礼等を意味する。儀礼は変化しにくいものの，時代によって少しずつ変化が生じることがある。たとえば日本の結婚式スタイルが，洋式に変化しつつあるのも儀礼の変化と捉えることができる。また食文化も儀礼に該当する。食文化は保守的で変化のしにくいものであるが，日本人の欧米食化といった様に少しずつ変化を伴うものでもある（川邉（2017））。なお Hofstede et al.(2010) は玉ねぎモデルにおいてシンボル，ヒーロー，儀礼を文化慣行と呼んでいる。シンボル，ヒーロー，儀礼は

図表 12-1　文化の位置づけ

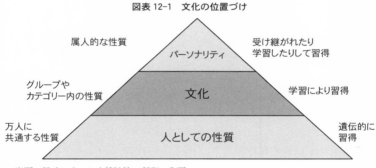

出所：Hofstede et al.(2010)，邦訳，5 頁。

図表 12-2　玉ねぎモデル

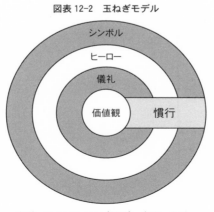

出所：Hofstede et al.(2010)，邦訳，6 頁。

目に見える形で表出した文化であり，残りの要素である価値観と分けて考えている。

　玉ねぎモデルの中心部に位置しているのが価値観である。価値観は人々の考え方の中心となる存在であり，一人一人異なるものである。ただし一人一人異なるとされる価値観にも，あるグループやカテゴリーにおいて一定の傾向を示すものが存在している。価値観は文化慣行と比較して目に見えない存在であるが，儀礼，ヒーロー，そしてシンボルに影響をもたらすとされている。既存の文化研究をシンボル，ヒーロー，儀礼，価値観の各要素に完全に分類することは難しいが，本章ではこの先，それぞれに関連する文化研究について整理することとする。

2　消費文化

　シンボルやヒーローは，時と共に変化しやすい文化であった。これに関連する文化研究は消費文化（CCT：Consumer Culture Theory）という領域で国内外ともに近年実施し始められており，捉えどころのない人々の消費像を記述しようとする研究が実施されている[1]。消費文化とは，商品を消費する際に消費者自身が何らかの意味づけをしたり，その意味を他の人と共有したりする現象を意味している（Arnould and Thompson（2005））。Arnould and Thompson（2005）によれば，消費文化の研究は消費者がどのような具体的経験をしたか，そこにはどのような意味があったのか，そしてその後どのような行動を取ったのかを明らかにしてきたとされている。また消費文化の研究は，① 消費者のアイデンティティがどのように形成されてきたのかという観点，② 市場において消費文化がどのように創造されてきたのかという観点，③ 社会における消費のパターンが歴史的にどう変化してきたのかといった観点，そして ④ マスメディアによって影響を受けた市場イデオロギーや消費者による解釈といった 4 つの観点から概念化を試みてきたとしている[2]。更に消費文化の研究は，文化がどのように構築され，維持され，変化してきたかを歴史的に捉えてきた。消費文化を明らかにするためには，消費者，顧客，パートナーを対象にし

た消費活動を具体的かつ動態的に捉えることや，そこに含まれる意味にまで分析の射程を拡げるために定性的な研究が基本的に用いられている。

　実際に，消費文化に脚光をもたらした研究の一つが Belk et al.(1989) による定性研究であった[3]。Belk らは 1986 年にアメリカ大陸の横断をしながら，各地の消費者，顧客，パートナーがどのように消費活動をしているのか詳細に調査して周った。最終的に約 800 頁に及ぶフィールドノート，4000 枚の写真，それぞれ 15 分〜18 分間撮影した 137 本の動画，約 12 本の音声データ等，膨大なデータを収集し消費文化の分析を実施した。その結果，消費者は神聖（Sacred）な消費を行う場合と，世俗的（Profane）な消費を行うことが明らかになった。神聖な消費とは，購入した製品を見ているだけで幸せであったり，飾ったりしながら楽しむ消費であり，日常生活での頻繁な利用を想定しないものである。たとえば靴やペンを購入しても，何度も履いたり頻繁に持ち歩いたりはせず，大事な時に数度利用するだけであったり，もしくは飾って楽しむという消費が神聖な消費に該当する。一方で世俗的な消費とは，製品の機能的便益を最大限に享受する消費である。上記の靴やペンで例えると，毎日の仕事で履く靴や毎日持ち歩くペンのようにそれ自体の機能を最大限に利用しようとする消費がこれにあたる。世俗的な消費においては製品が頻繁に利用されるため，消耗が大きく買い替え頻度も高くなる。また神聖な消費においては比較的高価格でも購買されるが，世俗的な消費では低価格への志向性が強い。

　Belk らはどのような際に世俗的な消費が神聖な消費に変化するのかについても検証を行っている。その結果として明らかになったのが，儀式化（Ritual），巡礼（Pilgrimage），典型化（Quintessence），贈り物（Gift-Giving）というパターンである。儀式化とは，生活の節目に神聖消費が発生するパターンである。たとえば引っ越しの際や，大学入学の際，転職の際等，生活の節目となる際が挙げられる。巡礼とは，旅行やストーリーの消費等といった経験によって神聖な消費が発生するパターンである。一見ただの T シャツやマグカップであるのに，楽しい旅行を経験した後には神聖な消費（巡礼）が発生することがある。製品への作り手の熱い思いやストーリーを知覚した際にも巡礼が発生する場合がある。典型化とは，展開されている商品に関して「○○（カテゴリー）といえば△△ブランド」と連想されるような場合に神聖な消費が発生す

るパターンである。当該カテゴリーの代名詞となるようなブランドが存在すれば，典型化が発生することがある。Belk らは非日常の代名詞となっているディズニーランドを一例として挙げており，他のテーマパークと比べて神聖な消費が起きやすいとしている。最後に贈り物とは，文字通り相手へ何かを贈る際に神聖な消費が発生するパターンである。自分で消費する場合とは異なり，相手への贈り物の場合には特別なものを購買することがある。また自分へのプレゼントという消費についても贈り物のパターンに含まれると考えられる。

3　アニメオタクの消費文化

　アニメオタクは神聖な消費と世俗的な消費の双方を同時に実施している特殊な消費文化を持っている。筆者が 2017 年 9 月に，自身をアニメオタクと称する学生 6 名に実施したグループインタビューによると，アニメオタクは一度に全く同じ製品を 4 つ購入することがあるということが明らかになった。グループインタビューの際に出てきた具体的な商品としては，自身の好きなアニメキャラクターが描かれたクリアファイル，キーホルダー，ペンが挙げられていた。同じ製品を 4 つ購入する理由としては，観賞用途，保管用途，利用用途，利用予備用途であるということである。一つは自宅で見える場所に飾り観賞用として楽しむもの，そして綺麗な状態で将来まで暗所保管しておくための保管用，また常に持ち歩き利用するためのもの，最後に利用用が破損してしまった場合のためのバックアップといった具合である。また彼らには同じ商品を 4 つ以上購入する者もいるが，その理由としては自身の好きなアニメ作品やキャラクターの作品を今後も長く出し続けて欲しいという気持ちや，自身の好きなキャラクターの商品販売を今後も更に促進して欲しいという気持ちが含まれているという。このような気持ちは，作品やキャラクターを「育てたい」という気持ちやお金を「貢ぐ」という特別な感情を消費に対して抱いていることが明らかとなった。アニメオタクの消費には特徴的な文化が存在しており，このような考え方が彼らの一部では共有され共感を得ているという点は興味深い。

　ここでは消費文化の一部分を取り上げたが，消費文化は時と共に変化が起き

やすく補足し難いものである（薄井(2019)）。人々は単に商品を消費するだけでなく，そこに何かしらの意味を付与していることがある。世界各地における消費文化は捉えどころのない存在ではあるものの，人々がどのような消費文化を形成しているかを把握しておく必要がある。同じ標準化商品であっても消費文化が異なれば，異なる文脈で理解されるのである。更に企業が消費者に与える影響だけでなく，消費者が自律的に作り出す文化についても理解を深めておく必要がある（吉村(2017)，中西(2007)）。

4　コンテクスト文化

　消費文化よりも更に変化しにくいのがコンテクスト文化である。コンテクスト文化は言語と密接な関係性がある。言語によって我々の思考は形成され，それを発信したり受信したりするのも言語の担う役割が大きい。コンテクスト文化を提唱したのは Hall(1976) である。人々のコミュニケーションには省略されても伝わる内容が存在する場合がある。特定の文脈や場所において「あれ」，「これ」といった指示語を突然用いたとしても暗黙的に相手にその意味が伝わることがあるのだ。人々のコミュニケーションにおいて暗黙の情報を読み取る割合は言語によって異なる。その割合を文化として捉えたのがコンテクスト文化である（Hall(1976)）。暗黙の情報を読み取る割合が大きい場合は高コンテクスト文化，その割合が小さい場合は低コンテクスト文化と呼ばれる。各言語の有する特徴によってコンテクスト文化の状況は異なる。図表 12-3 に Hall(1976) によるコンテクスト文化の分布図を示した。これを見ると，日本人，アラビア人，ラテンアメリカ人，イタリア人の順に文脈を作りながらコミュニケーションを取る割合が高いとされており，ドイツ系スイス人，ドイツ人，スカンジナビア人，アメリカ人の順に文脈を作らずにコミュニケーションを取る傾向があるとされている。

　高コンテクスト文化においては，文脈を読み取ってもらうために言語への依存は小さい傾向がある。その代わりに非言語コミュニケーションの割合が大きく，建前や形を重要視するとされている（Hall(1976)，林(1994)）。高コンテク

スト文化の場合，行間を様々な状況から推測することでコミュニケーションが成立する傾向にあるのが特徴的である。短い言葉によっても多くの情報を伝えることが可能となるが，伝達の正確性は高くない。一方で低コンテクスト文化においては，基本的に言語で相手に全ての内容を伝えるため言語への依存度が大きく，本音や正直さを重要視するとされている（Hall（1976），林（1994））。低コンテクスト文化の場合，相手に内容を推測させる余地が少なくなるようにコミュニケーションが実施されるのが特徴的である。情報を伝えるために一つ一つ言語化しなければならないが，形にする部分が多いため正確に情報が伝わりやすい。

　コンテクスト文化に対応したものとして，林（1994）はアナログ指向，デジタル指向といった概念も提唱している。この概念では，人々は世の中を認識する場合において様々な境界線を引いていると考えられている。そのうえで，高

図表 12-3　コンテクスト文化

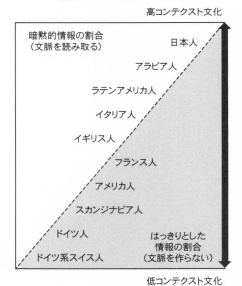

出所：Hall, E.T.（1976）ならびに Rosch and Segler（1987）を基に古川（2020）が修正。

図表 12-4　アナログ指向とデジタル指向

アナログ指向

外　　　　　　　　　　　　　　　　　　　　　　　内

デジタル指向

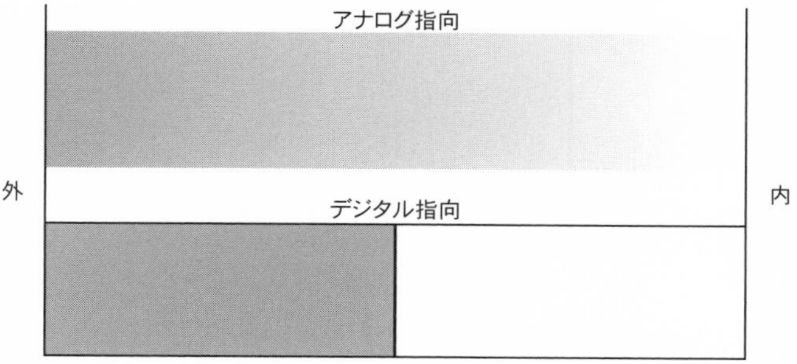

出所：筆者作成。

　コンテクスト文化においてはアナログ指向の傾向があるとされている。アナログ指向では境界線の外と内を連続的に捉える傾向があり，直感的，感性的に対象を認識する傾向がある（林(1996)）。一方で低コンテクスト文化においてはデジタル指向の傾向があるとされている。図表 12-4 に示した通り，デジタル指向では境界線の外と内を非連続的なものとして明確に「区別」しカテゴリー分けして対象を認識する傾向がある（林(1996)）。このようにアナログ指向，デジタル指向といった観点においても人々の考え方は変化することが示唆されている。林(1996) は多国籍企業内の組織が多様化した際，組織内のコミュニケーションを阻害している要因としてアナログ指向とデジタル指向の考え方の違いを示している。人々のコミュニケーション方法や思考の捉え方を理解することが異文化組織管理において重要となる。

　なおコンテクスト文化においてもアナログ指向・デジタル指向においても，実証的な研究が十分になされておらず，その妥当性検証が求められていることには注意しなければならない。今後実証的な検証と，更なる論理の精緻化が求められている。

5　国民文化

　玉ねぎモデルにおいて，最も変化しにくい要素として挙げられていたものが

価値観である。価値観に関してはこれまで多数の研究が蓄積されてきている。その中で多くの批判を浴びながらも注目されてきた概念に国民文化がある。Hofstede (1980b) によって提唱された国民文化は，国や地域によって共通する人々の価値観の傾向を検証し明らかにした文化概念である。彼は1968年から1978年にかけて全世界のIBM社員を対象に調査を実施し，国や地域で共通する価値観が存在していないかを検証した。なお人々が所属している組織によっても価値観の傾向は存在しており，それは組織文化と呼ばれる。組織文化による価値観の傾向ではなく，国や地域による人々の価値観の違いを発見するために彼は敢えて単一企業内での調査を実施している[4]。単一企業内で検証を行えば，企業（組織文化）の違いという影響を取り除いて人々の各国・各地域における価値観の違いが分析できると考えたのである (Hofstede (1983), Hofstede (1991))。彼は最終的に全世界の11万6000人を超えるIBM社員を対象にしたデータを収集し，国民文化の内容を明らかにした。データを検証した結果，「権力格差」，「個人主義－集団主義」，「競争－協調」，「不確実性回避」といった4つの文化特性を抽出している[5]。もちろん同じ国や地域の中に存在する人々の全てが全く同じ価値観を持っているという訳ではなく，多数派を占める価値観の傾向を表したものが国民文化とされている (Hofstede (1991))。

5－1　権力格差

　権力格差とは，「それぞれの国の制度や組織において，権力の弱い成員が，権力が不平等に分布している状況を予期し，受け入れている程度」と定義されている[6]。権力格差は，人々が権力の差に対してどのように対応するかによってスコアリングされた文化特性である。権力格差が大きい国や地域においては，権力者の決定に対して権力の弱いものは依存する傾向にあり反対意見が述べられることもほとんど無い傾向にある。一方で権力格差が小さい国では，権力の強い者と弱い者が相互依存の関係になっており，反対意見も気軽に出る傾向にある。Hofstede et al. (2010) によると，権力格差の大きい場合，教育においても先生は学生に尊敬される存在として認識させようとしたり，授業でのイニシアティブも基本的には先生が取ろうとするとしている。一方で権力格差が小さい場合は，先生は学生と平等な立場であろうとする傾向があり，先生は授

業のイニシアティブを学生に取らせようとする。図表 12-5 に権力格差の
Index 値を示した。

　権力格差はマレーシア，スロバキア，グアテマラ，パナマ，フィリピンの順
に大きい。一方で，オーストリア，イスラエル，デンマーク，ニュージーラン
ド，スイス（ドイツ語圏）の順に権力格差が小さい。地域別にみてみると，ア
ジアの各国は権力格差が大きい傾向にあり，北ヨーロッパ圏やアングロ系の
国々では権力格差が小さい傾向にある。

図表 12-5　権力格差 Index 値

Rank	国または地域	Index	Rank	国または地域	Index	Rank	国または地域	Index
1-2	マレーシア	104	27-29	フランス	68	52-53	南アフリカ（wte）	49
1-2	スロバキア	104	27-29	香港	68	54	トリニダード・トバゴ	47
3-4	グアテマラ	95	27-29	ポーランド	68	55	ハンガリー	46
3-4	パナマ	95	30-31	ベルギー（Fr）	67	56	ジャマイカ	45
5	フィリピン	94	30-31	コロンビア	67	57	ラトビア	44
6	ロシア	93	32-33	エルサルバドル	66	58	リトアニア	42
7	ルーマニア	90	32-33	トルコ	66	59-61	エストニア	40
8	セルビア	86	34-36	東アフリカ	64	59-61	ルクセンブルグ	40
9	スリナム共和国	85	34-36	ペルー	64	59-61	アメリカ合衆国	40
10-11	メキシコ	81	34-36	タイ	64	62	カナダ（Total）	39
10-11	ベネスエラ	81	37-38	チリ	63	63	オランダ	38
12-14	アラブ（Arab ctrs）	80	37-38	ポルトガル	63	64	オーストラリア	38
12-14	バングラデシュ	80	39-40	ベルギー（Ni）	61	65-67	コスタリカ	35
12-14	中国	80	39-40	ウルグアイ	61	65-67	ドイツ	35
15-16	エクアドル	78	41-42	ギリシャ	60	65-67	イギリス	35
15-16	インドネシア	78	41-42	韓国	60	68	フィンランド	33
17-18	インド	77	43-44	イラン	58	69-70	ノルウェー	31
17-18	西アフリカ	77	43-44	台湾	58	69-70	スウェーデン	31
19	シンガポール	74	45-46	チェコ共和国	57	71	アイルランド	28
20	クロアチア	73	45-46	スペイン	57	72	スイス（Ge）	26
21	スロベニア	71	47	マルタ共和国	56	73	ニュージーランド	22
22-25	ブルガリア	70	48	パキスタン	55	74	デンマーク	18
22-25	モロッコ	70	49-50	カナダ ケベック	54	75	イスラエル	13
22-25	スイス（Fr）	70	49-50	日本	54	76	オーストリア	11
22-25	ベトナム	70	51	イタリア	50			
26	ブラジル	69	52-53	アルゼンチン	49			

注：Index 平均＝59.59，標準偏差＝21.15。権力格差の大きい順。
出所：Hofstede et al.（2010），邦訳，52-53 頁を基に筆者作成。

5-2 個人主義－集団主義

個人主義－集団主義は次の様に定義されている。「個人主義を特徴とする社会では，個人と個人の結びつきはゆるやかである。人はそれぞれ，自分自身と肉親の面倒を見ればよい。集団主義を特徴とする社会では，人は生まれた時から，メンバー同士の結びつきの強い内集団に統合される。内集団に忠誠を誓うかぎり，人はその集団から生涯にわたって保護される」[7]。個人主義では，周りの人間関係よりも個人と自分の家族を強く意識した価値観を持つ傾向があり，自身や家族の時間，そして自由を志向する傾向がある。歩くスピードが速かっ

図表 12-6　個人主義－集団主義 Index 値

Rank	国または地域	Index	Rank	国または地域	Index	Rank	国または地域	Index
1	アメリカ合衆国	91	27	マルタ共和国	59	51-53	スロベニア	27
2	オーストラリア	90	28	チェコ共和国	58	54	マレーシア	26
3	イギリス	89	29	オーストリア	55	55-56	香港	25
4-6	カナダ（Total）	80	30	イスラエル	54	55-56	セルビア	25
4-6	ハンガリー	80	31	スロバキア	52	57	チリ	23
4-6	オランダ	80	32	スペイン	51	58-63	バングラデシュ	20
7	ニュージーランド	79	33	インド	48	58-63	中国	20
8	ベルギー（Ni）	78	34	スリナム共和国	47	58-63	シンガポール	20
9	イタリア	76	35-37	アルゼンチン	46	58-63	タイ	20
10	デンマーク	74	35-37	日本	46	58-63	ベトナム	20
11	カナダ　ケベック	73	35-37	モロッコ	46	58-63	東アフリカ	20
12	ベルギー（Fr）	72	38	イラン	41	64	エルサルバドル	19
13-14	フランス	71	39-40	ジャマイカ	39	65	韓国	18
13-14	スウェーデン	71	39-40	ロシア	39	66	台湾	17
15-16	アイルランド	70	41-42	アラブ（ctrs）	38	67-68	ペルー	16
15-16	ラトビア	70	41-42	ブラジル	38	67-68	トリニダード・トバゴ	16
17-18	ノルウェー	69	43	トルコ	37	69	コスタリカ	15
17-18	スイス（Ge）	69	44	ウルグアイ	36	70-71	インドネシア	14
19	ドイツ	67	45	ギリシャ	35	70-71	パキスタン	14
20	南アフリカ（wte）	65	46	クロアチア	33	72	コロンビア	13
21	スイス（Fr）	64	47	フィリピン	32	73	ベネズエラ	12
22	フィンランド	63	48-50	ブルガリア	30	74	パナマ	11
23-26	エストニア	60	48-50	メキシコ	30	75	エクアドル	8
23-26	リトアニア	60	48-50	ルーマニア	30	76	グアテマラ	6
23-26	ルクセンブルグ	60	51-53	西アフリカ	27			
23-26	ポーランド	60	51-53	ポルトガル	27			

注：Index 平均＝44.47，標準偏差＝23.73。個人主義順。
出所：Hofstede et al.(2010)，邦訳，84-85 頁を基に筆者作成。

たり，コミュニケーションにおいて「私」という単語を頻繁に用いたり，消費に関してもライフスタイルを表現するような消費を行うことが特徴的である。一方で集団主義では，常にチームやメンバーシップが意識され，集団での決定を信じる傾向がある。消費に関して他者の評価を気にするため，SNS を情報源にする人々も多いとされている。また「私たちは」という単語を頻繁に用い，愛国心が強い点も特徴として挙げられている[8]。図表 12-6 に個人主義－集団主義の Index 値を示した。

　個人主義はアメリカ，オーストラリア，イギリス，カナダ，ハンガリーの順に強い。一方で集団主義は，グアテマラ，エクアドル，パナマ，ベネズエラ，コロンビアの順に強い。地域別にみてみると，北ヨーロッパ圏やアングロ系の国々では個人主義が多い傾向にあり，中央・南アメリカやアジア圏では集団主義が多い傾向にある。

5－3　競争－協調

　競争－協調については，仕事の目的や成果といった視点により分類されている。仕事の中でも，給与，承認，昇進，挑戦，仕事のやりがいといったことを価値観の中心に据える傾向のある文化を競争と定義している。一方で，上司との関係，仕事の協力，居住地，雇用の保証といったことを価値観の中心に据える傾向のある文化を協調と定義している。競争の社会においては，男女の役割が分かれている部分が未だに大きく，教育面においても競争的なスポーツがカリキュラムに加わっている傾向がある。ステータス消費が活発であることやインターネットの利用頻度も高いとされている。一方で協調の社会においては，男女の役割が明確ではなく，人間同士の相互扶助を重要視する。お金よりも時間や平等であることを重視し，自国の経済成長よりも海外援助や環境保護に目を向ける傾向にあるとされている[9]。図表 12-7 に競争－協調の Index 値を示した。

　競争はスロバキア，日本，ハンガリー，オーストリア，ベネズエラの順で強く，協調はスウェーデン，ノルウェー，ラトビア，オランダ，デンマークの順に強い。地域との関連性については大きな特徴が見られない。

図表 12-7　競争－協調 Index 値

Rank	国または地域	Index	Rank	国または地域	Index	Rank	国または地域	Index
1	スロバキア	110	25-27	香港	57	51-53	スペイン	42
2	日本	95	28-29	アルゼンチン	56	54	西アフリカ	41
3	ハンガリー	88	28-29	インド	56	55-58	ブルガリア	40
4	オーストリア	79	30	バングラデシュ	55	55-58	クロアチア	40
5	ベネズエラ	73	31-32	アラブ（ctrs）	53	55-58	エルサルバドル	40
6	スイス（Ge）	72	31-32	モロッコ	53	55-58	ベトナム	40
7	イタリア	70	33	カナダ（Total）	52	59	韓国	39
8	メキシコ	69	34-36	ルクセンブルグ	50	60	ウルグアイ	38
9-10	アイルランド	68	34-36	マレーシア	50	61-62	グアテマラ	37
9-10	ジャマイカ	68	34-36	パキスタン	50	61-62	スリナム共和国	37
11-13	中国	66	37	ブラジル	49	63	ロシア	36
11-13	ドイツ	66	38	シンガポール	48	64	タイ	34
11-13	イギリス	66	39-40	イスラエル	47	65	ポルトガル	31
14-16	コロンビア	64	39-40	マルタ共和国	47	66	エストニア	30
14-16	フィリピン	64	41-42	インドネシア	46	67	チリ	28
14-16	ポーランド	64	41-42	東アフリカ	46	68	フィンランド	26
17-18	南アフリカ(wte)	63	43-45	カナダ　ケベック	45	69	コスタリカ	21
17-18	エクアドル	63	43-45	台湾	45	70-71	リトアニア	19
19	アメリカ合衆国	62	43-45	トルコ	45	70-71	スロベニア	19
20	オーストラリア	61	46	パナマ	44	72	デンマーク	16
21	ベルギー（Fr）	60	47-50	ベルギー（Ni）	43	73	オランダ	14
22-24	ニュージーランド	58	47-50	フランス	43	74	ラトビア	9
22-24	スイス（Fr）	58	47-50	イラン	43	75	ノルウェー	8
22-24	トリニダード・トバゴ	58	47-50	セルビア	43	76	スウェーデン	5
25-27	チェコ共和国	57	51-53	ペルー	42			
25-27	ギリシャ	57	51-53	ルーマニア	42			

注：Index 平均＝48.93，標準偏差＝18.97。競争順。
出所：Hofstede et al.(2010)，邦訳，130-131 頁を基に筆者作成。

5－4　不確実性回避

　不確実性回避は，「ある文化の成員が不確実な状況や未知の状況に対して脅威を感じる程度」[10] と定義されている。不確実性回避の傾向が強い場合，曖昧さや不安をすぐに解消しようとしたり，奇抜であったり革新的であったりすることに対して抵抗を持つ。人々は他と違うということが危険なことだと認識し，健康やお金に関して心配に考える人々が多いという特徴を持つ。精密さや緻密さを好み，新しい発明よりも既存のモノの導入を得意とする。一方で不確実性回避の傾向が弱い場合，曖昧さを恐れず，奇抜さや革新的なアイデア，行

動に対しても寛容である[11]。人々は他と違うということが興味や探求心を刺激
する対象と認識し，多くの挑戦と失敗をこれまでに経験しているという特徴を
持つ。不完全さに対しても寛容であり，新しい発明を得意とする傾向がある。
図表 12-8 に不確実性回避の Index 値を示した。

　不確実性回避はギリシャ，ポルトガル，グアテマラ，ウルグアイ，ベルギー
の順で強く，シンガポール，ジャマイカ，デンマーク，スウェーデン，香港の
順で弱い。地域別にみてみると，不確実性回避は中央・南アメリカ，中央ヨー
ロッパ圏で強く，北ヨーロッパ圏とアングロ系の国々，そして日本と韓国を除

図表 12-8　不確実性回避 Index 値

Rank	国または地域	Index	Rank	国または地域	Index	Rank	国または地域	Index
1	ギリシャ	112	26-27	メキシコ	82	53	トリニダード・トバゴ	55
2	ポルトガル	104	28	イスラエル	81	54	東アフリカ	54
3	グアテマラ	101	29-30	コロンビア	80	55	オランダ	53
4	ウルグアイ	100	29-30	クロアチア	80	56	西アフリカ	52
5	ベルギー (Ni)	97	31-32	ブラジル	76	57-58	オーストラリア	51
6	マルタ共和国	96	31-32	ベネズエラ	76	57-58	スロバキア	51
7	ロシア	95	33	イタリア	75	59	ノルウェー	50
8	エルサルバドル	94	34	チェコ共和国	74	60-61	ニュージーランド	49
9-10	ベルギー (Fr)	93	35-38	オーストリア	70	60-61	南アフリカ(wte)	49
9-10	ポーランド	93	35-38	ルクセンブルク	70	62-63	カナダ (Total)	48
11-13	日本	92	35-38	パキスタン	70	62-63	インドネシア	48
11-13	セルビア	92	35-38	スイス (Fr)	70	64	アメリカ合衆国	46
11-13	スリナム共和国	92	39	台湾	69	65	フィリピン	44
14	ルーマニア	90	40-41	アラブ (ctrs)	68	66	インド	40
15	スロベニア	88	40-41	モロッコ	68	67	マレーシア	36
16	ペルー	87	42	エクアドル	67	68-69	イギリス	35
17-22	アルゼンチン	86	43-44	ドイツ	65	68-69	アイルランド	35
17-22	チリ	86	43-44	リトアニア	65	70-71	中国	30
17-22	コスタリカ	86	45	タイ	64	70-71	ベトナム	30
17-22	フランス	86	46	ラトビア	63	72-73	香港	29
17-22	パナマ	86	47-49	バングラデシュ	60	72-73	スウェーデン	29
17-22	スペイン	86	47-49	カナダ ケベック	60	74	デンマーク	23
23-25	ブルガリア	85	47-49	エストニア	60	75	ジャマイカ	13
23-25	韓国	85	50-51	フィンランド	59	76	シンガポール	8
23-25	トルコ	85	50-51	イラン	59			
26-27	ハンガリー	82	52	スイス (Ge)	56			

　注：Index 平均＝67.42，標準偏差＝22.92。不確実性回避の強い順。
　出所：Hofstede et al.(2010)，邦訳，178-179 頁を基に筆者作成。

くアジアでは弱い傾向にある。

6　まとめ

　本章ではグローバル・マーケティング領域に関係する文化概念に絞り，その内容を整理・検討してきた。一口に文化といえども，玉ねぎモデルにおいてシンボル，ヒーロー，儀礼，価値観として分類されていた様に様々な側面が存在しており，動態的な文化と比較的静態的な文化が存在していた。玉ねぎモデルで完全に分類できるものばかりではないが，本章ではシンボルやヒーローに関係する文化として消費文化を，更に動態性の少ない概念としてコンテクスト文化，そして静態的な国民文化を取り上げた。文化は，企業の海外市場展開の際に無視できないものである。展開対象市場において人々がどのような思考の軸を保有しているかを理解することが重要となる。それはグローバル・マーケティングを管理する組織においても，展開国市場における消費者，顧客，パートナーやその他のステークホルダーの傾向を把握するためにも必要となるのである（太田・佐藤(2013)，林(1994)，De Mooij(1998)，De Mooij(2004)）。

　次章においては本章で取り扱った国民文化についてその現代的有用性を批判的に検討することにする。国民文化には当初より様々な批判が存在していた。それらは大きく3点に集約することができるが，各内容に対して国民文化の概念がどのように対応してきたのかを整理・検討する。また次章では2次データを用いながら，国民文化に向けられた批判の一つについて検証する。

[注]
1　たとえば松井(2013)や吉村(2019)等を参照されたい。
2　Arnould and Thompson(2005)や吉村(2017)はこれら4つの観点をそれぞれ独立させず，関連させ合いながら消費文化を検討する必要性を述べている。
3　その他にも消費文化の研究に大きく貢献した研究として，Hirshman and Holbrook(1982)，Holbrook and Hirshman(1982)等が挙げられる。
4　筆者は学生に対し，国民文化を測定する質問紙調査を継続的に実施している。2018年度（n=264）ならびに2019年度（n=402）におけるいずれにおいても，後述する国民文化の日本におけるIndex値とは異なる傾向を検出した。具体的には拙講義の受講学生は，日本平均よりも協調の傾向にあり，また不確実性回避も極端に低い値を示していた。日本Index値との差異は受講

学生（もしくは大学）の組織文化であることが推察される。なお国民文化を測定するための質問紙は Geert Hofstede.com において公開されている。

5　「競争－協調」に関しては，原典では Masculinity－Femininity とされている。そのまま「男性らしさ－女性らしさ」と訳す著書・論文が主流であるが，本書では性差に対する誤解を少なくするために敢えて「競争－協調」と意訳している。

6　Hofstede(1991)，邦訳，27 頁。

7　Hofstede(1991)，邦訳，51 頁。

8　Hofstede(1980a), p. 48, Hofstede(1980b)，邦訳，224 頁, Hofstede(1991)，邦訳, 68 頁, Hofstede et al.(2010)，pp. 112–117.

9　Hofstede(1980a), p. 49, Hofstede(1980b)，邦訳，273 頁, Hofstede(1991)，邦訳，99–100 頁, Hofstede et al.(2010)，pp. 163–175.

10　Hofstede(1991)，邦訳，119 頁。

11　Hofstede(1980a), p. 47, Hofstede(1980b)，邦訳，179 頁, Hofstede(1991)，邦訳，133 頁, Hofstede et al.(2010)，pp. 197–208.

第 **13** 章

国民文化研究への批判と進化

　Hofstede の国民文化研究は，これまで多くの研究に引用されてきた（図表
13-1）。学術研究論文のデータベースである Web of Science によれば，
Hofstede が引用されている研究は56.14%が経済・経営系の論文であるとされ
ている（2020 年 2 月 18 日現在）。なお心理学系で 17.21%，その他の社会科学
系で 12.74%と続く。マーケティング領域の研究に限定してみても，年々引用
数は増加傾向にある。本章では Hofstede による国民文化への批判について検
討しながら，本概念がそれらに対してどのように対応してきたのかについて整
理する。

図表 13-1　Hofstede 研究の引用数

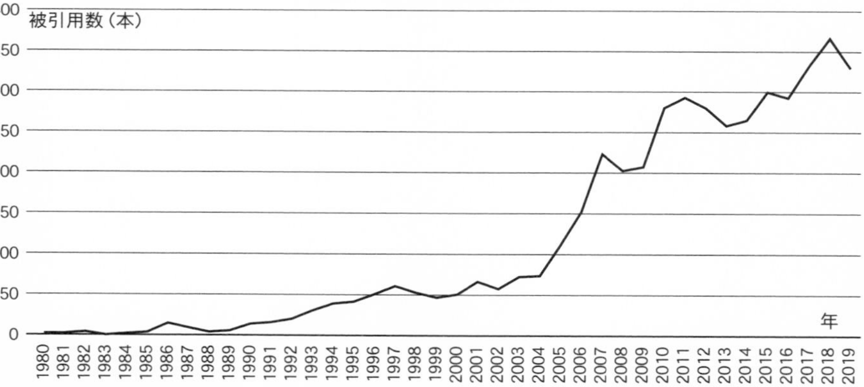

注：Hofstede による論文で最も引用件数の高い上位 5 論文の引用件数を調査した。対象論文は
　　Hofstede et al.(1990), Hofstede(1983), Hofstede(1980a), Hofstede and Bond(1988), Hofstede and
　　Bond(1984) である（被引用件数の多い順）。
出所：Web of Science より筆者作成（2020 年 2 月 18 日現在）。

1　国民文化への批判と進化

　国民文化の概念は関連分野に大きなインパクトをもたらしたが，当該研究に対する批判も多く存在している。批判のポイントは次の 3 点である。1 つ目としては，1980 年に発表された国民文化の概念は古いというものである。国民文化の概念が発表されてから年月を経て，現代でもどれほど説明力があるのかという点が議論の焦点となっている。2 つ目としては，検証に用いたサンプルの偏りである。国民文化の概念を検証したサンプルデータは，その多くが，男性であり，マーケティングとサービス業務従事者から抽出されていた（Smith and Bond（1998））。そして 3 つ目としては，国民文化の動態性についてである。Hofstede は国民文化を変化の発生しづらい概念としているが，時と共に文化が変化していることも否定はできない。

　批判の 1 つ目については，様々な追試データを基に国民文化の概念を進化させることで対応してきた。たとえば調査票に関しても当初は西洋人向けに作成されたものを利用しており，東洋人の回答が難しいものが多く含まれていた。Hofstede and Bond（1988）はこの問題を解消するために，東洋人向けに質問票を改定し検証を進めた。この質問票には，中国における儒教の考え方が含まれていることもあり Chinese Value Survey（CVS）と呼ばれている。CVS を用いて国民文化を改めて検証した結果，権力格差，個人主義－集団主義，そして競争－協調の存在が再確認された。しかし CVS ではそれだけでなく，当初の国民文化では説明ができない「儒教的ダイナミズム」という特性も発見された。なお儒教的ダイナミズムは東洋だけでなく，西洋における調査でも同様に確認された[1]。Hofstede（1991）は CVS の検証を踏まえて，儒教的ダイナミズムを「長期志向－短期志向」と命名し，国民文化に新しい特性が加わることになった。

1－1　長期志向－短期志向
長期志向においても短期志向においてもいずれも儒教的な考え方が反映され

ているが，その特徴を分解したものがこの文化特性である。長期志向は，「将来の報酬を得るために必要な活動」を重要視する価値観を持つ社会であり，そのために忍耐や倹約も厭わない傾向が特徴的である。他国から積極的に学ぼう

図表 13-2　長期志向－短期志向 Index 値

Rank	国または地域	Index	Rank	国または地域	Index	Rank	国または地域	Index
1	韓国	100	28-32	アゼルバイジャン	61	63	チリ	31
2	台湾	93	33	オーストリア	60	64	ザンビア*	30
3	日本	88	34-35	クロアチア	58	65-66	ポルトガル	28
4	中国	87	34-35	ハンガリー	58	65-66	アイスランド	28
5	ウクライナ	86	36	ベトナム	57	67-68	ブルキナファソ*	27
6	ドイツ	83	37	スウェーデン	53	67-68	フィリピン	27
7-9	エストニア	82	38-39	セルビア	52	69-71	ウルグアイ	26
7-9	ベルギー	82	38-39	ルーマニア	52	69-71	アルジェリア	26
7-9	リトアニア	82	40-41	イギリス	51	69-71	アメリカ合衆国	26
10-11	ロシア	81	40-41	インド	51	72-73	ペルー	25
10-11	ベラルーシ	81	42	パキスタン	50	72-73	イラク	25
12	西ドイツ	78	43	スロベニア	49	74-76	アイルランド	24
13	スロバキア	77	44	スペイン	48	74-76	メキシコ	24
14	モンテネグロ	75	45-46	バングラデシュ	47	74-76	ウガンダ	24
15	スイス	74	45-46	マルタ共和国	47	77	オーストラリア	21
16	シンガポール	72	47	トルコ	46	78-80	アルゼンチン	20
17	モルドバ共和国	71	48	ギリシャ	45	78-80	マリ*	20
18-19	チェコ共和国	70	49	ブラジル	44	78-80	エルサルバドル	20
18-19	ボスニア	70	50	マレーシア*	41	81	ルワンダ*	18
20-21	ブルガリア	69	51-54	フィンランド	38	82-83	ヨルダン	16
20-21	ラトビア	69	51-54	ジョージア	38	82-83	ベネズエラ	16
22	オランダ	67	51-54	ポーランド	38	84	ジンバブエ	15
23	キルギス	66	51-54	イスラエル	38	85-86	モロッコ	14
24	ルクセンブルグ	64	55-56	カナダ	36	85-86	イラン	14
25	フランス	63	55-56	サウジアラビア	36	87-90	コロンビア	13
26-27	インドネシア	62	57-58	デンマーク	35	87-90	ドミニカ共和国	13
26-27	マケドニア	62	57-58	ノルウェー	35	87-90	ナイジェリア	13
28-32	アルバニア	61	59-60	タンザニア	34	87-90	トリニダード・トバゴ*	13
28-32	イタリア	61	59-60	南アフリカ	34	91	エジプト	7
28-32	アルメニア	61	61	ニュージーランド	33	92	ガーナ*	4
28-32	香港*	61	62	タイ*	32	93	プエルトリコ	0

注1：Index 平均＝46.27，標準偏差＝24.02。長期志向順。
注2：Index は World Values Survey の 1995-2004 データを基に更新されている。なお「*」の付いている箇所に関しては 2005-2008 のデータも用いられている。
出所：Hofstede et al.(2010)，邦訳，236-237 頁を基に筆者作成。

とする傾向があり，経済成長の度合いも相対的に高い傾向にあるとされている。また資源を節約し，貯蓄に励むことも特徴点として挙げられている[2]。一方で短期志向は「過去や現在に関係した活動」を重要視する価値観を持つ社会であり，過去や現在を志向するために伝統や自身の面子の維持，そして人との付き合いといった活動に積極的であるという特徴を持つ。短期志向の強い社会においては，愛国心が強く，経済成長も遅いとされている[3]。図表 13-2 に長期志向－短期志向の Index 値を示した。

　長期志向は韓国，台湾，日本，中国，ウクライナの順で強く，短期志向はプエルトリコ，ガーナ，エジプト，トリニダード・トバゴ，ナイジェリアの順で強い。地域別では，アジアの一部の国と，中央ヨーロッパ圏において長期志向の傾向がある。短期志向に関しては，中央・南アメリカ，ムスリム圏やアフリカ諸国で強い傾向がある。

1－2　放縦－抑制

　アメリカの Inglehart, R. が世界の社会学者に呼びかけ，1981 年以降，全世界における人々の価値観に関する巨大なデータベースを構築している。このデータベースが World Values Survey（WVS）である。WVS はこれまでに世界人口の 90％をカバーすることができる 100 の国や地域において，延べ 40 万人以上を対象に調査を実施している[4]。調査項目も環境問題や経済，感情に関するもの，家族や性別に対する関心度合い，幸福感や健康，余暇の過ごし方，モラルや宗教感，政治への関心や仕事に対する取り組み方等をはじめとした膨大な内容を調査しており，調査結果は Web で公開されている[5]。WVS の最大の特徴は，人々の持つ価値観を動態的に捉えようとしている点である。1981〜1984 年に第 1 回目の調査が実施されてから，1990〜1994 年に第 2 回目，1995〜1998 年に第 3 回目，1999〜2004 年に第 4 回目，2005〜2009 年に第 5 回目，2010〜2014 年に第 6 回目，そして 2017〜2020 年に第 7 回目の調査が実施されている。

　Minkov and Hofstede（2011）は WVS の調査結果を用いて国民文化の再検証を試みた。その結果，個人主義－集団主義ならびに，長期志向－短期志向の文化特性が再確認された。しかし CVS の際と同様，これまでの国民文化概念で

は捉えきれない特性を発見した。それは放縦－抑制である。

　放縦とは，人間の本来備えている自然な欲求に対して開放的な傾向を持つ社会である。いかに人生を楽しいものにするか，良い時間を過ごすためにどのように取り組むかを最重要視する点が特徴的である。放縦の傾向が強い場合，幸福感が高く，余暇を大切にし，楽観主義者が多いとされている。更に外国に対

図表 13-3　放縦－抑制 Index 値

Rank	国または地域	Index	Rank	国または地域	Index	Rank	国または地域	Index
1	ベネズエラ	100	32	ドミニカ共和国	54	63-64	アルジェリア	32
2	メキシコ	97	33	ウルグアイ	53	63-64	ジョージア	32
3	プエルトリコ	90	34-35	ウガンダ	52	65	ハンガリー	31
4	エルサルバドル	89	34-35	サウジアラビア	52	66	イタリア	30
5	ナイジェリア	84	36	ギリシャ	50	67-69	韓国	29
6	コロンビア	83	37-38	台湾	49	67-69	チェコ共和国	29
7	トリニダード・トバゴ	80	37-38	トルコ	49	67-69	ポーランド	29
8	スウェーデン	78	39-40	フランス	48	70-72	スロバキア	28
9	ニュージーランド	75	39-40	スロベニア	48	70-72	セルビア	28
10	ガーナ	72	41-43	ペルー	46	70-72	ジンバブエ	28
11	オーストラリア	71	41-43	エチオピア	46	73	インド	26
12-13	キプロス	70	41-43	シンガポール	46	74	モロッコ	25
12-13	デンマーク	70	44	タイ	45	75	中国	24
14	イギリス	69	45-46	ボスニア	44	76	アゼルバイジャン	22
15-17	カナダ	68	45-46	スペイン	44	77-80	ロシア	20
15-17	オランダ	68	47-48	ヨルダン	43	77-80	モンテネグロ	20
15-17	アメリカ合衆国	68	47-48	マリ共和国	43	77-80	ルーマニア	20
18	アイスランド	67	49-51	ザンビア	42	77-80	バングラデシュ	20
19-20	スイス	66	49-51	フィリピン	42	81	モルドバ共和国	19
19-20	マルタ共和国	66	49-51	日本	42	82	ブルキナファソ	18
21-22	アンドラ	65	52-53	ドイツ	40	83-84	香港	17
21-22	アイルランド	65	52-53	イラン	40	83-84	イラク	17
23-24	南アフリカ	63	54	キルギス	39	85-87	エストニア	16
23-24	オーストリア	63	55-56	タンザニア	38	85-87	ブルガリア	16
25	アルゼンチン	62	55-56	インドネシア	38	85-87	リトアニア	16
26	ブラジル	59	57	ルワンダ	37	88-89	ベラルーシ	15
27-29	フィンランド	57	58-59	ベトナム	35	88-89	アルバニア	15
27-29	マレーシア	57	58-59	マケドニア	35	90	ウクライナ	14
27-29	ベルギー	57	60	西ドイツ	34	91	ラトビア	13
30	ルクセンブルグ	56	61-62	ポルトガル	33	92	エジプト	4
31	ノルウェー	55	61-62	クロアチア	33	93	パキスタン	0

注：Index 平均＝44.98，標準偏差＝22.11。放縦順。
出所：Hofstede et al.(2010)，邦訳，264-265 頁を基に筆者作成。

しても寛容的で，外国人とインターネットでコミュニケーションを取ろうとしたり，海外の芸術作品を積極的に受け入れたりする傾向があるとされている[6]。一方で抑制とは，様々な欲求を自ら律することを優先する社会である。ルールや社会的規範の順守を重要視し，欲求を必要最低限にまで抑制する必要があると信じている点が特徴的である。倹約であることを重要視し，ルールや規制を積極的に導入し，10 万人あたりの警察官の数も多いのが特徴的である。魚の消費量が多く，ソフトドリンクやビールの消費量は相対的に少ない傾向にあるとされている[7]。図表 13-3 に放縦－抑制の Index 値を示した。

　放縦の傾向は，ベネズエラ，メキシコ，プエルトリコ，エルサルバドル，ナイジェリアの順に強く，抑制の傾向はパキスタン，エジプト，ラトビア，ウクライナ，アルバニアの順に強い。地域別にみてみると，中央・南アメリカ，北ヨーロッパ圏，アングロ系の国々では放縦の傾向が強く，中央ヨーロッパ圏においては抑制の傾向が強い。

　国民文化の内容は最終的に権力格差，個人主義－集団主義，競争－協調，不確実性回避，長期志向－短期志向，放縦－抑制の 6 つとなっている。1980 年に発表された Hofstede の国民文化概念は古く，現代的にどれほど説明力があるのかという批判が存在していた。それに対して国民文化概念は，CVS やWVS の研究結果を踏まえて Index 値の更新や，長期志向－短期志向，放縦－抑制といった新たな文化特性を採用しながら進化してきたのである。それでは2 つ目の批判である「検証に用いたサンプルの偏り」についてはどうであろうか。

2　Trompenaars and Hampden-Turner の文化分類と GLOBE

　図表 13-4 は 1980 年以降に実施された Hofstede 研究の追試一覧である。図表 13-4 の通り，国民文化は異なるサンプルにおいても同様に検証され，その存在が確認されてきた。その他にも Trompenaars and Hampden-Turner（1997）の文化分類や GLOBE 調査においても Hofstede 研究との関係性が検証されている。1980 年以降に提唱されてきた文化概念において，実務家に着目

図表 13-4　1980 年以降に行われた Hofstede 研究の追調査

著者	公表年	サンプル	対象国数	追調査が行われた次元			
				権力格差	個人主義-集団主義	競争-協調	不確実性回避
Hoppe	1990	エリート	18	○	○	○	○
Shane	1995	社員	28	○	○		○
Merritt	1998	パイロット	19	○	○	○	○
De Mooji	2001	消費者	15		○	○	○
Mouritzen	2002	市町村長	14	○		○	○
Van Nimwegen	2002	銀行員	19	○	○	○	

出所：Hofstede et al.(2010)，邦訳，32 頁。

されてきたのが Trompenaars and Hampden-Turner(1997) による文化概念である。彼は 1960 年代までに提唱されていた社会学における人々の価値観に関する概念整理を踏まえ，1980 年代後半から 1990 年代前半の間に，50 カ国の約 3 万人を対象に世界における人々の価値観分布を調査した[8]。Smith and Dugan (1996) は Trompenaars and Hampden-Turner(1997) による文化研究を再検証し，その中から個人主義－集団主義の文化特性と類似する要素を確認している。

　国民文化の大規模な再検証を実施したのが House et al.(2004) による GLOBE（Global Leadership and Organizational Behavior Effectiveness）調査である。彼らは組織とリーダーシップの関係性を明らかにする過程で，国民文化がどのような影響をもたらしているのかについて研究していた。1994～1997 年において世界 62 カ国，951 団体，約 1 万 7000 人を対象に国民文化とリーダーシップの関係性について検証を実施した[9]。その結果，競争－協調ならびに，当時未だ発表されていなかった放縦－抑制の 2 指標を除いた全ての国民文化が再確認されている。

3　Schwartz Value Survey（SVS）

Schwartz(1999) は 1988～1993 年にかけて世界 49 カ国を対象に 6 年間で約

3 万 5000 人に対する調査を行い，個人レベルの価値観を 10 導出した。その後，彼は更に個人レベルの 10 の価値観を 7 つの文化レベルに集約している。それらは知的自律，感情的自律，保守主義，平和主義的コミットメント，階層性，調和，支配の 7 つである。図表 13-5 に各国の位置づけを示した。

図表 13-5　Schwartz Value Survey による各国の文化ポジション

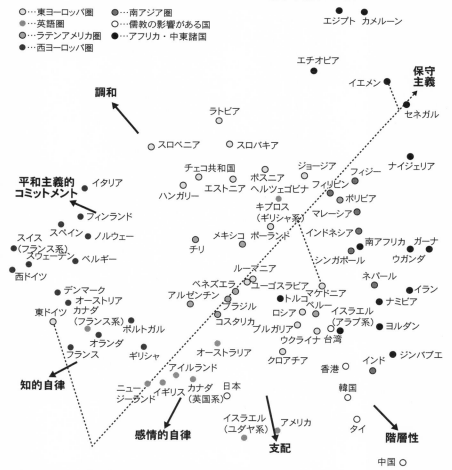

出所：Schwartz（2006），p. 156，邦訳の図表は古川（2020），61 頁。

　知的自律の文化においては，人々は好奇心や創造性を重要視する価値観を持つ傾向にある。感情的自律の文化においては，喜びのある人生を送ることを全てにおいて最優先する価値観を持つとされている。そして保守主義の文化では，規範的な面を意識する人々が多く，周囲から外れないように行動する価値観が強いとされている。平和主義的コミットメントの文化においては，他者との共存・共栄を大切にする価値観が強く，配慮や平等，正義，誠実さ等を重要視する傾向にある。階層性の文化では，人々が上下関係を強く意識した行動を取る傾向があるとされており，権力や階層の与える影響が強い傾向にある。そして調和の文化では，与えられた環境を全て受け入れようとする価値観を持つ人々が多いとされている。調和の文化においては，相手や環境を理解することを最優先して行動する傾向がある。最後に支配の文化では，現状を変えるために様々な物事を支配しようとする傾向があるとされている。ここでは野心的，競争等といった点を重要視することが特徴的であるとされている[10]。

　Smith and Bond（1998）は Hofstede による国民文化と SVS による文化特性との関係性を検証し，SVS の全ての項目において Hofstede による概念と関係性があることを確認している。SVS と国民文化との関係性を示したものが図表 13-6 である。SVS の結果は，長期志向－短期志向，ならびに放縦－抑制以外の要素について関連性が確認されている。

　国民文化の概念は当初，検証の対象が企業内で働く人々であったため，組織

図表 13-6　SVS と国民文化の関係性

SVS	国民文化
保守主義 感情的自律	集団主義 個人主義
知的自律	不確実性回避（低）
階層性 平和主義的コミットメント	権力格差（大） 権力格差（小）
支配 調和	競争 協調

出所：Smith and Bond（1998），p. 66.

研究に多く応用されてきた。しかしその後，様々な被験者を対象にした追試が実施されてきており，国民文化の各特性が再確認されている。そのため近年では，組織だけでなく消費者の価値観に関する分析にも国民文化の概念が用いられるようになってきている（e.g. Mooij (1998), Mooij (2004)）。実際に Lynn et al. (1993) は国民文化の概念が消費者行動にも同様に影響をもたらすことを検証している。それを踏まえて Roth (1995a) や古川 (2016) では，企業のイメージ戦略と各国市場におけるマーケットシェアの関係を国民文化がどう調整するのかについて検証を実施する等，国民文化は様々な領域において用いられている。

4　国民文化の動態性

　ここまで Hofstede による国民文化に対する 2 つの批判について整理してきた。本節では更に 3 つ目の批判である「国民文化の動態性」について検討を試みる。

　玉ねぎモデルにおいて，国民文化は静態的であり時間に伴う変動がほとんど無いとされてきた。一方で Inglehart and Baker (2000) が主張しているように，価値観に関係する文化であっても動態的であるとする見方もある。Hofstede et al. (2010) は文化の動態性に対して，国民文化も完全に静態的であるという訳ではないと述べている。ただし Hofstede et al. (2010) は，国民文化の変化は全ての国々で同時に発生して（同じ方向へ動いて）いるものであり，各国・各地域の相対的な位置は変化していないと述べている[11]。そこで本章では実際にWVS のデータを用いながら各国における Hofstede の国民文化 Index 値を推定し，国民文化の変動について検証する。

　本章では WVS のデータベースからサンプルを取集し，そのデータを用いて国民文化における各指標の変動を観測することにした。国民文化の最新 Index値は Hofstede et al. (2010) によって提示されているものである。それに時期が最も近い WVS の調査期間は第 5 回目（Wave 5：2005〜2009 年までの調査）である。そのため本章においては第 5 回目の調査を基準データとしてサンプリ

ングすることにした。また今回は国民文化の動態性を観測するため，2010〜2014年に調査された第6回目のデータも併せてサンプリングした。収集したサンプルは170,249となった（Wave 5：83,975，Wave 6：86,274）。なお国民文化は国レベルのIndex値である一方で，WVSは個人のサンプルデータである。そこで本章ではWVSの全質問項目に対し国レベルでの平均値を算出して分析単位を揃えた。

5　WVSによる国民文化Index値の推定

　国民文化Index値と関係性の深いWVSデータを抽出するため，国民文化Index値とWVSの345にわたる全質問項目とにおいて相関係数（Pearson）を算出した。相関係数の絶対値が0.4を超えている項目に絞り込み，絶対値の降順に並べ替え国民文化の各特性と質問内容の整合性を確認した。その結果，国民文化Index値と強く関連性があり，内容も整合しているWVSの質問項目を抽出した。それらは権力格差：3項目，個人主義－集団主義：4項目，競争－協調：1項目，不確実性回避：6項目，長期志向－短期志向：1項目，放縦－抑制：1項目である。各質問項目の詳細は図表13-7の通りである。権力格差に関しては政治的な項目に関する質問項目が，個人主義－集団主義においては信頼に関係する質問項目が，競争－協調については社会意識に関する質問項目を抽出した。また不確実性回避については信用に関する質問項目を，長期志向－短期志向については国家へのアイデンティティに関する質問項目を，そして放縦－抑制については幸福感に関する質問項目を抽出することとなった。抽出した全ての質問項目は，国民文化の各特性の内容を良く表したものであり，国民文化特性を推定するために有用であると考えられる。なお複数の質問項目を抱える権力格差，個人主義－集団主義，不確実性回避の3項目については質問項目間のデータを集約するために主成分得点を算出した。権力格差，個人主義－集団主義，不確実性回避のいずれの項目に関しても，主成分負荷量は0.8を超えており，説明可能な分散の合計を示す累積％も75％を超えていることを確認した。またα係数，ω係数については全項目が0.8を超えており合成変

図表 13-7　国民文化 Index 値推定のための WVS 質問項目

		各国民文化特性との相関係数	主成分負荷	説明可能な分散の合計（%）	α係数	ω係数
権力格差	陳述書にサインをしたことがある	-.666**	.942			
	ボイコットに参加したことがある	-.628**	.899	78.842	.830	.912
	軍機的なルールが必要だ〈逆転項目〉	-.633**	.818			
	主成分スコア（WVS による権力格差推定値）	-.720**	—			
個人主義－集団主義	個人的に知っている人を信頼する	.665**	.942			
	初めて会った人を信頼する	.693**	.936			
	他の宗教の人を信頼する	.703**	.921	84.561	.935	.958
	外国籍の人を信頼する	.737**	.878			
	主成分スコア（WVS による個人主義－集団主義推定値）	.734**	—			
競争－協調	ミレニアム開発目標について聞いたことがある	-.420*	—	—	—	—
不確実性回避	労働組合を信用する	-.656**	.969			
	警察官を信用する	-.636**	.930			
	国会を信用する	-.669**	.918			
	官公庁を信用する	-.703**	.914	82.819	.955	.966
	政府を信用する	-.528**	.905			
	政党を信用する	-.666**	.817			
	主成分スコア（WVS による不確実性回避推定値）	-.696**	—			
長期志向－短期志向	自分の国家に誇りがある	-.822**	—	—	—	—
放縦－抑制	幸せを感じる	.809**	—	—	—	—

** $p < .01$, * $p < .05$, + $p < .10$
出所：筆者作成。

数の信頼性・妥当性も確認した（McDonald (1978), Hogan, et al. (2000), Hair, et al. (2014)）。競争－協調の代替指標とした質問項目については他の変数と比べて相関の絶対値が小さかったが，WVS の他の質問項目において論理的妥当性を満たす質問項目が存在しなかったことや，絶対値で 0.4 を超える相関係数が確認できたことから今回は本質問項目を競争－協調の推定指標とすることにした。

6　WVS を用いた国民文化の動態性推定

　上述の通り Hofstede et al.(2010) は国民文化の変化を認めているが，各国の
順位については変動が無いと主張している。そこで本分析では WVS のデータ
から各国・各地域の Index 推定値を算出し，それを Wave 5 ならびに Wave 6
において順位値に変換した。Wave 5 と Wave 6 における国民文化の順位変動
を図表 13-8 に示した。図表 13-8 をみると権力格差の順位変動が大変大きいこ
とが分かる。標準偏差を確認してみても，権力格差の変動が大変大きいことが
明らかとなった（SD=18.995）。なお，その他の国民文化特性に関しては変動
の範囲が $SD_{low}=4.713$〜$SD_{high}=7.437$ であった。個人主義－集団主義，なら

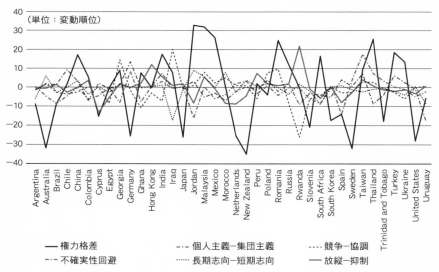

図表 13-8　Wave 5（2005〜2009 年）と Wave 6（2010〜2014 年）における国民文化変動

	権力格差	個人主義－集団主義	競争－協調	不確実性回避	長期志向－短期志向	放縦－抑制
標準偏差	18.955	5.431	7.437	6.252	4.713	6.099

出所：筆者作成。

びに長期志向－短期志向に関しては各国ともに順位変動は活発ではなかった。また競争－協調，不確実性回避，放縦－抑制に関しても大きな変動を確認したのは 3～5 カ国程度であった。権力格差の特性以外に関しては，全体を通して時を経た変動は確かに存在するものの，その割合は大きくないことが分かる。しかし権力格差の特性に関しては，時と共に大きく変動していることが示唆される。以上を踏まえると Hofstede et al.(2010) による主張は，本章による検証の範囲においては支持されなかったとするのが妥当であろう。

7　まとめ

　本章では Hofstede による国民文化概念に対する批判を大きく 3 つに集約し，その各内容を検討してきた。国民文化概念が古いという批判とサンプルに対する偏りといった 2 つの批判に対しては，これまで多くの研究者が追試を重ねながら，課題と限界について議論し，限界に達した部分に関しては概念を進化させてきた。また国民文化の動態性といった 3 つ目の批判に関しては，本章における検証の結果，国民文化であっても少なからず動態的な部分が存在していることが示唆された。国民文化概念への批判は上記の他にも概念の精緻さに言及したものや，国毎にスコアリングすることはステレオタイプ化しかねないといったもの等，様々なものが存在している（太田・佐藤(2013)，薄井(2019)）[12]。

　これらの批判は Hofstede による国民文化概念が無意味であることを示唆している訳ではなく，国民文化概念が文化研究の発展に大きく寄与してきたことを意味している。実際にマーケティングの文脈においても国内外で Hofstede の国民文化を用いた研究が 2007 年以降急増している。国民文化の動態性は否定できないものの，各特性を理解したうえでグローバル・マーケティングを展開することで，国や地域に跨る差異を検証することに役立てることができる。

　たとえば古川(2016) は，社会貢献を訴求するマーケティングが競争－協調のいずれの国民文化においてもマーケットシェアを高めることを明らかにしている。そのうえで，協調の社会においては顕著にマーケットシェアを高めることを明らかにした（図表 13-9）。仮に競争－協調の Index 値が今後も変動し続

けたとしても，国民文化に応じて受け入れられやすいマーケティング施策が明らかであれば国や地域における国民文化差異に対応することが可能である。また現在も文化スコアの値を更新し続けている SVS や Inglehart and Baker（2000）による文化概念もグローバル・マーケティングの検討において有用となるだろう。

　本書では，前章と本章において，グローバル・マーケティング領域における文化の概念を整理・検討してきた。組織内のマネジメントにおいても，組織外の消費者や顧客，パートナーへの対応においても価値観に関係する文化，儀礼に関する文化，ヒーローに関する文化，シンボルに関する文化は複雑に絡み合いながらも人々の行動に影響を与えている。

　ただし注意しておかなければならないのは，文化は必ずしも国境と一致する訳ではなく複数の国において共有される場合もあるという点である。物事に対する人々の態度や評価にはいくつかの傾向が存在しており，それが時には国という単位に留まらずに文化を形成しているのである。更に国や地域の異質性を

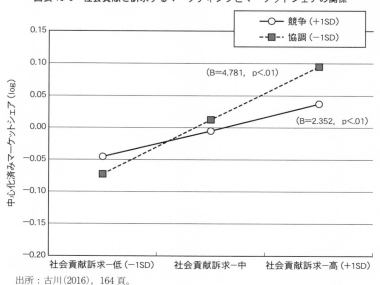

図表 13-9　社会貢献を訴求するマーケティングとマーケットシェアの関係

出所：古川(2016)，164 頁。

文化のみで説明することは不可能であることにも留意しておかなければならない。CAGE モデルにおいて示した通り，文化は CAGE の一要素でしかない。

[注]
1　Hofstede(1991)，邦訳，176 頁。
2　Hofstede(1991)，邦訳，177-184 頁，Hofstede et al.(2010), pp. 239-275.
3　Hofstede(1991)，邦訳，177-184 頁，Hofstede et al.(2010), pp. 239-275.
4　詳細は World Values Survey, http://www.worldvaluessurvey.org/を参照。
5　Inglehart and Baker(2000) は，WVS の結果を用いて，伝統的権威，世俗的・合理的権威，生存，幸福といった 4 つの文化特性を確認している。また彼らによる文化研究の興味深い点は，Hofstede の国民文化と概念とは異なり，人々の文化（価値観）は変化するという前提に立っていることである。
6　Hofstede et al.(2010), pp. 281-286.
7　Hofstede et al.(2010), pp. 281-286.
8　Trompenaars and Hampden-Turner(1997)，邦訳，50-271 頁。ここでは「普遍主義－個別主義」，「個人主義－共同体主義」，「関与特定的－関与拡散的」，「感情中立的－感情表出的」，「達成型地位－属性型地位」，「内部志向－外部志向」，「時間志向性」の文化特性が確認されている。
9　House et al.(2004) は「権力格差」，「不確実性回避」，「制度的な集団主義」，「排他的な集団主義」，「自己主張的」，「性別平等主義」，「将来志向」，「人間性志向」，「成果志向」の文化特性に関して再検証を実施している。
10　Schwartz(2006), pp. 140-141.
11　Hofstede et al.(2010), pp. 38-39.
12　太田・佐藤(2013) は Hofstede 研究に対する議論をまとめており，本稿で取り上げたもの以外にも，①国内における各地域レベルでの文化を考慮していない点について，②示されている文化特性が，そもそも各国によって捉えられ方が異なる点について，③文化特性の内容重複について，④リサーチデザインの甘さについて，⑤定性的調査が不十分な点についての 5 点を提示している。

環境適合と
グローバル・マーケティングへの反映

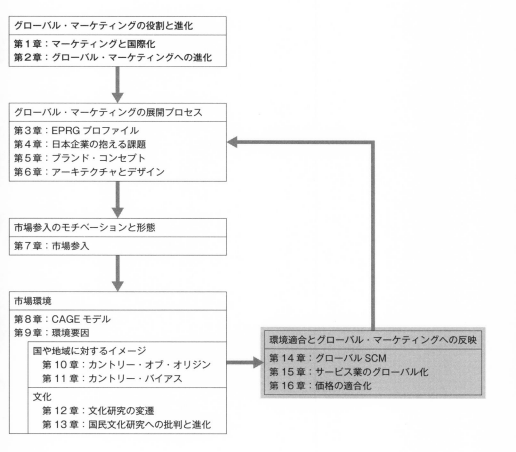

グローバル・マーケティングの役割と進化

第1章：マーケティングと国際化
第2章：グローバル・マーケティングへの進化

グローバル・マーケティングの展開プロセス

第3章：EPRG プロファイル
第4章：日本企業の抱える課題
第5章：ブランド・コンセプト
第6章：アーキテクチャとデザイン

市場参入のモチベーションと形態

第7章：市場参入

市場環境

第8章：CAGE モデル
第9章：環境要因

    国や地域に対するイメージ
      第10章：カントリー・オブ・オリジン
      第11章：カントリー・バイアス
    文化
      第12章：文化研究の変遷
      第13章：国民文化研究への批判と進化

環境適合とグローバル・マーケティングへの反映

第14章：グローバル SCM
第15章：サービス業のグローバル化
第16章：価格の適合化

第 14 章

グローバル SCM

　本書ではグローバル・マーケティングにおける環境要因として，ここまでに文化を取り扱ってきた。CAGE モデルで示した通り，文化は環境要因を代表する一要素である。環境要因によってグローバル・マーケティングには変化が求められる。本章では環境要因への対応といった観点も踏まえ，グローバル・サプライチェーン・マネジメント（グローバル SCM）について検討する。

　本書の冒頭でも触れた通り，様々な技術の発達に従って近年までに流通に関する諸コストが低下してきた。結果として，地理的な距離は未だに大きな隔たりではあるものの相対的にその隔たりは少しずつ解消されようとしている。ただし地理的な隔たりが減少傾向にあったとしても，制度的な隔たりが大きければ複数国・地域を跨ぐ活動は活発となり難い。たとえば国境を跨ぐ活動において考慮しておく必要があるものとして移転価格税制がある。移転価格とは親会社から子会社，または取引先との間で製品を取り引きする際に設定される価格を意味する。国境を超える際，同じ企業内の親会社・子会社間であっても取り引きされる製品の価格に応じて課税が行われる。製品の開発，生産，製造，販売までの流れをサプライチェーンと呼ぶが，様々な制度的側面によりサプライチェーンが阻害されてしまうこともありうる。

　地域貿易協定により，特定の国や地域間での貿易が活発になったことは先述の通りである。自由貿易，そして地域貿易協定が成立するに従い，製造業にとっては製品の開発，生産，製造，販売までを一地点ではなく，複数の国や地域を跨ぎながら実施する形も活発になる。本章ではグローバル SCM の基本的な考え方とその発展について環境要因との関係性も踏まえながら整理・検討する。グローバル SCM を理解するためには，まずニーズの多様化といった背景

や，延期－投機の概念把握が必要となる。

1　ニーズの多様化

　上位 20% が全体の 80% の結果をもたらすというパレートの法則はこれまで様々な箇所に応用されてきた。その一つとして，20% の優良消費者，顧客，パートナーによる購買行動が売上額の 80% を占めているという論理がある。完全にこの値に近似するものばかりでは無いが，ロイヤルティーの高い一部のリピーターはそうでない消費者，顧客，パートナーよりも売上の多くを占めるという論理は理解しやすい。企業は，継続的な売上・利益を維持するために上位 20% の消費者，顧客，パートナーに焦点を当てた施策を実施するが，この20% を攻略するのも容易ではない。その背景にはニーズの多様化がある。
　経済の発展に伴い製品が大量に生産・製造されるようになると，結果として大量消費の傾向が発生する。世の中がモノで溢れると，必要最低限のモノが一通り揃った状態である成熟消費社会に突入する。成熟消費社会では次第に消費者，顧客，パートナーがそれぞれにとっての自己実現を模索するため，消費の対象が様々な財に拡がることになる[1]。そこで企業はニーズの多様化に対応するためにマス・カスタマイゼーションを実施する。マス・カスタマイゼーションにおいては製品を構成するユニットを規格化し大量に生産することで規模の経済を享受する。その一方で受注内容に従いそれらを組み合わせることで消費者，顧客，パートナーへのニーズ充足を両立する考え方である（Da Silveira et al.(2001)，臼井(2006)）。マス・カスタマイゼーションはある程度まで消費者，顧客，パートナーのニーズに対応することが可能となるが完全受注までには至らないため，詳細なニーズにまでは対応することができない。また最終製品への組み立ては受注が入るまで実施できない等といった点が短所である。なお近年では受注に応じて一つ一つ異なる製品を生産・製造する工作機械も存在しており，One to One マーケティングと呼ばれる完全受注制のマーケティングも展開されている。しかしいずれにせよ受注が入らなければ生産・製造を始められない点は同じである。

　規模の経済を働かせるためにはできる限り同種のユニットを大量に生産・製造できるかが焦点となるが，そのためには時間が必要となる。特にグローバルSCM においては天然資源等の原材料が豊富な場所，労働集約的な生産・製造に最適な場所といったように複数地点を経由することでコストの最適化を模索するが，国や地域を跨いで生産・製造を実施するには時間を要する。また成熟消費社会においては，消費者，顧客，パートナーがそれぞれ細かいニーズを抱えているために，一人一人に応じたターゲティングも必要になる。ただし，消費者，顧客，パートナーのニーズに細かく対応し過ぎると，コストが増大してしまうというジレンマも発生するのである。

2　延期－投機

　このジレンマは古くより延期－投機といった概念によって議論されてきた。延期－投機概念は消費者，顧客，パートナーによる購買意思決定にできるだけ近い時点まで延期して製品を生産・製造すること（延期）と，製品の生産・製造をサプライチェーンのできるだけ川上の段階で投機的に実施してしまおう（投機）とする両者の対立を整理したものである。Alderson（1957）はサプライチェーンの効率化を検討する中で，在庫の位置や製品差別化を決定づけるための最終製造における延期の有効性を提案している。彼は消費者，顧客，パートナーの購買時点から逆算した時間的な点と，原材料や半加工品，仕掛品といった空間的な点を可能な限り延期することがサプライチェーンの効率化に重要で

図表 14-1　延期と投機

出所：筆者作成。

あるとしている。延期を実施することで，不確実性に伴うコストやリスクを抑えることができる点が利点である（図表 14-1）。

Bucklin(1965)は Alderson(1957)の延期概念を踏まえ，流通における総合コストの問題から投機の考え方の重要性にも触れ，延期－投機概念を提唱した。Bucklin(1965)は投機を「延期と反対の原理であり，形態確定や在庫位置決定をマーケティングのできるだけ早い段階で行うこと。そして輸送コストを削減することができ，生産段階で規模の経済獲得が可能である原理」[2] としている。

延期－投機の考え方はグローバル SCM 構築の基礎となる概念である。特に近年では消費者，顧客，パートナーの詳細かつ多様なニーズに対応するために最大限に延期できる部分を模索する傾向にある。企業はできるだけ消費者，顧客，パートナーの満足度を高めたり，売れ残りのリスクを減らそうとしたりするが，一方で生産・製造コストもできるだけ低く抑えたいというジレンマを抱える。高嶋(1989)は消費の多様化によって需要の不確実性が発生したり，情報や生産・製造技術が発達したりすることにより延期の模索できる部分が増大していると述べている。そのうえで，サプライチェーンにおいては全体的に延期化現象が発生していると指摘している。図表 14-2 ならびに図表 14-3 は延期と投機について製品形態決定と在庫位置決定の側面からまとめられたものであ

図表 14-2　製品形態決定における延期と投機

		領域	
		延期	投機
次元	時間	受注生産	見込み生産
	空間	分散生産	集中生産

出所：矢作(1992)，80 頁より一部筆者修正。

図表 14-3　在庫位置決定における延期と投機

		領域	
		延期	投機
次元	時間	短リードタイム	長リードタイム
	空間	小ロット	大ロット

出所：矢作(1992)，81 頁より一部筆者修正。

る。矢作（1992）は延期と投機について Alderson（1957）によって言及されていた時間的な点と空間的な点に分けて整理している。

　製品形態決定（図表 14-2）における時間の点に関しては，延期的な受注生産と，投機的な見込み生産という関係になっている。また製品形態決定における空間の点については，延期的な分散生産，そして投機的な集中生産という関係となり，集中生産においては規模の経済獲得に焦点が当てられる。在庫位置決定（図表 14-3）における時間の点に関しては，延期的な短リードタイム，そしてより投機的な長リードタイム，空間に関しては延期的な小ロット，投機的な大ロットという関係がある。

　延期－投機の考え方は当初製造業を前提とした議論であったが，その後小売業においても同概念が考察されている[3]。流通革命以降，小売業であっても販売だけでなく企画，生産，製造まで実施する場合が出てきた[4]。また頻度が高く小ロットでの発注により延期化を図る小売店や，品揃えの観点からも研究が実施されている。

3　垂直統合と水平分業

　グローバル SCM を検討するためには，延期－投機の概念だけでなく，サプライチェーンを自社内で全て完結させるのか，それともサプライチェーンの諸段階を他社と協力しながら構築するのかといった体制についても考慮しなければならない。この体制の決定には取引コストの概念が関係している。取引コストについては既に第 7 章において触れているが，たとえば自社では実施できない内容（企画，生産，製造，販売等）を外部の企業に依頼する場合，まずは適切な取引先を探す費用（開設コスト）が生じることになる。また契約に至るまでに必要な費用（契約コスト）や，契約後もしっかりと契約内容が守られているか監視するための費用（監視コスト）が必要であった（Williamson（1975））。想定される取引コストと比べて，サプライチェーンの全ての機能を自社内に取り込み完結させた方が安価であれば，自社内に機能を取り込もうとするモチベーションが高まる。

図表 14-4　ZARA の垂直統合体制

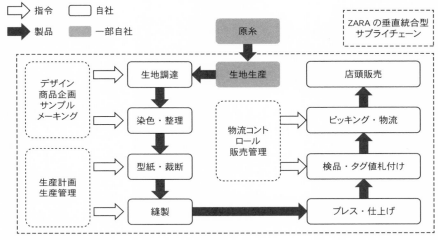

出所：張(2012), 11 頁。

　企画から生産，製造，流通，販売までの機能を一貫して自社内に取り込み内部化し，全てを徹底的に管理しようとする体制を垂直統合と呼ぶ。垂直統合体制の利点は取引コストの節約だけでなく，サプライチェーンの諸段階に対するコントロールを最大限に高めることができる点にある。垂直統合体制においては，サプライチェーンにおけるどの段階に，いつ，どれほどの仕掛品や在庫をストックしておき，どのようなタイミングで次の段階へ流通させるかといった点がコントロールしやすい。一方で，自社内にサプライチェーンの諸段階を取り込んだ場合，環境の抜本的な変化に対応することが難しくなる。環境が変化しても自社内の組織を切り捨てるのは容易ではない。

　垂直統合の代表例はアパレル産業である。人が衣類を着用する限り，衣類が販売できなくなるという大きな環境の変化は起きにくい。しかしアパレルというカテゴリー内においては急速に人々のニーズが変化し，求められるデザインや素材が変化していく点がこの産業の特徴である。この変化スピードに対応するために誕生したのがファストファッションである。図表 14-4 にスペイン発祥の世界的アパレルブランド ZARA の垂直統合体制図を示した。ZARA は生

地調達から染色，型紙，裁断，縫製，プレス・仕上げ，検品，タグ付け，ピッキング，物流，そして店舗販売に関係する多くの工程を自社で賄っている（張(2012)）[5]。このような垂直統合体制を構築することで，アパレルにおける急速な流行の変化に対応しているのである。アパレル産業における垂直統合体制はSPA と呼ばれる。SPA とは Specialty Store Retailer of Private Label Apparelの略であり，アメリカの大手アパレルブランドである GAP が 1987 年に発表した名称である（張(2012)）。製造と小売の能力を兼ね備えている SPA は，日本ではアパレル製造小売業とも呼ばれている。SPA においては延期の考え方が重要視されており QR（Quick Response）が志向されているという特徴がある（Cachon and Swinney(2011)）。SPA という垂直統合体制の成立背景には，市場の需要に即座に対応することを意味する QR の達成があるのである。市場の変化が激しい場合，単なる SCM ではなく無駄なく俊敏な動きができるSCM が求められる[6]。

　サプライチェーンの諸段階を自社で統合して管理しようとする体制が垂直統合であった。それに対しサプライチェーンの諸段階をアウトソーシングして複数の企業で協力しながら展開する体制を水平分業と呼ぶ[7]。たとえば企画と販売は自社で実施するが，生産・製造は A 社，パッケージングは B 社，物流はC 社といったように複数の主体が一つのサプライチェーンを構築するのが水平分業の特徴である。水平分業といった体制への移行には，ケイパビリティという概念が関係している。ケイパビリティとは組織の持つ能力を意味する。外部の企業と取引する費用が高くなったとしても，自社に企画や生産，製造，販売等を実施する能力が無く，取引先に優れた能力や資源を保有する企業があれば，その企業へサプライチェーンの一機能を委託するモチベーションとなる（Teece(2009)）。

　水平分業体制の利点は，環境の大きな変化であっても取引先の組み合わせを変えることによって柔軟に対応することが可能な点である。そしてサプライチェーンのコントロールが垂直統合体制に比べて弱くなる点が水平分業の短所である。工場を保有しないファブレス企業と呼ばれる形態は水平分業の一つの形である。ファブレス企業は生産や製造を行わない分，企画・開発に集中できることや，生産・製造コストの最も低い選択肢を選びやすいこともあり，垂直

統合と比較して効率的に売り上げを高めることができるとされている（e.g. Hung et al.(2017)）。展開する製品がインテグラル型でしか製造できないのか，もしくはモジュラー型でも製造できるのかといった点も垂直統合−水平分業の体制を決定づける要因となる。インテグラル型の製品開発を志向している場合，サプライチェーン間の強いコントロールが必要になるため垂直統合が志向されやすくなるだろう。またモジュラー型の製品開発を志向する場合は，モジュールの組み合わせを変化させながら差別化やコスト削減を検討してくことになるため水平分業が志向されることになるだろう。

　第6章においてモジュラー型の製品開発は，環境の大きな変化に対応しやすいと述べた。上述の通り，垂直統合型においても環境への対応能力はあるものの，制度的な変化や政治的リスク，産業構造の変化等といったマクロ環境の変化については水平分業の方が対応能力は高い。ただし水平分業においては，自社のノウハウが他者に流出しやすいという懸念が存在している。製品開発やブランディング等のノウハウ・知識が水平分業先に流出することで，それまでは仲間として協力していた企業が明日には巨大なライバルとして存在していることもある。小林(2005)はこの現象をトロイの木馬問題と呼んでおり，組織の間にノウハウや知識，そして吸収力の差が存在すると取引リスクが生じるとしている[8]。

4　アウトソーシング

　水平分業は，サプライチェーンの諸段階に関してアウトソーシングを実施する形態であった。アウトソーシングの中でも，特に生産や製造に関して外部の企業と契約・協力しながら展開を図ることを契約生産と呼ぶ。契約生産にはOEM, EMS, ODM といった形態が存在している。OEM とは Original Equipment Manufacturing の略であり，依頼元のブランドを利用しながら製品の生産，製造のみ請け負う形態である。OEM は生産，製造に特化しているが，そこに設計まで加わった場合 ODM（Original Design Manufacturing）となる。ODM においては，生産，製造だけでなく設計まで実施することになるため請

負先には OEM よりも高いケイパビリティが必要になる。OEM は水平分業体制の一環として採用される形態であるが，電子機器に特化した OEM を EMS（Electronics Manufacturing Service）と呼ぶ。一般的に各種ブランドがどこの国や地域で OEM または ODM, EMS を実施しているかについては公開されることも少なく，消費者や顧客，パートナーには情報がクローズドになっている場合がほとんどである。ただしカントリー・オブ・オリジンについては明らかとなるため，どの国や地域において契約生産を実施するかはコストの低減や提携のし易さといった点だけでなく，消費者，顧客，パートナーにとってのブランド・イメージにも影響を与える。

　アウトソーシングにおいては生産，製造だけでなく，販売までを他社に依頼する場合もある。ライセンシングやフランチャイジングについては販売を他社に委託する形態である。ライセンシングやフランチャイジングといった形態においては親会社による海外での生産が基本的に必要ないため，国際的に素早く認知度を高められる点においては有用である。ただし販売は消費者，顧客，パートナーと直接触れ合う接点であるが故に，イメージ管理において困難が生じる場合がある。ライセンシングにおけるブランド毀損はその一例である。ライセンシングによるブランド毀損とは，有名ブランドがライセンス提供を実施したものの，最終的に当該ブランドの方針に沿わない様々な商品が市場に出回ってしまいブランドの価値を薄めてしまう現象を意味する。たとえば世界的に認知度の高いアパレルブランド Calvin Klein は，1997〜1999 年にかけてライセンシング展開を活発化させた結果，同ブランドのロゴを付けた格安ジーンズや下着等の製品が市場に出回ってしまいブランド価値を毀損してしまった（Robinson et al.(2015)）。丸谷(2015) はサンリオのライセンス管理を調査・分析し，グローバルにおけるライセンス管理の難しさを示唆している。サンリオは H&M やネスレ等といった多国籍企業にライセンスを提供し世界的知名度を向上させている一方で，中国市場においては著作権侵害等の管理が追い付かずサンリオブランドを毀損しかねない状況にあった（丸谷(2015)）。そこでライセンスが適切に運用されているかを管理するマスター・ライセンサーを設置し，そこに中国におけるライセンス管理を依頼しているという（図表 14-5）。ライセンシングやフランチャイジングは海外展開のハードルが相対的に低い一

図表 14-5　サンリオのライセンシングによる世界展開

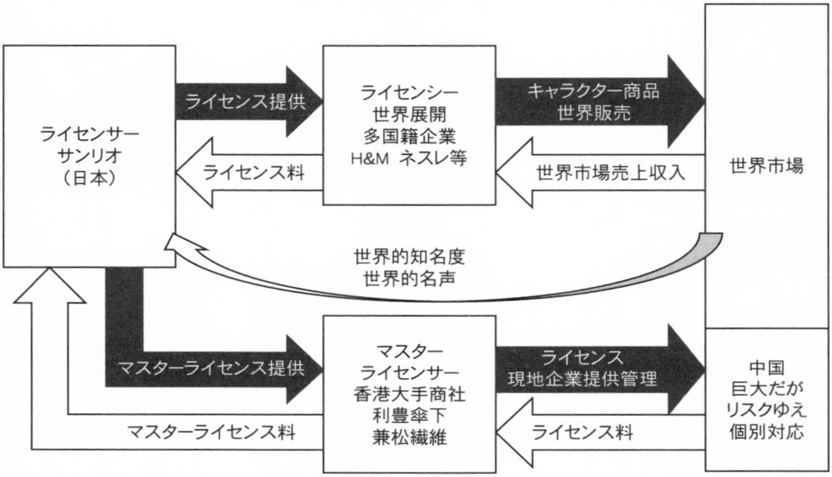

出所：丸谷(2015)，110 頁。

方で，ブランドやそのイメージを毀損してしまうリスクも抱えている。そこで販売までアウトソーシングする場合には，適切にブランドが展開されているかを監視するコストが必要となる場合がある。

5　ダイナミック・ケイパビリティ

　本章ではここまでグローバル SCM における主要な概念として延期－投機概念，そして垂直統合－水平分業について触れてきた。諸上(2005) や Usui et al. (2017) は，急速に変化する市場環境においてサプライチェーンを変革・再構成する能力こそ強力な競争優位を生み出すと指摘している。延期－投機や垂直統合－水平分業等を踏まえて適切なサプライチェーンを構築することは，グローバル・マーケティングの能力獲得に繋がる。目まぐるしく変化する市場環境を捉え，グローバルな規模で対応する SCM の能力は事業の成否を分けてしまう程大きな要因となる。

　環境に合わせて動態的に変化していく能力をダイナミック・ケイパビリティと呼ぶ。Teece（2007）によれば，ダイナミック・ケイパビリティは「感知」，「捕捉」，「再構成・変革」といったプロセスを経るとしている（図表 14-6）。つまり市場や環境の変化，そして機会を敏感に感知する能力（感知）により現状を把握し，感知した変化や機会を捉えて既存資源や知識を応用することによって対応する。そして企業にとっての脅威に対応するために，企業内部だけでなく外部の資源も活用しながら自らの組織を再構成・変革する。このようなプロセスを経て，企業は能力を動態的に変化させながら競争優位を獲得していくという論理である。サプライチェーンの構築・再構成は，企業の組織体制や組織の保有する能力の変化に繋がる。環境に応じてサプライチェーンの形態を変化させ，動態的に組織の能力を変化させていくことは企業の競争優位に繋がる一方で，環境に応じた変化ができなければ時と共に淘汰されてしまうことにもなるであろう。諸上（2019）はサプライチェーンだけでなく，マーケティングを国際的に展開する場合においてもダイナミック・ケイパビリティの論理が必要であるとする。つまりマーケティングの戦略立案だけでなく，それを実行し修正する能力が構築されていくことが重要であると指摘している。ダイナミック・ケイパビリティの概念は，グローバル SCM だけに留まらずグローバル・マーケティングを効果的に展開するために必要不可欠な存在であるといえる。なお Teece（2009）はダイナミック・ケイパビリティの観点では，環境適応，資産の構築，そして買収に関する CEO の能力構築も重要であると指摘している。戦略とダイナミック・ケイパビリティは車の両輪であり，いずれかが欠けてもグローバル・マーケティングは成立しない。

図表 14-6　ダイナミック・ケイパビリティ

出所：Teece（2007），p. 1342 より抜粋。

6 企業と市場の関係

　環境に応じてグローバル SCM を構築，再構成することや，それと深い関係性にあるダイナミック・ケイパビリティは，市場の環境に応じて企業が変革しなければならないという前提に立っている。しかし Teece(2009) は共進化という言葉を使いながら，企業が環境に適応し新たな能力を形成する一方で，CEO や企業の活動は同様に市場を変えてしまう力を持っているとしており，両者が互いに影響を及ぼし合うことを指摘している（図表 14-7）。企業は一方的に市場環境へ適応して行動を変化させるだけでなく，企業の活動も市場を形作ってきたといえよう。たとえば Amazon は人々のインターネットを通した消費活動を活発にし，Microsoft が office というプラットフォームを普及させて市場に影響を与えているように，市場環境と企業活動は相互に影響を与え合っている。

　本書で取り扱ってきたブランド・ビジョンやブランド・コンセプトといった概念は，市場に変化をもたらそうとする戦略の一部である。一方で戦略は市場の動向を全く無視したものが展開される訳ではなく，市場のニーズ等を踏まえて形成される部分も大きい。図表 14-8 は企業と市場の共進化の概念を本書の内容を踏まえて発展させたものである。

　戦略の形成には市場環境といった外部要因（①）と企業の内部要因（②）か

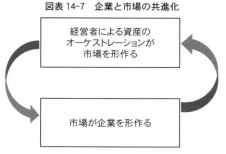

図表 14-7　企業と市場の共進化

経営者による資産の
オーケストレーションが
市場を形作る

市場が企業を形作る

出所：Teece(2009)，邦訳，77 頁。

図表14-8　戦略や能力の形成と内部要因・外部要因

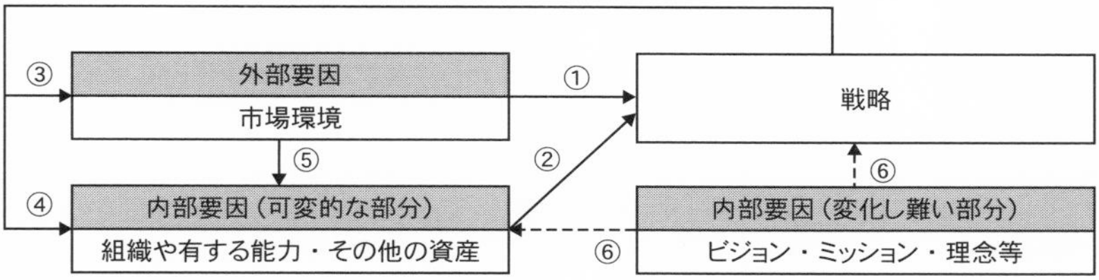

出所：筆者作成。

ら共に影響を受ける。本章で扱ってきた通り，外部要因の変化に応じて戦略を変化させることや，組織が有する能力，その他の資産といった内部要因によって自ずと戦略が決まる部分もあるだろう。その一方で，戦略の展開によって市場環境を変化させてしまうことも起こりうるし（③），戦略に応じた組織や新たな能力，その他の資産の組み合わせを検討する（④）こともあるだろう。重要な点は，内部要因には可変的な部分と変化し難い部分が存在している点である。ダイナミック・ケイパビリティの概念で取り扱われていた組織や能力，その他の資産といった内部要因は相対的に変化が起こりうる部分である（⑤）。しかし企業やブランドの理念やそれに伴うビジョン，ミッション，パーパス，コア・バリュー等は内部要因でも変化が発生し難い部分である。理念やビジョン等は戦略の形成に重要なコア・コンセプトとなりうるし，組織や能力，その他の資産の組み合わせに影響をもたらすことになる（⑥）。

　理念やビジョン等による影響がある以上，戦略や能力には時を経ても変えてはならない部分と，変化に応じて変えなければならない部分がそれぞれ存在している。データドリブン・マーケティングのジレンマにおいても触れた通り，ひたすらに環境適応を志向し続けてしまえば次第に企業や事業のアイデンティティを失ってしまうことも懸念される。ここでも本書のテーマとなっている「静−動バランス」の模索が求められるといえよう。

7　まとめ

　本章ではグローバル SCM に着目し議論を発展させた[9]。グローバル SCM には延期−投機概念，垂直統合−水平分業といった概念が基礎となっており，環境や取り扱う製品に応じて様々なパターンが模索されることを説明した。消費者，顧客，パートナーのニーズに迅速に対応するために小ロット，受注生産を展開する場合や，規模の経済を最大化するために，大ロット，見込み生産を展開する場合が存在していた。また環境の大きな変化にも柔軟に対応するため水平分業体制を採用し，生産，製造だけでなく時には販売までもアウトソーシングする場合も存在していた。

　環境に応じてグローバル SCM を再構築する能力は静態的ではなく動態的に変化させていく必要がある。ダイナミック・ケイパビリティはグローバル・マーケティング展開における競争優位の源泉となる存在である。ただしグローバル SCM は環境の変化に応じて変化し続けなければならない部分とそうでない部分が存在していることにも留意しておく必要がある。静態的な部分と動態的な部分の共存（静−動バランス）といったテーマは，本書を通して一貫している点である。標準化−適合化，そしてコア・コンセプト−サブ・コンセプト等といったように，変化しないことが価値となる部分と変化することで競争優位が得られる部分を分けて考えることが重要である。

［注］

1　Rostow(1959), pp. 4-13, Rostow(1960), 邦訳, 24-125 頁, 鈴木(1989), 30-37 頁, 古川(2011b), 134 頁。
2　Bucklin(1965), p. 27.
3　たとえば矢作(1992)を参照。
4　流通革命とは，小売業によるプライベート・ブランド開発に際して生じる流通におけるメーカーや卸売業者，そして小売業のパワーバランス変化，そして流通経路の短縮化を意味する。流通革命に関する研究史については戸田(2015)に詳しい。
5　定番製品などについては委託生産も実施しているため，取り扱う製品によって自社比率は異なる。
6　Christopher et al.(2001), p. 235-246, 橋本(2006), 8-14 頁。
7　小林(2005)においては，① 垂直的統合，② 垂直的順統合，③ 広義のアウトソーシングの3つに

SCM の体制を分類している。なお ① は資本によるハードな統合を意味し，② はソフトな統合ならびに戦略的なアライアンスや戦略的パートナーシップ等が含まれている。そして ③ にはモジュールを介したネットワーク，バーチャル企業等を含んでいる。

8　取引リスクにはこの他にも，エージェンシー問題やホールドアップ問題が挙げられている。詳しくは小林(2005) を参照されたい。

9　グローバル SCM は制度的な側面の影響を強く受けるが，この側面のみによって構築・展開が決定づけられるものではないことを断っておく。

第 **15** 章

サービスのグローバル化

　経営資源の中でも人的資源の国際的流動性は歴史的に高まっている。また
サービスに関係するノウハウも形式的なフォーマットに整えることができれば
容易に海外へ送信することができるだろう。それにも関わらず，海外展開が困
難であるのがサービスである。サービスにおいては製品と同等またはそれ以上
に国家間，地域間の隔たりが依然として課題となっている。ただし，サービス
関連の国際取引額は年々増大しておりサービスのグローバル化は無視できない
状況にある。本章ではサービスの特徴や着目されている背景を整理したうえ
で，サービスのグローバル化における課題について検討することにする。なお
本章においては「製品とサービスは一体化しており切り離すことができない」
とするサービス・ドミナント・ロジック（後に詳述する）に基づき，敢えて
サービス「業」という言葉は用いていない。サービスのみに特化したサービス
業に限らず，どのような企業においても国境を超えグローバルな視点でのサー
ビス管理が必要になるためである。

1　経済価値の変遷とサービス

　貨幣が存在していなかった時代では物々交換によって経済が成立していた。
当時は人々が一次産業を営み，農業や漁業，畜産が経済の中心に位置してい
た。しかし自然からの恵みを採取してそれを交換することには長期保存の難し
さという最大の課題があった。貨幣の登場により，農業や漁業，畜産から得た
自然の恵みは貨幣に交換されるようになる。長期間保存可能な貨幣という形態

であれば富の貯蓄も可能となる。人々はより多くの富を獲得・蓄積するために，自然からの恵みを加工し販売する技術を向上させることとなる。この時点において経済の中心に位置するのは製品である。加工や販売を通して製品を差別化し付加価値を増大させる活動が活発化するのである。

　次第に製品だけでは差別化に限界を迎えるようになる頃，サービスという新たな付加価値が重要性を増す。製品だけでなく，それに合わせてサービスを提供することにより付加価値を増大させるのである。食品で例えてみれば，当初はトマトやレタスを栽培していた農家は，次第に野菜サラダや瓶詰めといった製品に加工し，付加価値を増大させるかもしれない。またその後，レストランといった形で出来立ての料理や，野菜や他の料理と合うワインの提供等を通してサービスを提供することもあるだろう。このように人々の経済の中心に位置する価値は一次産業，製品，そしてサービスといった流れで変遷してきた。

　Pine and Gilmore（1999）は上記と同様に経済価値の変遷として，コモディティー（抽出）→製品（製造）→サービス（提供）を挙げている（図表 15-1）。コモディティ（抽出）とは一次産業中心の経済を意味しており，製品（製造）とは加工された製品が経済価値の中心に位置するものである。そしてその後，サービスが経済価値の中心となり形が無くカスタマイズされたオンデマンドな内容が付加価値を増大させる時代に突入したとされている[1]。なお Pine and Gilmore（1999）によると，近年においては単なるサービスではなく，サービスを通した経験（演出）が付加価値を増大させる傾向にあると指摘している。彼らはこの状態を経験経済と呼んでおり，経験経済においては演出や思い出に残るかどうかが重要視され売り手はステージャー，買い手はゲストと称される様になるとしている[2]。需要の源を参照してみると，価格，品質または機能性といった性質や特徴が需要の源であった時代からサービス経済以降は便益が重要視されるようになる。本書では感動といった要素も便益の一部とみなしているが，価格や品質，機能性に留まらない便益が消費者や顧客，パートナーにとって付加価値の評価部分となってきている点は特筆すべきところである。そしてこのような便益はサービスによって展開されるところが多い。本章においてサービスとは，無形の便益を消費者，顧客，パートナーに提供する行為と定義する。この定義に従い，本章では Pine and Gilmore（1999）の指摘する経験経

図表 15-1　経済価値の変遷

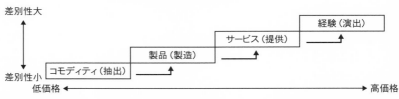

経済価値	コモディティ	製品	サービス	経験
経済システム	農業経済	産業経済	サービス経済	経験経済
経済的機能	抽出	製造	提供	演出
売り物の性質	代替できる	形がある	形がない	思い出に残る
重要な特性	自然	規格	カスタマイズ	個人的
供給方法	大量貯蔵	在庫	オンデマンド	一定期間見せる
売り手	取引業者	メーカー	サービス事業者	ステージャー
買い手	市場	ユーザー	クライアント	ゲスト
需要の源	性質	特徴	便益	感動

出所：Pine and Gilmore(1999)，邦訳，19 ならびに 46 頁。

済の領域についても，サービスの概念に含まれる一領域であると捉える。当初，サービスとは人と人とが直接コミュニケーションを図る際に発生するものであるとされてきた（吉川(2008)）。しかしインターネットの進展に伴い，オンラインショッピングやストリーミングサービス等に代表されるように人と人とが直接触れ合わずとも成立するサービスも活発になってきている。

2　サービス経済の背景

　IMF によれば，サービスの国際取引額は年々上昇しており 2018 年においては財とサービスの国際取引額が交わる程にまで取引量が増えている（図表 15-2）。近藤(2010) はサービスが着目されてきた背景として高齢化，働く女性の増加，環境問題意識の増大，情報化，国際化の 5 つを挙げている。

　OECD による世界各国における 65 歳以上の人口データを参照してみると，世界的に高齢化が進展していることが確認できる[3]。国別にみると高齢化が最も顕著に上昇しているのは日本であり，その次にドイツ，イタリア，フィンラ

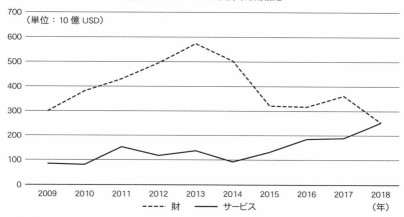

図表 15-2　サービスの国際取引額推移

出所：IMF Data Warehouse, Balance of Payments Statistics, World and Regional Aggregates（2020 年 2 月 22 日アクセス）。

ンドと続いている（2020 年現在）。人間は年齢を重ねるとともに体力が衰える一方で，定年退職等をきっかけとして自由に使える時間が増える。体力の衰えや身体の不具合が増えるに従い，医療や介護サービスへの需要が高まる。また自由に使える時間が増えた結果，旅行やリカレント学習に関するサービスも求められるようになるだろう。

　次に働く女性の増加であるが，日本においては 1997 年の時点で共働き世帯が片働き世帯を抜き，その後，共働き世帯との差を広げ続けている[4]。世界的にみると女性の労働者比率は 2000 年以降の IT バブル崩壊や，2008 年に発生した世界景気の悪化により一度比率を大きく下げているものの，その後は元の割合まで戻し順調に上昇し続けている（図表 15-3）。男性と共に女性の就業率が上昇すれば，各世帯での家事をサービスで賄おうとするようになる。小さい子供を抱える家庭であれば保育園・幼稚園・ベビーシッター等のサービスが必要になるし，洗濯の一部をクリーニングで済ませたり，冷凍食品や中食，またはレストランを利用したりすることで家事の負担を減らそうとするだろう。時間という資源は有限であるにも関わらず労働にその時間を充てることで，日々の生活に時間をかけないよう（短時間でも同じ便益が享受できるよう）にサー

図表 15-3　女性の労働者比率 （OECD 平均）

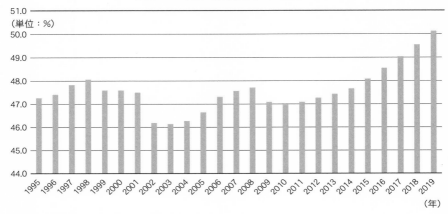

出所：OECD stat （2020 年 11 月 2 日アクセス）。

ビスを利用するようになるのである。

　環境問題意識の増大もサービス消費の要因とされている。モノを所有して，必要が無くなったら廃棄するという消費行動が変化しつつあることはシェア経済の台頭によっても確認することができる。PwC（2019）による調査では，シェア経済を利用する人々は無駄な生産や消費を減らすという意識を強く持っていることが明らかになっている[5]。また李・古川（2020）は日本の消費者 2000人に対する調査から，環境を保護しようとする人々の規範的な行動が，シェア・サービスへの態度をポジティブにし，利用意図を高めることを示唆している。大量生産・大量消費ではなく，必要な時に必要なものをだけ消費するためには各種レンタルサービスが存在するし，コンテンツにおいてはストリーミングによる消費が顕著である。中古品の流通に関しては近年，BtoC だけでなく，消費者同士で売買を行う CtoC も盛んになってきている。

　コンテンツのストリーミングサービスについては情報化が進展したことによるサービス需要の増加とも捉えられる。インターネットが普及し人々がいつでもどこでもオンラインにアクセスすることができる時代となり，より気軽にサービスへ触れられるようになった。また COVID-19 等といった世界的な感染症の影響も，オンラインでのサービス需要を高めている。地図一つ取り上げ

てみても，インターネットが身近でなかった時代においては書籍（モノ）を購入して閲覧しながら目的地を目指していたのが，近年ではオンライン上の地図に自分の位置が反映された状態で目的地を目指すことができる。医師の電子カルテや，インターネット予約等，情報化がサービスの増大に与えたインパクトは甚大である。

　サービス経済の背景として挙げられる最後の要素は国際化である。国際化によって世界各国で開発された様々なサービスが国内に流入してくる（または国内のサービスが世界で展開される）ようになる。たとえばコンビニエンスストアはその原型がアメリカで発明されており，このサービス内容が国際化により日本に流入している。結果的にコンビニエンスストアというサービス形態はアメリカよりも日本で定着するようになったという歴史がある（森脇（2006））。コンビニエンスストアはその形がアメリカから日本に輸出されることとなったが，日本，そしてその他の国や地域における現在のコンビニエンスストアではアメリカで当初展開されていた形態とは全く異なる程に適合化され根付いている点も興味深い（Chung（2017））。

3　サービスの特徴

　本章ではサービスが経済において重要な位置を占めている背景を説明してきたが，続いてサービスの有する特徴についても整理しておく。一般的にサービスには無形性，品質の変動性，不可分性，消滅性，需要の変動性といった5つの特徴が存在しており，これらの特徴がサービスの国際化を難しくしている。

　無形性とは，サービスには形が無いことを意味する。形が無いために，事前にどのようなものか見たり，味わったり，触れたり，聞いたり，匂いを嗅いだりすることができない。その結果，事前にサービスを消費者や顧客，パートナーへ具体的に伝達することが難しい。更に各国の文化に根差したサービスに関しては伝達の難しさ故に海外において認知，理解してもらうには時間を要することになる。

　一概にサービスといえども，人ベースのサービスと設備ベースのサービスが

存在している。特に人ベースのサービスに関しては，サービス提供者の資質や気分によってサービス品質が変動してしまう。この点を品質の変動性を呼ぶ。ただしサービスは必ずしも人が対応するものばかりではなく，映画館など有形の設備や，インターネットやアプリケーションを通して展開される設備ベースのサービスについては品質の変動性が発生しにくい。

　生産と消費が同時に発生する（分けることができない）特徴を示したのが不可分性である。サービスは基本的に完全受注生産である。注文が入ってからはじめて生産が開始される特徴を持つ。また消費者や顧客，パートナーはサービスの生産が始まってから終わるまでのプロセスを消費するという特性がある。そのためサービスは売り手による生産と買い手による消費が同時に発生する。売り手からはサービスを切り離すことができず，売り手は消費者，顧客，パートナーの近くへアクセス可能な立地が必要である。ただしこの点に関しても，インターネットやアプリケーションを通して展開されるサービスにおいては，立地に大きな制約は存在しないという点で対照的である。

　４つ目の特徴は消滅性である。サービスは製品とは異なり在庫ができない。ホテルの客室やコンサート，航空機の座席等については特定の時間までに埋まらなければ売り上げがゼロとなる。サービスが提供可能な期限を考慮し，それまでの時間と需要を基に動態的に価格を変動させるダイナミック・プライシングは，サービスの消滅性ならびに次に紹介する需要の変動性を背景に構築されている論理である。

　サービスは製品に比べて需要が時と共に大きく変動しやすい性質を持つ。これを需要の変動性と呼ぶ。通勤ラッシュをイメージすれば分かるように，バスや鉄道等は時間によって大きく需要が変動する。またマッサージやエステ等を考えてみても週の初めやお昼前後には需要が少なく，週末や17時以降に需要が高まる。リゾートホテル等の宿泊施設に関しても，週末や連休に需要が高まるのは想像しやすい。

3−1　サービス・ドミナント・ロジック

　無形性，品質の変動性，不可分性，消滅性，需要の変動性といったサービスに関する５つの特徴から製品とサービスを比較して整理してきたが，そもそも

製品とサービスを分類することはできないとする考え方が存在している。製品
とサービスを別個の存在として考えるのではなく，どのような製品においても
必ずサービスが一体化して存在しているとする概念を S-D（Service-Domi-
nant）ロジックと呼ぶ（Vergo and Lusch（2004））。なお製品とサービスを別個
の存在とする従前の概念は G-D（Goods-Dominant）ロジックと呼ばれる。

　S-D ロジックにおいて，サービス提供者は消費者，顧客，パートナーと共
に一つの商品を創るものと捉えられている[6]。サービスには売り手と買い手の
共同生産によって価値が創出されていくという特性が存在しているため，消費
者や顧客，パートナーの協力が良いサービス創りに肝要となる（近藤（2010））。
消費者，顧客，パートナーはサービスの結果のみを得るのではなく，サービス
が実施されるプロセスも体験することになる。どのようなプロセスでサービス
が提供されたかが最終的な満足度に直結することになる。また Chesbrough
（2011）は，企業がサービスを通して消費者，顧客，パートナーと価値を共創
しながらビジネスモデルを進化させることができるとも述べている。

3-2　サービスの分類

　図表 15-4 は Lovelock and Wright（1999）ならびに Lovelock and Wirtz
（2011）に基づいたサービスの分類を示したものである。ここでは人との接点
が重視される場合とモノが重視される場合，そして消費者，顧客，パートナー
とのコンタクト程度の高い場合と低い場合の 2 軸が示されている。上述した
サービスの特徴が最も色濃く映るのが ① の象限である。① においては人同士
の接点や相互作用がサービスの価値を大きく決めてしまう。② の象限におい
ても人との接点が重視される点は同様であるが，ここでは消費者，顧客，パー
トナーとコンタクトを取る機会が相対的に少ない。①② は人との接点が重視
されていたが，③④ はモノとの接点が重視されるサービスである。

　③ の象限では，モノとの接点が重視されるが，消費者，顧客，パートナー
とのコンタクトも頻繁なサービスである。そして ④ の象限においては，モノ
との接点が重視され，消費者，顧客，パートナーとのコンタクトは頻繁ではな
いサービスである。グローバルな観点から図表 15-4 を検討すると，④ は相対
的に国際化のハードルが低いといえるだろう。モノとの接点が重要視される

図表 15-4　サービスの分類

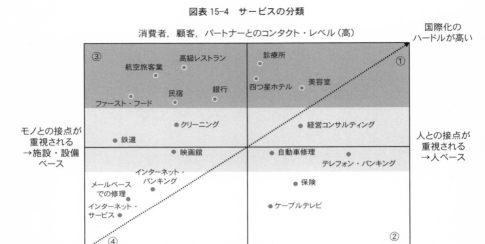

出所：Lovelock and Wright (1999)，邦訳，59 頁ならびに Lovelock and Wirtz (2011)，p. 47 に筆者加筆。

　サービスとなるので，無形性や品質の変動性に関するリスクが他と比べ小さい。一方で ① に関してはサービスの中でも国際化を果たすためには様々なハードルが存在すると考えられる。この象限に位置するサービスは，人が果たす役割が大きく品質の変動性に関するリスクが特に高い。海外においては現地の人材を雇用し育成しながらの展開が必要である（桑名(1993)）。しかし現地で品質の変動性を一定水準に保ちながらサービスを展開するには，サービス提供者に対する知識移転が肝要となる。

4　サービスに関する知識移転

　製造業，非製造業問わず，企業の国際的な活動において本国の知識を海外拠点へ移転させることは多国籍企業の競争力を維持・向上させるためには必須である（大木(2014)）。ただしとりわけサービスに関する知識の海外移転には困難が付きまとう。それはサービスが無形の商品という特徴を持つためである。

また品質を一定に保つことが難しいサービス品質を，国際的に管理する必要があり，時と場合によってはサービス提供者によるアドリブも必要になることがある点も国際的な知識移転の困難さを生み出している。しかし海外におけるサービス提供者の育成は，グローバル・マーケティングを考えるうえで避けて通ることはできない。そこで本節では特にサービスに関する知識移転について焦点を当てることにする。

　知識は形式的知識と無形知識に分類することができる（Polanyi（1983），野中・竹内（1996））[7]。形式的知識とは文字通り，形にできる知識を意味する。知識の内容を明文化できたり，図示できたりする知識がこれにあたる。一方で無形知識とは文章や図等といった形にできない知識を意味する。形式的知識は内容をマニュアル化しやすいが，無形知識はマニュアル化が不可能である。なお形式的知識ならびに無形知識については，双方が混在して存在しているのが一般的である[8]。

4－1　形式的知識の移転

　基本的な知識を全て形式的知識にして国際移転している代表例が良品計画の展開する無印良品である。無印良品は，店舗運営用の形式知をまとめた MUJI GRAM（ムジグラム）と本社における形式知をまとめた「業務基準書」を運営の柱としている。MUJI GRAM では全 13 冊 2000 頁，業務基準書は 6600 頁もの膨大な量を形式知化している[9]。これらは海外展開に備えて各国の言語に翻訳され，国際的な知識移転に役立てている[10]。無印良品の作成するマニュアルも固定的なものではなく，各店舗での気づきや抱える問題点を定期的にかつ徹底的に形式化し更新し続けている[11]。その結果として，MUJI GRAM の頁数は 2013 年から 2019 年までに約 400 頁も増加したとされている[12]。形式知をマニュアルの様な形として国際的に共有することでサービスの品質水準をある程度一定に保つことが可能となるのである[13]。一方で，形式知を海外のサービス提供者に十分に浸透させるまでには時間を要することになる。特に母国の商習慣や文化に根差したサービスについては，海外のサービス提供者に形式知を共有しても理解が困難であることも想定される。またサービスの適合化をするためには，適合化するパターンを全て形式知化しておくことが必要となり形式知

図表 15-5　国際知識移転と知識の再創造プロセス

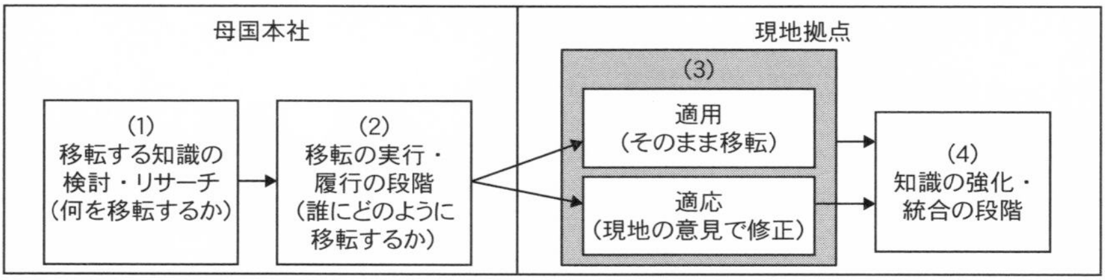

出所：唐沢（2019），158 頁より一部抜粋。

化するためのコストが膨大となってしまう。

　ただし形式知化した知識から新たな知識が再創造され，新たな適合化に寄与する場合も存在する。唐沢（2019）は広告会社が国際的に知識移転を実施する際，プロジェクト組織がどのように知識を再創造するかを検証している。そこではパッケージ（形式知）化され国際的に移転された知識から組織が新たな知識を創造し，現地の文脈に沿った施策へ応用されていくプロセスが検証されている。図表 15-5 は国際知識移転と新たな知識が再創造されるプロセスを示したものである。

　知識移転の多くは形式的知識の形態で移転される。形式的知識の中でもどのような知識の移転が必要かといった範囲の選定，そして移転先（ターゲット）と移転方法の検討・実施が母国で検討される。その後，現地拠点において移転された知識をそのまま適用する部分と，可能な範囲で現地の人材によって修正する部分に分けられる。修正の発生した部分からは新たな知識が創造され，最終的に知識の強化へ繋がるのである。国際的に移転された形式的知識は現地で修正され，新たな無形知識（もしくはそれをまとめた形式的知識）が再創造される。現地へ与えられている裁量の大きさ次第ではあるが，形式的知識の移転であっても現地での修正を踏まえた適合化が展開されることもある[14]。

4－2　無形知識の移転と創出

　形式的知識は文書や図等を用いることで海外であっても知識を移転することが可能であるが，無形知識については形が無い知識である以上，伝達が難しく定着にも更なる時間を要する（柳（2017））。無形知識を伝達するために重要な

役割を果たすのがバウンダリー・スパナーと呼ばれる無形知識を現地人材と共有する人材である（Tushman(1977), Zhao and Anand(2013), 古沢(2013)）。バウンダリー・スパナーは母国本社の文化やオペレーション等に関する無形知識をよく理解し，無形知識の伝達を通して現地市場との繋ぎ役となる存在である（Allen et al.(1979), Tushman and Scanlan(1981)）。サービスのグローバル化においても，彼らはサービス提供者の育成に寄与することになる。本章ではサービスにおける無形知識の移転に際し，バウンダリー・スパナーの役割だけでなくビジョンやミッション，パーパス，コア・バリューの役割についても着目する（黄(1999a), Furusawa et al.(2016)）。

　たとえば各地においてサービスの品質が評価されている The Ritz-Carlton では，クレドと呼ばれるサービス行動規範（同ホテルのサービスに対する理念，ビジョン，ミッション，パーパス，コア・バリュー）が徹底的に共有されており，それがサービス品質の向上に役立っている[15]。その中で特徴的である点は，「従業員は自分で判断し行動する力が与えられている」ことや「通常業務を離れなければならない場合には，必ずそれを受けとめ解決」[16]することが明記されている点である。クレドと呼ばれるサービスの行動規範は The Ritz-Carlton にとって最低限のエッセンスとなる形式的知識である。それを基に「周りのサービス提供者がどのようにクレドをサービス活動として実践しているか」，「具体的なサービス文化は何か」といった無形知識について周囲を観察しながら各自が吸収するのである。また従業員の各自がサービス行動規範を前提としながらも自分で考え自分で新たなサービスを創出し，結果として新たな無形知識が構築されている点が The Ritz-Carlton におけるサービス展開の特徴である。

　世界有数のコーヒーチェーンであるスターバックスにおいても「Our Starbucks Mission」という形でアルバイト（同社ではパートナーと呼ぶ）の一人一人にまでビジョンやミッション，パーパス，コア・バリューが共有されているし，ウォルト・ディズニー・カンパニーやオリエンタルランドが運営するテーマパーク事業においても SCSE（Safety, Courtesy, Show, Efficient）といった形でアルバイト（同社ではキャストと呼ぶ）に世界共通の行動規範が共有されている[17]。スターバックスやウォルト・ディズニー・カンパニーにおい

ても，最低限の形式的知識の共有後，サービス提供者の各自が自分で考えて行動する余地が大きく残されている点が興味深い。サービス提供者が自分で考える機会（場）が与えられることで無形知識創出の場が意図的に作られているのである。更にスターバックスやウォルト・ディズニー・カンパニーにおいてはサービス提供者同士が積極的に学び合う仕組みも作られており，無形知識の活性化が図られている[18]。

　現地市場において行動規範といったシンプルなルールを基に各自が現地環境を認識しながら適合化を模索していく点は，第 14 章で整理したダイナミック・ケイパビリティと類似している。実際に Eisenhardt and Martin（2000）や Bingham and Eisenhardt（2011）は，本章で取り扱った行動規範の様にシンプルで優先順位が設けられたルール作りが，新たな能力構築において肝要であることを示唆している[19]。

4-3　知識移転とサービスの標準化-適合化

　サービス提供者に与えられた「各自で考えることのできる余白」は，サービスの適合化を生み出す。余白が残されていることによって，サービス提供者がそれぞれサービスを「企画」することになるのである。もちろんブランドや企業が理念やそれに伴うビジョン，ミッション，パーパス，コア・バリューを形式的知識として事前に共有し浸透させることでサービスの方向性は最低限揃えておく必要がある。各国におけるサービス提供者はそれぞれの生まれ育ってきた場所に根差す文化や商習慣といった文脈を踏まえて，都度サービスのアイデアを考える。サービスの不可分性によりサービスのアイデアは考案されたタイミングで同時に消費されていく。その結果として消費者，顧客，パートナーは現地に適合化されたサービスを享受することが可能となるという論理である。

　サービスのグローバル化においては，理念やそれに伴うビジョン，ミッション，パーパス，コア・バリューといったサービス行動指針の共有（①）と，マニュアルの様な「形」となっている形式的知識の共有（②）の双方を検討する必要がある。① と ② をどのような割合で展開していくかによってサービスの標準化-適合化の傾向が方向づけられる（図表 15-6）。① に大きな割合を割き，② を最低限にする場合では，サービス提供者が各自で考える余白が多く

図表 15-6　サービスの標準化－適合化

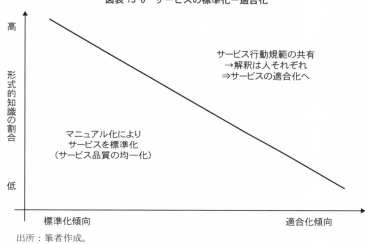

出所：筆者作成。

残されることによりサービスが適合化されやすくなる。一方で ② の割合を増加させるほどサービスの標準化が志向されることになる。マニュアルをある程度各国の商習慣やニーズに合わせることも可能ではあるものの，基本的には数パターン，もしくは１つに標準化された内容が共有されなければ形式的知識の集約コストが膨大になってしまうだろう。更に形式的知識によってサービスの内容が詳細に決められている程，当然のことながら最終的に提供されるサービスの品質や内容は均一化されることになる。ただし ② の割合を増加させたとしても，上述した唐沢（2019）の広告会社における事例の様に現地の人材によって修正可能な部分が残されていれば，その分だけ適合化も模索されることになる。

5　オーナーシップ

Furusawa et al.（2016）によれば，組織内で経営理念・価値観が共有されることで組織の活動が活性化することが明らかになっている。またサービス行動

規範を前提に，自分で考え提供したサービスにより消費者，顧客，パートナーの満足を得られた場合，サービス提供者の満足度も高まるであろう。そして満足度の高まったサービス提供者は，より良いサービスを生み出すことで良い循環を発生させる。Heskett et al.(1994) は，サービス提供者の満足度が高いほどサービスの質が高まり，消費者，顧客，パートナーの満足度が高まることで最終的に利益が生み出されるというサービス・プロフィット・チェーン概念を提唱している（図表 15-7）。ブランドや企業の理念とそれに伴うビジョン，ミッション，パーパス，コア・バリューが共有されており，サービス提供者が自身でサービスを考える余白が残されていたとしても，彼らの満足度が低ければモチベーションも高まらず良いサービスが展開されることはない。サービスにおいては，単に知識を移転したり新たに知識を創出する仕組みを作るだけでは不十分でありサービス提供者の満足度を高める取り組みが必要とされる。そのためにサービス提供者をはじめとした企業内部の従業員に対してもマーケティング活動を実施し，満足度を高める取り組みが必要となる。Gelade and Young(2005) は金融機関におけるサービスを対象に 37,054 名のサンプルを回収し，サービス・プロフィット・チェーン概念の有効性を検証した。その結果においても，従業員の満足や企業へのコミットメント具合が，消費者，顧客，パートナーの満足度を高め，最終的に販売成果に結び付くことが明らかになっている。

　企業内部における従業員を対象にしたマーケティング活動はインターナル・マーケティングと呼ばれ，消費者，顧客，パートナーやその他のステークホル

図表 15-7　サービス・プロフィット・チェーン

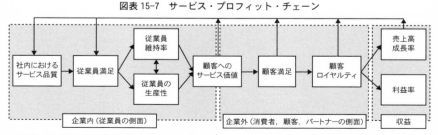

出所：Heskett et al.(1994), p. 166 より一部抜粋，ならびに筆者加筆。

図表15-8　オーナーシップ・バリューモデル

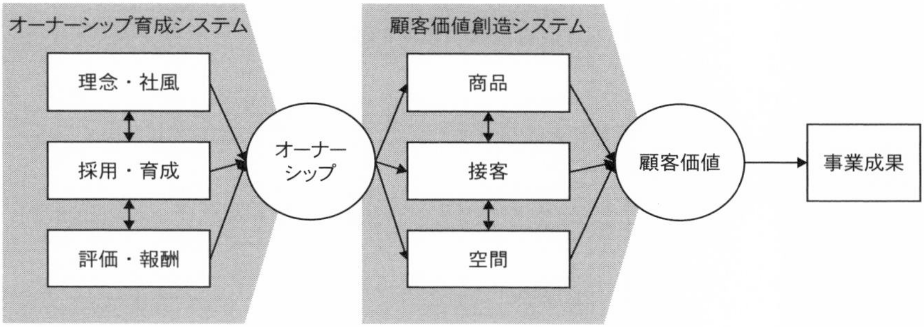

出所：黒岩他(2012)，25頁。

ダーといった企業の外部を対象にしたマーケティング活動を意味するエクスターナル・マーケティングとは区別されている。インターナル・マーケティングは呼称こそエクスターナル・マーケティングとは区別されているが，両者とも基本的な考え方は本書でこれまで説明してきた内容と同一である[20]。

　Heskett et al.(2008) は更に，サービス・プロフィット・チェーンを十分に機能させるためには，従業員の満足度だけではなく従業員のオーナーシップも必要になるとしている。オーナーシップとは，従業員が積極的に所属組織と関わり，活動に対するコミットメントを高めようとする意識を意味しており，この程度が高いほどサービス・プロフィット・チェーンが効果的に機能すると指摘している[21]。黒岩他(2012) はオーナーシップの観点からサービス・プロフィット・チェーンの概念を深化させている（図表15-8）。ここでは企業のビジョン，ミッション，パーパス，コア・バリューと関連する理念や社風の共有，サービス提供者の採用・育成，評価・報酬活動を通して，サービス提供者の満足度だけでなくオーナーシップ育成が示されている。そして高いオーナーシップを持つサービス提供者が良いサービスを提供することで，消費者，顧客，パートナーにとっての価値に繋がり，最終的に事業成果がもたらされるという論理である。

　展開市場における従業員のオーナーシップ育成もサービスのグローバル化には必須である。サービス提供者の満足度やオーナーシップが高まり，提供者自

身が自ら新たなサービスを考えられる仕組みづくりが出来ていれば各市場において新たなサービスが誕生し，サービスの適合化が達成されることに繋がる。

6　まとめ

　本章ではサービス概念が着目されている背景，ならびにサービスの有する基本的な特徴を整理したうえで，グローバル・マーケティングにおけるサービスの位置づけについて検討してきた。サービスが発展してきた背景には高齢化，働く女性の増加，環境問題意識の増大，情報化，国際化が存在していた。またサービスには無形性，品質の変動性，不可分性，消滅性，需要の変動性といった特性や，モノとサービスは切り離すことができないとするS-Dロジック，人ベース・設備ベースといった分類も存在していた。展開対象の国や地域が地理的に近かったとしても，サービスにおいてはサービスの有する様々な特徴が海外展開を困難にする。

　サービスの有する特徴の中でも，特に無形性，品質の変動性，不可分性といった点により，海外での現地人材育成が課題となる。現地人材育成には知識移転が重要となることから，本章ではいかに現地の人材へサービスの知識を移転するかについて整理した。またサービスの知識移転にはマニュアル化とサービス行動指針共有のバランスが重要となること，知識移転の形態が標準化－適合化の傾向に影響を与えることが示唆された。

　グローバル・マーケティングにおいては，サービスの特徴や知識移転を考慮した仕組み作りだけではなく，従業員を対象としたインターナル・マーケティングやオーナーシップを高めるための施策が必須である。グローバル・マーケティングの展開にあたっては，展開国市場に存在する「従業員」を対象にしたマーケティング活動も検討する必要がある。

［注］
　1　Pine and Gilmore (1999), 邦訳，10–51 頁。
　2　同上。
　3　OECD Data, Elderly population.

4　総務省「労働力調査」データベース。
5　PwC（2019），26 頁。
6　Vergo and Lusch（2004），p. 7.
7　野中・竹内（1996）は，形式知と暗黙知という概念に知識を分類し，両者が相互作用の形態を持つとしている。彼らは形式知同士の「連結化」，形式知から暗黙知への変換を意味する「内面化」，暗黙知が新たな暗黙知を生み出す「共同化」，そして暗黙知が形式知へ変換される「表出化」の 4 側面から知識は発展すると述べている。
8　秦（2019）によれば知識移転には，計画的・意図的なものと，非計画的・付随的なものが存在しているとしている。
9　ダイヤモンド社ブランドコンテンツチーム（2019）。
10　池田（2013），48-55 頁。
11　同上。
12　池田（2013）ならびにダイヤモンド社ブランドコンテンツチーム（2019）の記事を基に筆者算出。
13　なおライセンシングやフランチャイジングといった海外進出の形態においては，特に形式的知識の移転が重要になる。マニュアルや契約書等で利用規定やブランドの使い方，商品の製造や提供・販売方法等を形式的知識化していなければライセンシングによるブランドの毀損が生じる恐れがある。
14　日本の教育サービスである KUMON（公文）の国際化についても，基本的なサービス内容を形式知化し，それを基に海外展開することでサービスの標準化を達成している。また同社の形式知化された内容は，現地で新たな知識を獲得しながら進化している（趙・向山（2009））。
15　J.D. Power（2019）によるホテル満足度ランキングでは 1 泊 35,000 円以上部門において同ホテルが第 1 位を獲得している。同ホテルにおいては，クレドだけでなく，従業員への約束についても共有されている。
16　平山（2004），23 頁，Ritz Carlton の行動規範より抜粋。
17　本内容は各社の Web ページに掲載されている情報に基づき，アルバイト（それぞれ各社 2 名ずつ）にヒアリングした結果を踏まえている。
18　スターバックスにおいては，アルバイト（パートナー）の役職毎に一つ上の役職が，一つ下の役職に教えるという仕組みが用意されており，アルバイト同士で学び合う仕組みも構築されている（黒岩他（2012），62 頁）。
19　この他にも鐘（2005）はセブン−イレブン・ジャパンから，台湾のセブン−イレブン統一超商への知識移転がインフォーマルな（無形知識の）形態で展開されたとしている。ここでは行動規範といった側面ではなく，日本の本社や店舗見学を通して単品管理，共同配送，商品開発等のノウハウが移転されたとしている。
20　つまりブランドや企業のビジョン，ミッション，パーパス，コア・バリュー等を共有する取り組みから始まり（1），取り扱うサービスの内容を踏まえ（2），従業員のニーズや考え方を理解（3）することで，満足度やコミットメントを高める取り組みに繋げるのである。本書では（1）企業要因，（2）製品・産業要因，（3）環境要因としてこれらを説明してきた。
21　Heskett et al.（2008），邦訳，1-14 頁。

第 **16** 章

グローバル・プライシング

　グローバル・マーケティングにおける価格設定は，① 母国市場での価格を展開国にも適用するパターン，② 各国に価格を適合化するパターン，③ 世界共通価格（標準化）を設定するパターンが存在している（Keegan and Green (2017)）。いずにしてもグローバル市場を念頭においた価格設定は様々な要因が複雑に絡み合うため管理が難しい（上田(2002)）。特に各国の経済発展度合いによって価格政策は大きく左右される。生産・製造コストの観点から考えてみても経済発展度合いが高まる程，労働コストも増加する傾向にある。また消費者，顧客，パートナーの観点から考えてみても，経済発展度合いは人々の可処分所得の大きさと関係するため，国や地域によって購買される価格の幅は異なる。CAGE モデルにおいては，経済的な要素として経済規模，貧富の差，天然資源量，人的資源量，インフラ等が挙げられているが，これらは価格政策に強く影響をもたらす要素である[1]。更にインターネットやサービスの発展に伴い，グローバル・プライシングには新たな視点も求められている。本章では価格政策についてグローバル・マーケティングの観点から検討することにする。

1　AAA

　CAGE モデルを提唱した Ghemawat(2007) は，国や地域に存在する差異を活用するための施策を AAA という形でまとめている。AAA とは Adaptation（適合化），Aggregation（集約化・地域化），Arbitrage（裁定）の頭文字を

取ったものであり，CAGE の中でも経済的な要素に関して特に関連性が深い
ものであると述べられている。適合化や集約化については本書でも度々取り
扱ってきたが改めて概要を確認しておく。適合化とは各国，各地域の市場環境
に合わせてマーケティングを変化させることを意味する。母国と展開国間の差
異が大きい場合，適合化が必要となる。しかし全ての市場において適合化を実
施し過ぎてしまえば，規模の経済を損ない適合化に必要な様々なコストも膨大
となる。そこである程度市場環境が類似している国や地域を一括りにして，適
合化を模索しながらも規模の経済を獲得しようとする先に地域化がある。地域
と記載すると，地理的に近い国を括るイメージがあるため Ghemawat（2007）
は集約化という言葉を用いている。必ずしも地理的に近接していなかったとし
ても類似の市場環境を持つ展開地域を集約化して，規模の経済を獲得しようと
するのである。

　なお価格に焦点を絞って検討してみると，AAA の考え方には消費者，顧
客，パートナーへの提供価格についての観点と製品生産・製造に要するコスト
の観点が混在している。上述の通り消費者や顧客，パートナーにとって入手し
やすい価格帯は経済発展度合いによって異なるし，景気によっても人々の購買
意欲は左右される。各国における需要量と供給量を反映し，時と共に価格を変
化させるダイナミック・プライシングについては細かい単位でターゲットを分
類し価格の適合化を図る。適切なターゲットに最適な価格を提示することが需
要を促進させるための要素となる。

　集約化については生産・製造コスト面での利点が大きい[2]。小規模な生産・
製造拠点を分散させるのではなく，大規模な生産・製造拠点を構築し集約させ
ることで規模の経済を最大化させることが可能となる。大規模生産・製造拠点
の構築により，生産・製造コストが逓減する。生産・製造コストを低く抑える
ことによって，消費者や顧客，パートナーへの販売価格も柔軟に設定できるよ
うになるだろう。

　AAA の最後は裁定である。裁定とは最も古くから存在するクロスボーダー
戦略であるとされており，国や地域間の取引価格差を活用する考え方である。
たとえば先進国企業は古くから労働集約型の生産や製造に有利な国や地域で紅
茶やコーヒー等を生産し，経済の豊かな国において販売することで多くの利益

を獲得してきた。労働コストだけでなく，天然資源や得られる情報の量，インフラの状況等は国や地域によって異なる。取り扱う製品や産業の条件に最適な場所で生産・製造を実施し他国の市場で販売することで柔軟な価格設定ができるようになり，価格競争力も獲得することが可能となる[3]。

　価格に焦点をあてて AAA 戦略を概観すると提供価格に関する観点とそれに影響を与える生産・製造コストの観点が含まれていた。生産・製造コストの観点もグローバル・マーケティングにおける価格政策に関連するが，この観点は既にこれまでの章においても触れてきた部分である。そこで本章ではこの先，提供価格に関する観点に焦点を絞ってグローバル・プライシングを検討することにする[4]。

2　価格政策の標準化と適合化

Dolan and Simon(1996) はグローバル市場における価格設定には，標準化，そして適合化を推し進めるそれぞれの要因が存在しているとしている。彼らは価格標準化の要因として，国境の希薄化，物流コストの低下，並行輸入業者等

図表 16-1　グローバル・プライシングに影響を与える要因

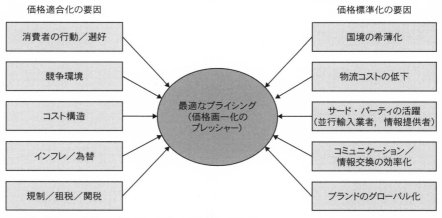

出所：Dolan and Simon(1996)，邦訳，188 頁を一部修正。

といったサード・パーティーの活躍，ブランドのグローバル化，そして EC による情報流通の進展と，それに関わるコミュニケーションや情報交換の効率化を挙げている。また価格適合化の要因としては，競争環境，コスト構造，インフレや為替，規制・租税・関税，そして消費者，顧客，パートナーの行動・選好を挙げている（図表 16-1）。本書ではそれらと関連して，近年，重要性が高まっている要素である ① EC の普及（価格標準化要因），② サービスへの評価（価格適合化要因），そして ③ シェア経済の台頭（価格適合化要因）の 3 点をグローバル・プライシングに影響する要因として挙げる。

2−1　EC の普及

　同じ製品が他国において異なる価格で販売されていたとしたら消費者，顧客，パートナーはどのように感じるだろうか。自国において安い価格で販売されていればお得感を感じるであろうし，逆であれば不満足を生む可能性が高い。EC（Electronic Commerce：電子商取引）が活発化し世界中で多くの人々がインターネットを介した商品購買を行っている。その結果，従来よりも価格の適合化を各国，各地域における消費者，顧客，パートナーが知覚する可能性が高まっている。図表 16-2 は小売販売における EC 比率を示したものである。各国の EC 比率は年々上昇しており，2009 年以降は中国の EC 比率が急速に伸びていることが分かる。AliResearch(2016) によれば，特に外国で展開されている EC サイトを利用する越境 EC の傾向が世界的に急伸しているとされている。図表 16-3 に中国の人々がどの国の EC サイトにおいて商品を購買しているかを示した。ここからアメリカ人も中国人も越境 EC を活発に利用していることが分かる。特に中国人は日本人やアメリカ人よりも海外の EC サイトで商品を購入している[5]。

　越境 EC は価格標準化への圧力を高める。消費者，顧客，パートナーの所在国と別の国において同じ商品でも価格が異なれば，価格に代わる特別なインセンティブが無い限り彼らは最も安価に提供されている国や地域において商品を購買するであろう。また越境 EC によって，インターネットを介して入手できる海外の価格情報の量は増大した。物価が相対的に安価な国や，外国にしか購買対象商品を扱うアウトレットが存在していない場合でも，現地で販売されて

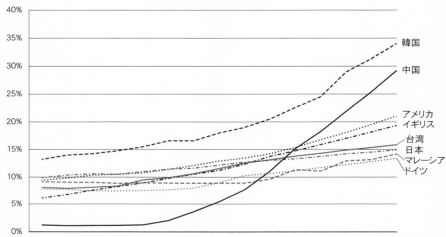

図表 16-2　小売販売における EC 比率

注：Euromonitor passport database においてデータが公開されている 97 カ国の中から，2005-2019 年の小売販売における EC 比率平均が 10％を超えている 8 カ国を抽出した。

出所：Euromonitor passport database より筆者作成（2020 年 9 月 1 日アクセス）。

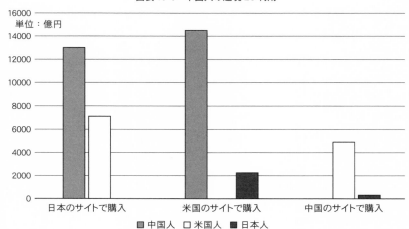

図表 16-3　中国人の越境 EC 利用

出所：経済産業省(2018)，「我が国におけるデータ駆動型社会に係る基盤整備報告書」，10 頁。

いる価格をリアルタイムに近い形で知ることができる。その結果として，同じ
商品を安価に購買するために当該国まで旅行をし，観光を兼ねて購買（もしく
は購買だけを目的に）する人々も存在している[6]。

　展開国間で価格が異なれば，それに伴うブランド・イメージもバラバラにな
り消費者，顧客，パートナーを混乱させる要因となる。特に高級・ラグジュア
リーブランドを展開する場合は価格の標準化が強く求められることになる。一
方で購買頻度が高い最寄り品等については越境 EC の問題は大きくなり難い。
取り扱う商品によって，越境 EC が価格の標準化－適合化に与える影響は変化
する。

　ただし製品の適合化によって越境 EC による価格への影響を抑えることは可
能である。越境 EC に起因する価格政策の問題は，「同じ製品」が異なる価格
で展開されているが故に生じる問題であった。「異なる製品」が異なる価格で
販売されていれば，越境 EC に起因する問題は小さくなる。実際に先進国にお
ける MOP 層では気軽に購入できる価格であったとしても，発展途上国におけ
る MOP 層においては手が届かない価格であることが普通である。そこでコス
ト・イノベーション，グッドイナフ・イノベーション，そして FRUGAL イノ
ベーション（Zeschky et al.(2014)）の様に，性能や機能を削ぎ落して低価格を
実現した発展途上国モデル製品を市場投入することで消費者や顧客，パート
ナーに価格差を理解してもらうことができるだろう。

2－2　サービスへの評価

　サービスへの評価の違いは価格適合化の要因となる。日本の様に基本的な
サービスの対価が小売価格に含まれていると考える国もあれば，チップ文化が
盛んな国の様にサービスに対して追加的に対価を支払う国も存在する。サービ
スを評価する傾向にある国や地域においては，より良いサービスが消費者や顧
客，パートナーの支払い意図額向上に繋がりやすいことが想定される。全ての
製品はサービスと分離することができないとする S–D ロジックを前提とする
と，どのような製品であってもサービスを含めた商品作りが可能である。つま
り各国や各地域においてどのようにサービスを適合化させるかによって，価格
政策も変化させることが可能となる。

　本章ではサービスやそれに関連する経験といった要素に対して，人々の関心
度が各国でどう異なるのかについて検証した。検証にあたっては第10章にお
いても用いたGoogle TrendのTrend指数（キーワードに対する人々の関心度
合い）を用いている。データの収集地域はGoogleが展開している全世界，
データ収集の対象期間は同データベースから入手可能な2004年1月から2020
年2月までである。まず図表8-4において提示した世界の言語分布から，ネイ
ティブ言語人口のTop5と日本語を対象に「サービス」，「経験」に相当する言
葉をキーワードとしてTrend指数を抽出した。言語別にTrend指数の平均値
を算出したところ，サービスに関しては中国語（服務, Mean : 30.32），スペ
イン語（Servicios, Mean : 2.89），英語（Service, Mean : 62.70），ヒンディー
語（सेवा, Mean : 0.39），アラビア語（خدمة, Mean : 0.76），日本語（サービス，
Mean : 3.31）であった。また経験に関しては中国語（経験, Mean : 28.23），
スペイン語（Experiencia, Mean : 10.59），英語（Experience, Mean : 78.29），

図表16-4　サービスに関するTrend指数の世界的傾向

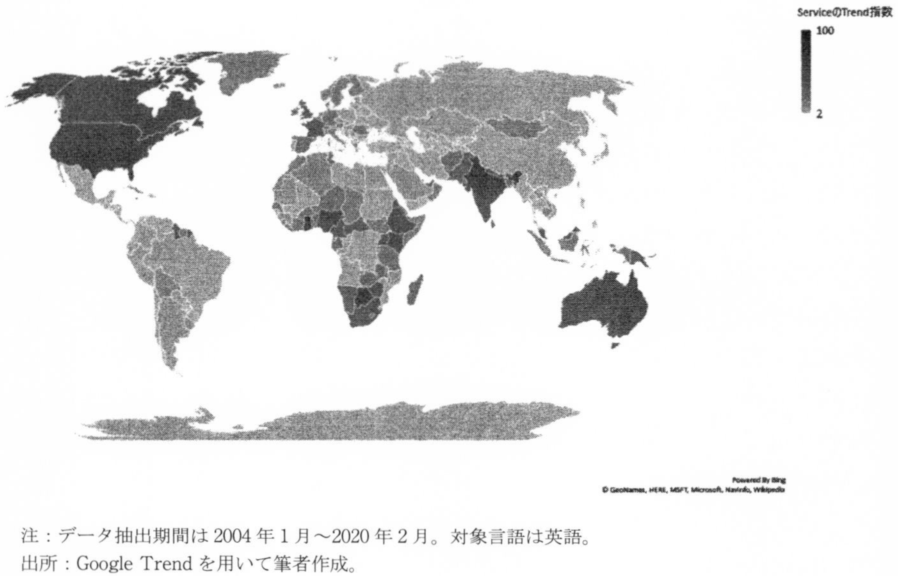

注：データ抽出期間は2004年1月〜2020年2月。対象言語は英語。
出所：Google Trendを用いて筆者作成。

図表 16-5　Experience に関する Trend 指数の世界的傾向

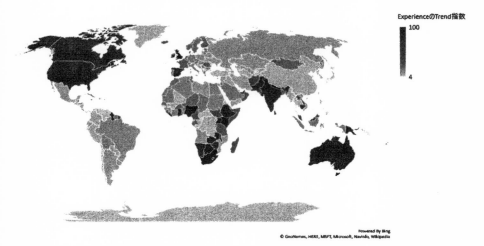

注：データ抽出期間は 2004 年 1 月〜2020 年 2 月。対象言語は英語。
出所：Google Trend を用いて筆者作成。

ヒンディー語（अनुभव, Mean：0.37），アラビア語（تجربة, Mean：1.13），日本語（経験, Mean：6.09）であった。言語別に分散分析を実施してみても，有意に英語の Trend 指数が高いことが分かった（サービス：$F(5, 1158) = 806.23$, $p < .001$，経験：$F(5, 1158) = 1219.76, p < .001$）。これは英語によって，サービスや経験に関する事柄が世界で頻繁に検索されていることを意味している。そこで対象言語を英語に絞り，各国における Trend 指数の傾向を抽出し，各国や各地域の Trend 指数をそれぞれ地図上に示した。図表 16-4 はサービス，図表 16-5 は経験に関する Trend 指数の傾向を示している。

　Trend 指数の世界的傾向は色が濃い国や地域である程，そのキーワードに関する関心度合いが強いことを意味する。今回はいずれのキーワードに関しても類似の傾向があることが概観できる。全体的にサービスよりも経験の方が強い Trend 指数を示している地点が多いのも特徴的である。具体的にサービスに関しては北米，南アフリカ共和国とその近隣国，インドやオーストラリア等で関心度合いが高いことが推察される。また経験についても基本的にサービス

と同様の傾向を示しているが，イギリスやガーナ，ナイジェリア等においても Trend 指数が高まっている。

　提供「物」は世界で標準化されていても，そこに付加させるサービスを工夫することで価格を適合化させることが可能となる。たとえばレストランで給仕される一つ 2 ドルのパンであっても，ラスベガスの Dining in the Sky の様に空中でスリル満点の中で提供されれば 8 ドルでも購買されるかもしれない。サービスを国や地域に合わせて変化させることはつまり商品の適合化を意味する。サービスやそれに伴う経験の提供によって価格政策に変化をもたらすことができるのは，サービスが価格政策に及ぼす影響の強さを意味している。

2−3　シェア経済の台頭

　シェア経済の台頭も，近年のグローバル・プライシングに強い影響をもたらす要因となる。世界的にモノの消費からサービスや経験の消費に人々の行動が変化し始めていることは，シェア経済の台頭によって確認することができる。たとえば公共交通機関が発達している地域では特に，カーシェアやシェアリングサイクル等，移動手段の所有から移動という便益を消費する時代となっている[7]。Baradhi and Eckharadt（2017）はこのような流動的で物質を所有しない消費スタイルをリキッド消費という言葉を用いて概念化している[8]。シェア経済は移動だけでなく，モノ，お金，スキル，空間の 5 領域に分類されており，日本だけでなく世界的に市場規模が急速に増大している[9]。

　世界的なシェア経済に対する関心度を調査するために，ここでも同様に Google Trend の Trend 指数を用いて世界の関心度を検証した。なお今回は Sharing というキーワードを用いて Trend 指数を抽出したが，Sharing というキーワードは多義的であり様々な用途で用いられる。そこで今回はデータ抽出の対象をニュース記事に関するものに限定した。ニュース記事に限定して Sharing というキーワードを指定したところ，関連キーワードの第一位に Sharing economy が抽出され，最も関連しているトピックは経済であることを確認した。これらの点から，Sharing というキーワードをニュース記事に限定して抽出するのが妥当であると判断した。なおニュース記事に限定した場合，データの収集可能範囲は 2008 年からとなるため，抽出したデータの範囲は

図表 16-6　シェア経済に対する世界的な関心度

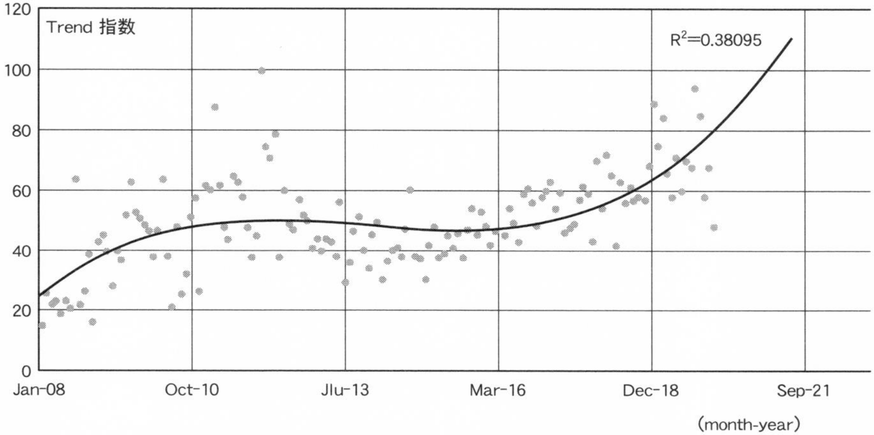

注：データ抽出期間は 2008 年 1 月〜2020 年 2 月。対象キーワードは「Sharing」。ニュース記事に関
　するものに限定しデータを抽出した。
出所：Google Trend を用いて筆者作成。

2008 年 1 月から 2020 年 2 月までとしている。

　図表 16-6 に Trend 指数の時系列散布図を示し，そこへ近似曲線を追加した
（$R^2＝0.38$）。図表 16-6 を確認すると世界的にシェア経済への関心度は高まり
を見せているといえよう[10]。また 1979〜2000 年以降に生まれた世代は世界的
にシェア経済に対し積極的であるとされており，この傾向は今後更に大きくな
ることが予想される（藤原（2020））。

　企業と消費者，顧客，パートナー間で製品を交換する場合と，便益を交換す
る場合とでは基本的に価格の設定方法が異なる。前者は所有権の移転を意味す
るため，製品が壊れて使えなくなるまでの価値が価格へ反映されることにな
る。一方でシェア経済においては製品ではなく，便益が提供される。シェア経
済では，1 回あたりの使用権がやり取りされることになるため価格も 1 回あた
りの使用料金という位置づけになる。類似の概念としてリースやレンタルと
いったものも存在しているが，シェアは基本的にリースやレンタルよりも使用
期間が短く，価格も安いといった性質がある。なおシェア経済には個人の所有
物を共有するパターンだけでなく，企業が提供した製品を不特定多数の消費

者，顧客，パートナーが共有するというパターンも存在している[11]。

　なお近年では製品といった有形物の共有だけでなく，経験やスキルという無形物を共有する動きも出てきている。住宅を共有するプラットフォームを構築したアメリカの Airbnb は個人の持つ経験やスキルに着目し，2017 年からトリップというサービスを展開している[12]。トリップでは旅行者に対して現地の人々が持つスキルを活用して日本で民族衣装について教えたり，ロサンゼルスでサーフィン教室を開催したり，ロンドンで自転車ツアーを実施したりする。これは現地の人々の持つ経験やスキルを旅行者と共有し，体験を旅行者に提供するサービスである。このようにシェア経済は，製品の共有だけでなく経験やスキルといった無形物の共有にも適用されてきており，今後発展の潜在性は計り知れない。

　今後，シェア経済の影響力が更に大きくなれば価格設定にも変化が必要となる。Nielsen（2014）によれば世界の中でも特にアジアにおいてシェア経済は受け入れられており，シェア経済と最も相性の良い国として中国が挙げられている[13]。所有ではなく，シェアという消費形態が顕著な国や地域，文化であれば製品やサービスの展開方法（所有権の移転，もしくは便益の提供）と価格設定にも工夫が求められる。ただし国や地域によってシェア経済の影響力が異なる点には注意が必要である。これは国内においても言えることであるが，様々なインフラが整備されている都心部とそうでない地域ではシェア経済の浸透スピードが異なるのである。シェア経済は製品を多数の人々と共有することで成立する性質を持つため，人口密集地や製品をやり取りするのが容易な（各種インフラが整備されている）地域と相性が良い。その点で，人口が少ない地域やインフラが未整備な状態である地方部においては従来通り所有権の交換が主流となる。

　世界的に人々の消費行動は，モノの所有から，コト・トキへの消費へと移行し始めている。消費者や顧客，パートナーがモノを消費するのか，コト・トキを消費するのかによって必要な価格政策も異なる。一部の国では自動車を販売し，別の国では同じ車種をシェアリング形態で展開するといった様に，各国，各地域において製品の展開方法とそれに伴う価格政策を変化させることができるだろう。

3　リフレーミング

　シェア経済においては，所有権ではなく利用権に対して価格を設定するという特徴があった。価格政策において，このように時間単位で価格を表現し消費者や顧客，パートナーへの需要を喚起することを時間的リフレーミングと呼ぶ（白井（2012a），白井（2012b））。リフレーミングとは心理学において発展してきた概念であり，人々の考え方の枠組みを再定義することを意味する（Grinder and Bandler（1983））。シェア経済の例においても所有することに対する価格でなく，短時間の利用（便益の提供）に対する価格といったように，考え方の枠組みを変化させることで消費へのハードルを下げている。

　越境 EC の箇所において説明した通り，価格に関する情報はリアルタイムで消費者，顧客，パートナー間で共有される時代である。特にプロダクト・ライフ・サイクルが成熟期から衰退期にかけて移行する段階においては，市場に類似製品も多く登場している傾向がある。そのため一度価格が崩れだすと，情報の拡散が迅速であるが故に雪崩の様に低価格競争へ巻き込まれてしまう恐れもある。

　リフレーミングの考え方は価格設定だけでなく，製品の展開方法にも適用することができる。同じ製品であっても付加させるサービスを変化させることで，異なる商品として対象に知覚してもらう上記の取り組みも，リフレーミングにあてはまる。製品に対してのリフレーミングは差別化をもたらす（吉田（2012））。そして差別化は長期的な価格維持に貢献することに繋がるのである。

　製品のリフレーミングについて良い例となるのがウイスキーである。サントリーによれば，世界にはアイリッシュ，スコティッシュ，アメリカン，カナディアン，そして日本製の５大ウイスキーが存在するとされている[14]。ウイスキーは日本国内においても 1950 年代から 1980 年初頭にかけて出荷量が増大していったが，その後は衰退の一途を辿る（久保（2011））。日本における 1998 年以降のウイスキー出荷量を公開している日本洋酒酒造組合のデータを図表 16-7 に示した。これを見ると，2007 年まで急速にウイスキー出荷量は減少の

一途を辿っていることが分かる。1980 年までに流行のピークを迎えたウイスキーには「味の分かる者が嗜む大人のお酒」というイメージが醸成され，若者離れが進行したとされている[15]。しかし 2008 年にサントリーが実施した角ハイボール復活プロジェクトにより，若者向けの新しいウイスキーの飲み方が提案され，製品がリフレーミングされることとなった。まず，これまでのウイスキーの消費スタイルとは異なり，乾杯をする 1 杯目にウイスキーを消費してもらうため炭酸水で割ることによりアルコール度数を下げた。また敢えてジョッキに注ぐことでビール感覚のイメージへと転換したとされている[16]。広告にも積極的に若手の俳優を起用し，消費者だけでなく居酒屋向けにセミナーを開催する等，様々な観点からプロモーションを実施しウイスキーに関わる既存のイメージからのリフレーミングを実施した[17]。

　図表 16-7 では角ハイボール復活プロジェクトが開始した 2008 年から出荷量が回復し，2016 年の時点で 1998 年時点の出荷量を超える伸びを示している。ウイスキーからハイボールへのリフレーミングは世界中で競争の激しいウイスキー市場でなく，日本の文脈を考慮しながら視点や考え方を変えて成功が導かれた良い事例である。展開市場の数だけ現地市場の文脈が存在している。それ

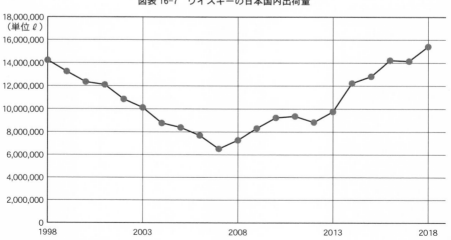

図表 16-7　ウイスキーの日本国内出荷量

出所：日本洋酒酒造組合。

らに合わせながら視点や考え方を検討することで製品にリフレーミングをもたらすことも可能となる。本章は価格に焦点を絞っているが，価格政策は製品の需給量，プロダクト・ライフ・サイクルの段階，そして競合商品の数によって影響を受ける。一つの製品・サービスであっても展開国の文脈において再度視点を変化させることで新たな需要を生み出すこともできる[18]。またリフレーミングが成功すれば競合の少ない市場で展開することができ，低価格競争に巻き込まれる可能性も低下する。

4　ブルー・オーシャン戦略

　需要と供給の論理に立ち返ってみれば，需要量の維持や増加が価格維持にとって肝要であることは明らかである。競合の少ない市場では代替商品も少ないため，価格が維持されやすくなる。ミクロ経済学を経営戦略の分野に応用した Porter(1980) の SCP パラダイムも，「競合の少ない市場」を創出しようとする点においては同様の論理である[19]。Kim and Mauborgne(2015) はブルー・オーシャン戦略という概念で競合の少ない市場における競争について分析している。彼らは競合の多い市場を多くの血が流れている海としてレッド・オーシャンと例えている。そのうえで，レッド・オーシャンにおいて競争を続けるのではなく，そこから抜け出して競争の無い市場であるブルー・オーシャンを創出することが重要であると述べている。ブルー・オーシャン戦略はリフレーミングと相性の良い概念であり，如何に戦わない市場を創出できるかが競争上，重要な点となる。

　グローバルな市場においては，他の多国籍企業だけでなく強い力を持つ現地企業とも戦わなければならない。ただし海外には母国とは異なる文化や商習慣といった様々な文脈が存在する。母国とは異なるこれらの文脈をリフレーミングへと活かすことができれば長期的な価格維持が期待できるであろう。価格維持のためには，① 他社に代替されない唯一無二のブランドを構築するか，② 新しさを生み出し続けるしかない（西村(1992)，Aaker(2014)）。① については本書でこれまで触れてきた内容であるため，本章では ② に焦点を絞った。②

を実現するためには技術の開発も必要ではあるが，それだけではなく価格や製品のリフレーミングも効果的であると考えられる。

5　まとめ

　価格政策に関しては生産・製造コストの観点，消費者，顧客，パートナーへの提供価格に関する観点が存在している。生産・製造コストの観点についてはAAA戦略において，大規模な生産・製造拠点を構築し活動を集約させる点や，裁定の考え方を用いて生産・製造を最適化する取り組みが挙げられていた。また生産・製造コストは第14章において既に取り扱ったグローバルSCMと深い関係にあるため，本章では消費者，顧客，パートナーへの提供価格に関する観点に焦点を絞った。

　ECの普及，サービスへの評価の違い，そしてシェア経済の発展が，近年のグローバル市場における提供価格の設定に特に大きな影響を与えている。インターネットやECの普及が，海外で展開されている価格に関する情報流通を促進し，その結果，価格の標準化を推し進める要因となっている。また国や地域毎に存在するサービスへの評価の差異が，提供価格の設定に影響をもたらすであろう。更に従来の所有権を獲得する消費ではなく，一時的な利用権に対する消費が増大している現状に鑑みれば，製品やサービスの提供方法によって提供価格の設定も変化させることができる。

　製品やサービスの提供方法を変化させて新たな需要を創出するのがリフレーミングである。リフレーミングは製品やサービスの内容変更にまで大きく踏み込まずとも，提供方法を変化させることで新たな価値を創出できる点が特徴的であり，価格の維持にも貢献するものである。競合の多い市場で戦う場合とそうでない場合では，後者の方が相対的に価格の維持が容易である。各国・各地域に存在する文脈に合わせてリフレーミングを実施することで，競合とは異なる土俵（ブルーオーシャン）で戦うことができる。その結果，リフレーミングは価格設定の柔軟性をもたらすだけでなく，価格の維持をも可能にしてくれるだろう。

[注]

1　上田（2002）はグローバル・プライシングを困難にさせている要因として，現地政府と現地企業の関係性についても言及している。たとえば移転価格や関税に関する問題がこれに該当する。また本書で未だ触れていないものとしてダンピング価格問題がある。ダンピングとは，企業が不当に安い価格で製品を輸出し続ける結果，現地産業に打撃を与えてしまう行為となる（経済産業省，「貿易紛争での実力行使，アンチダンピング関税」より）。これらの問題は現地政府や国家間に起因するグローバル・プライシング困難要因となる。

2　Ghemawat（2007），邦訳，248-260 頁。

3　なお制度の差異を利用した租税回避は世界的な問題を引き起こしている。租税回避とは法人税の低い国へ本社の所在地を移し，法人に課税される税金を低く抑えようとする問題である。租税回避地はタックスヘイブンと呼ばれ，多くの企業がペーパーカンパニーを設立していることが明らかになっている。実際に企業の主な機能が当該地域に存在しているのであればまだしも，企業の本質的な機能は何も存在していないケースが多い。租税回避は各国の財政をひっ迫させる要因となっており，EU が租税回避地のブラックリストを作成する等，世界的に問題となっている。

4　諸上・藤沢（2004）はグローバル・マーケティングにおいて価格設定へ影響をもたらす要因を次の 16 にまとめている。① 製品の需給関係，② 製品特性，③ 国際製品ライフサイクルの段階，④ 製品の流通支配力，⑤ 展開国消費者の需要の所得弾力性，⑥ 展開国消費者の需要の価格弾力性，⑦ 補完製品とのシナジー，⑧ 代替品の出現可能性と当該品の需要への影響力，⑨ 市場構造および競争企業の価格設定行動，⑩ 規模の経済性および経験効果のコストへの影響度，⑪ 標的国政府との交渉力，⑫ 取引先企業との交渉力，⑬ 外国為替相場の変動，⑭ 企業イメージ，⑮ 現地社会への還元，⑯ 地球環境保全への取り組み度。

5　中国における越境 EC の動向に関しては川端（2017）に詳しい。

6　染原・宇賀神（2017），52-56 頁。

7　国土交通省（2013），『国土交通白書』。

8　久保田（2020）はリキッド消費の特徴について整理したうえで，本概念のブランドとの関係性と社会におけるリキッド消費の浸透について検証している。

9　首相官邸（2016）より。市場規模については矢野経済研究所（2016），総務省（2017），PwC（2016）より。

10　Zuora 社による世界 12 カ国における 18 歳以上の男女約 1 万 3000 人を対象にした調査では，日本では特に「所有物を減らしたい」と考える人々が多いことが分かっている。日本においてはミニマリストという言葉が 2014 年以降活発に利用されるようになってきており，その背景ともいえるだろう。また所有よりもシェアに興味を持つ人々は特に中国とシンガポールにおいて多いことが明らかとなっている。詳細は Zuora（2019）を参照されたい。

11　企業の所有物を消費者，顧客，パートナーと一定期間共有するものとしてサブスクリプションが存在する。本章ではサブスクリプションをシェア経済の一部と捉えている。

12　Airbnb, https://www.airbnb.jp/host/experiences （2020 年 2 月 27 日アクセス）。

13　Nielsen（2014），p. 5.

14　サントリー Web ページ，「世界の 5 大ウイスキーとは」，https://www.suntory.co.jp/whisky/flight/about.html （2020 年 2 月 27 日アクセス）。

15　サントリー Web ページ，「「ハイボール復活」プロジェクト」，https://www.suntory.co.jp/recruit/fresh/development/kakuhigh.html （2020 年 2 月 27 日アクセス）。

16　同上。

17　同上。

18　原田 (2017) はレクサスのグローバル・ブランド戦略を事例としながら，現地市場への文脈を考慮することがイノベーションの創出につながることを示唆している。

19　SCP パラダイムとは，市場構造（Structure）が企業の行動（Conduct）を規定し，成果（Performance）を決定するという流れから企業の競争優位の源泉を探ろうとする概念である。SCP パラダイムにおいては競合や代替品の脅威を小さくすることが重要な競争優位の鍵であるとされている。詳細は Porter (1980) を参照されたい。

おわりに

　本書では冒頭に複数の問いを立てた。本書を締めくくるにあたり，これらの問いに対する本書なりの回答を示しておく。

1　なぜ企業経営にグローバル・マーケティングの考え方が必要なのか。

　企業経営は国内のみで完結させることが不可能である。既述の通り，製品やサービス，競合他社，取引関係等において海外を視野に入れた展開は不可欠となっている。海外を視野に入れながら企業経営を展開するためには，どのような国や地域でサプライチェーンを構築し，最終的に消費者，顧客，パートナーにとってのどのような価値を創出するかを検討しなければならない。グローバル・マーケティングは，この価値を創出するための考え方である。グローバル化とローカル化が混在しているセミ・グローバリゼーションの世の中にあって，展開国間の共通性と差異を検討しながらも，収益を最大化させる必要がある。ただしグローバル・マーケティングの目的は収益の最大化のみにある訳ではない。

　そもそもマーケティングは，何のために・誰に・いつ・何を・どこで・どのように提供するかに関する活動を意味していた。「何のために」という点が冒頭に来るのは，マーケティングが社会や環境に対しても価値を創出し得ることを意味している。SDGs等といった目標が企業活動にも求められている現在，収益の最大化のみを念頭に置いた企業行動では社会に受け入れられない。企業も社会の中で活動する存在である以上，社会的責任を果たすことが求められている。

2　いつ，どのように企業はグローバル・マーケティングへと足を踏み入れるのか。

　海外展開の動因には，為替に起因するもの，企業の内部資源に起因するもの，プロダクト・ライフ・サイクルに起因するもの，取引コストに起因するもの，寡占的反応と関係するもの，といったように様々なものが検討されてきた。それらを踏まえて Dunning（1979）はこれらを ① 所有（企業）特殊優位性（Ownership Advantages），② 立地特殊優位性（Location Advantages），③ 内部化インセンティブ（Internalization Advantages）に整理している。

　グローバル・マーケティングは国際マーケティングの最終進化形態であった。国内マーケティングが国際マーケティングへと変化するのは，直接輸出を開始し海外直接投資が発生する段階からである。この段階は延長マーケティングと呼ばれていた。海外展開に伴い，企業が次第に経営資源を増大させるにつれ，延長マーケティングは各国，各地域での権限を強めたマルチドメスティック・マーケティングへと進化する。その後，規模の経済の拡大を模索する結果，地域単位での管理を志向するリージョナル・マーケティングへと進化することになる。そして最終的にグローバル・マーケティングへと進化を遂げる。グローバル・マーケティングの段階では，母国市場も世界市場の一部と捉えられ，拠点間の繋がりも強くなる点が特徴であった。

　内部化を志向する度合いによって海外市場におけるグローバル・マーケティングの展開形態も変化する。なお内部化の志向度合いは，企業要因，製品・産業要因，環境要因によって総合的に判断されることとなる。

3　どのようなプロセスを経てグローバル・マーケティングは展開されていくのか。

　企業要因，製品・産業要因，そして環境要因というフィルターを通して，グ

ローバル・マーケティングは展開される。同じ環境にあっても企業が異なる展開を実施するのは企業要因や製品・産業要因が環境の捉え方に影響をもたらしているからである。

　グローバル・マーケティングにおいては標準化と適合化といった観点から，双方を同時達成する複合化が模索される。複合化の実現には，ハイブリッド方策，共通要素方策，複数パターン方策，共通分母方策，SCM，ブランド・コンセプト方策といった具体的方策が存在していた。そして標準化と適合化を模索し，挑戦と失敗を繰り返すプロセスを経てグローバル・マーケティングの実行能力（ダイナミック・ケイパビリティ）が構築されることとなる。

　またグローバル・マーケティングにおいてサービスを検討する際は，知識移転が重要であった。製品とサービスは一体であるというサービス・ドミナント・ロジックに従えば，全ての企業はサービスの標準化 ― 適合化を検討することになる。消費者，顧客，パートナーは製品だけではなく，そこから得られる便益を求めている。製品とサービスを組み合わせながら，一つの商品として各国・各地域においてどのような価値を提供するかの検討がグローバル・マーケティングには求められる。

4　なぜ海外市場への適応だけでは成果が得られないのか。

　市場環境に過度な適合をし続けてしまえば，最終的にコモディティー化へ到達するという論理がデータドリブン・マーケティングのジレンマであった。特にビッグデータや AI の導入が活発化すると，ジレンマが発生するリスクが高まる。グローバル・マーケティングにおいて市場環境適合は重要であるものの，適合させない部分，させる部分の峻別が重要となる。

　ブランド・コンセプト方策においては，変化（適合）させない部分としてコア・コンセプトを，市場環境に応じて変化（適合）させる部分としてサブ・コンセプトが挙げられていた。コア・コンセプトには，企業やブランドの理念やそれに伴うビジョン，ミッション，パーパス，コア・バリュー等が反映される。グローバルな市場においては，標準化による展開が一貫性を生み出し，そ

の点がブランド構築においても重要となる。つまりコア・コンセプトがブランド創りに重要な役割を果たす。

　ブランドを構築することにより，ロイヤルティーの高い消費者，顧客，パートナー基盤を獲得し，長期的な利益が企業へもたらされる。サブ・コンセプトを用いた市場環境への適合も必要ではあるが，コア・コンセプトを用いた市場環境に左右されない一貫性も必要となる。

5　何が各国・各地域の差異を決定づけているのか。

　文化，制度，地理，経済の４側面が各国・各地域の差異を決定づける主要なものとして挙げられる。CAGE モデルでは，これらの観点から国家間・地域間の差異を測定し，基本的に差異が小さいほど貿易量・貿易額が増大するとされている。特に文化については定義の難しい概念である。本書ではグローバル・マーケティングの観点から近年の文化研究について整理し，その課題を提示した。文化は変化の発生しやすい順から，シンボル，ヒーロー，儀礼，価値観が存在していた。特に価値観を意味する国民文化に関しては，既存研究に対して多くの批判が存在している。ただし国民文化の考え方は学術面においても，そして実務面においても国や地域間の差異を検討する際に多く用いられてきており，人々の価値観の理解に貢献してきた。なお文化については国や地域で括ることが適切でない場合がある。一国内において複数の文化が交じり合っている場合もあれば，特定の文化が世界に分散して存在する場合もあるのである。

　本書ではまた，カントリー・オブ・オリジンやカントリー・バイアスといった観点から国や地域の認識の違いが発生していることを取り上げた。特定の国や地域に対するイメージや行動規範等も人々の行動に影響をもたらしているのである。

6　キーコンセプト

　上記に示した複数の問いは，次の大きな問いへと繋がっている。それは「セミ・グローバリゼーションの時代に，企業はいかに国・地域間の共通性と異質性をマネジメントすることができるのだろうか」というものである。本書は一貫して ① 環境への適合とニーズの創造，② 環境に左右されない一貫した軸の形成，③ 変化させない部分と変化させる部分の峻別，④ 一方的ではなく相互作用の関係，といった４つのキーコンセプトによって書かれている。そしてキーコンセプトに共通する観点は「静－動バランス」である。この内容を以て，上記の問いに対する回答とする。

①　環境への適合とニーズの創造

　マーケティングの役割はニーズの把握と反映であると考える読者もいるであろうが，それだけでは不十分である。マーケティングは「Market＋ing」と表す。つまり市場（Market）へ働きかける行為を意味するのである。市場への働きかけには消費者，顧客，パートナーのニーズ（市場動向）の把握と反映が含まれる。ただしマーケティングにはそれだけでなく，市場の創造（潜在ニーズの掘り起こし）といった意味も含まれている。特にグローバルな市場においては，世界の各国・各地域における市場環境が目まぐるしく変化する。変化の激しい市場環境への適合も大事であるが，グローバル・マーケティングは各国・各地域においてニーズを創造する役割も担っていることを忘れてはならない。

②　環境に左右されない一貫した軸の形成

　企業や事業の差別性を長期的に維持するためにも，またグローバル・ブランドを構築するためにも環境に左右されない一貫した軸の形成が肝要である。本書ではコア・コンセプトとして本点について取り扱った。コア・コンセプトは企業やブランドの理念，そしてそれに伴うビジョン，ミッション，パーパス，

コア・バリュー等を反映したブランドの核心となる部分である。この部分が展開国・地域間で異なれば一貫性を失い消費者，顧客，パートナーの混乱を招く。またビジョンやミッション等は，企業やブランドがなぜ存在しているのかという存在意義にも関わるものであり，組織内の人材だけでなく，消費者，顧客，パートナーにとっての求心力ともなりうるものである。

③　変化させない部分と変化させる部分の峻別

　グローバル・マーケティングには，環境に左右されない一貫した軸の部分（コア・コンセプト）だけでなく，環境に適合しなければならない部分（サブ・コンセプト）も存在している。前者を標準化，そして後者を適合化と言い換えることもできるだろう。グローバル・マーケティングは標準化と適合化をミックスさせた複合化により展開される。そのため変化させない（標準化の）部分と，変化させる（適合化の）部分を峻別する必要がある。

　本書では後者について検討するための観点を，文化，制度，地理，経済という側面から取り扱ってきた。市場環境には無視できない強制的なもの，半強制的なもの，そして任意的なものが存在している。グローバル・マーケティングを展開する際は，環境要因の強制的，ならびに半強制的な部分は適合化が不可欠となる。

④　一方的ではなく相互作用の関係

　企業の行動・戦略と市場環境の関係は一方的なものではない。企業の行動や戦略は市場環境の変化に対応して展開されるだけでなく，企業の行動や戦略が市場環境を変化させる側面も存在する。両者は相互作用を繰り返しながら互いに影響を及ぼし合う性質を持つ。たとえばダイナミック・ケイパビリティの考え方においては，市場環境が企業とその能力を形成するとしながらも，同時に企業側が市場を形成する部分も存在するとしている（図表14-7）。またブランド・コンセプト・マネジメントにおいても，市場に影響をもたらすことを想定した戦略は，一方では市場での反応を踏まえて修正されていくという点が示されている（図表5-9）。コカ・コーラ社におけるグローバル・マーケティングの進化でも説明した通り，相互作用を繰り返しながら，グローバル・マーケ

ティングは発展していく。

　人々の活動領域や情報について世界がフラットになる一方で，保護主義と
いった政策や様々な災害をはじめとして，人々の考え方や制度等はローカル化
が進む部分も多い。このようなセミ・グローバリゼーションの世の中におい
て，グローバル・マーケティングの役割は今後さらに大きくなるだろう。
　最後に，本書で取り上げた参考文献を一覧にしておいた。本書を足掛かり
に，読者による知の深耕が促進されれば筆者にとってこの上なき幸せである。

参考文献

Aaker, D.A. (1991), *Managing Brand Equity*, 陶山計介・尾崎久仁博・中田善啓・小林哲訳『ブランド エクイティ戦略 ―競争優位をつくりだす名前，シンボル，スローガン』ダイヤモンド社，1994 年。

Aaker, D.A. (1996), *Building Strong Brands*, 陶山計介・小林哲・梅本春夫・石垣智徳訳，『ブランド 優位の戦略：顧客を創造する BI の開発と実践』，ダイヤモンド社，1997 年。

Aaker, D.A. (2009), "Beyond Functional Benefits", *Marketing News*, September 30, p. 23.

Aaker, D.A. (2014), *Aaker on Branding: 20 Principles that Drive Success*, 阿久津聡訳，『ブランド論： 無形の差別化をつくる 20 の基本原則』，ダイヤモンド社，2014 年。

Agrawal, S. and Ramswami, S. (1992), "Choice of Foreign Market Entry Mode : Impact of Ownership, Location and Internalization Factors", *Journal of International Business Studies*, Vol. 23, No. 1, p. 5.

Alderson, W. (1957), *Marketing Behavior and Executive Action*, 石原武政・風呂勉・光澤滋朗・田村 正紀訳，『マーケティング行動と経営者行為』，千倉書房，1984 年

Aliber R.Z. (1970), "A Theory of Direct Foreign Investment", in Kindleberger C.P. ed. *The Internation- al Corporation: A Symposium*, The Massachusetts Institute of Technology, pp. 17-34.

Allen, T.J., Tushman, M.L. and Lee, D.M. (1979), "Technology Transfer as a Function of Position in the Spectrum from Research Through Development to Technical Services", *Academy of Management Journal*, Vol. 22, No. 4, pp. 694-708.

Alon, I., Jaffe, E., Prange, C. and Vianelli, D. (2017), *Global Marketing: Contemporary Theory, Practice, and Cases*, Second Edition, Routledge.

Arnould, E.J. and Thompson, C.J. (2005), "Consumer Culture Theory (CCT) : Twenty Years of Re- search", *Journal of Consumer Research*, Vol. 31, pp. 868-882.

Arnould, E.J and Thompson, C.J. (2007), "Consumer Culture Theory (and we Really Mean Theoret- ics) : Dilemmas and Opportunities Posed by an Academic Branding Strategy", *Research in Con- sumer Behavior*, Vol. 11, pp. 3-22.

Balmer J.M.T. (2008), "Identity Based Views of the Corporation : Insights from Corporate Identity, Organizational Identity, Social Identity, Visual Identity, Corporate Brand Identity and Corporate Image", *European Journal of Marketing*, Vol. 42, No. 9/10, pp. 879-906.

Bannister, J.P. and Saunders, J.A. (1978), "U.K. Consumers' Attitudes towards Imports : The Manage- ment of National Stereotype Image", *European Journal of Marketing*, Vol. 12, No. 8, pp. 562-570.

Bardhi, F. and Eckhardt, G.M. (2017), "Liquid Consumption", *Journal of Consumer Research*, Vol. 44, Issue 3, pp. 582-597.

Belk, R., Wallendorf, M. and Sherry, J. (1989), "The Sacred and the Profane in Consumer Behavior : Theodicy on the Odyssey", *Journal of Consumer Research*, Vol. 16, No. 1, pp. 1-38.

Bingham, C.B. and Eisenhardt, K.M. (2011), "Rational heuristics : the 'simple rules' that strategists learn from process experience", *Strategic Management Journal*, Vol. 32, Issue 13, pp. 1437-1464.

Booms, B.H. and Bitner, M.J. (1981), "Marketing Strategies and Organizational Structures for Service Firms", Donnelly, J.H. and George, W.R. in ed., *Marketing of Services*, American Marketing Association, pp. 47-51.

Buckley P.J. and Casson, M. (1976), *The Future of Multinational Enterprise*, Macmillan, 清水隆雄訳, 『多国籍企業の将来』, 文眞堂, 1993年.

Bucklin, L.P. (1965), "Postponement, Speculation and the Structure of Distribution Channels", *Journal of Marketing Research*, Vol. 2, No. 1, pp. 26-31.

Cachon, G.P. and Swinney, R. (2011), "The Value of Fast Fashion : Quick Response, Enhanced Design, and Strategic Consumer Behavior", *Management Science*, Vol. 57, No. 4, pp. 778-795.

Cateora, P.R., Gilly, M.C. and Graham, J.L. (2013), *International Marketing*, Sixteenth Edition, McGraw Hill Education.

Caves, Richard E. (2007), *Multinational Enterprise and Economic Analysis*, 3rd edition, Cambridge University Press.

Channon, D.F. and Jalland, M. (1978), *Multinational Strategic Planning*, Palgrave Macmillan.

Chao, P. (2001), "The Moderating Effects of Country of Assembly, Country of Parts, and Country of Design on Hybrid Product Evaluations", *Journal of Advertising*, Vol. 30, No. 4, pp. 67-81.

Chesbrough (2011), *Open Service Innovation: Rethinking Your Business to Grow and Compare in a New Era*, 博報堂大学ヒューマンセンタード・オープンイノベーションラボ監修・監訳, 『オープン・サービス・イノベーション——生活者視点から, 成長と競争力のあるビジネスを創造する』, 株式会社CCCメディアハウス, 2012年。

Chesbrough, H.W. and Teece, D.J. (1996), "Organizing for Innovation : When is Virtual Virtuous?", *Harvard Business Review*, Vol. 74, No. 1, pp. 65-73.

Christopher, M. and Towill, D. (2001), "An Integrated Model for the Design of Agile Supply Chains", *International Journal of Physical Distribution and Logistics Management*, Vol. 31, No. 4, pp. 235-246.

Christensen, C.M. (1997), The Innovator's Dilemma : When New Technologies Cause Great Firms to Fail, 玉田俊平太監訳, 『イノベーションのジレンマ　補強改訂版』, 翔泳社, 2001年。

Chung, S. (2017), "Applying the concept of embeddedness in the retail internationalization : A case study of Japanese convenience store Family Mart in China", *Journal of Applied Business and Economics*, Vol. 19, No. 10, pp. 156-161.

Da Silveira, G., Borenstein, D. and Fogliatto, F.S. (2001), "Mass customization : Literature review and research directions", *International Journal of Production Economics*, Vol. 72, Issue 1, pp. 1-13.

De Mooij, M.K. (1998), *Global Marketing and Advertising -Understanding Cultural Paradoxes-*, Sage Publications.

De Mooij, M.K. (2004), *Consumer Behavior and Culture -Consequences for Global Marketing and Advertising-*, Sage Publications.

Diamantopoulos, A., Schlegelmilch, B. and Palihawadana, D. (2011), "The Relationship between Country-of-Origin Image and Brand Image as Drivers of Purchase Intentions : A Test of Alternative Perspectives", *International Marketing Review*, Vol. 28, No. 5, pp. 508-524.

Dicher, E. (1962), "The World Customer", *Thunderbird International Business Review*, Vol. 4, No.4, pp. 25-27.

Dolan, R.L. and Simon, H. (1996), *Power Pricing: How Managing Price Transforms the Bottom Line*, 吉川尚宏・エコノミクスコンサルティング研究会訳, 『価格戦略論』, ダイヤモンド社, 2002年。

Douglas, S.P. and Craig, C.S. (1989), "Evolution of Global Marketing Strategy : Scale, Scope and Synergy", *The Columbia Journal of World Business*, Vol. 24, No. 3, pp. 47-59.

Douglas, S.P. and Craig, C.S. (1992), "Advances in International Marketing", *International Journal of Research in Marketing*, Vol. 9, Issue 4, pp. 291-318.

Dunn, S.W. (1976), "Effect of National Identity on Multinational Promotional Strategy in Europe", *Journal of Marketing*, Vol. 49, No. 4, pp. 50-57.

Dunning, J.H. (1979), "Explaining Changing Patterns of International Production : In Defense of the Eclectic Theory", *Oxford Bulletin of Economic and Statistics*, Vol. 41, No. 4, pp. 269-295.

Dunning, J.H. (1988), "The Eclectic Paradigm of International Production : A Restatement and Some Possible Extensions", *Journal of International Business Studies*, Vol. 19, No. 1, pp. 1-31.

Eisenhardt, K.M. and Martin, J.A. (2000), "Dynamic Capabilities : What are They?", *Strategic Management Journal*, Vol. 21, Issue 10-11, pp. 1105-1121.

Ettenson, R. and Gaeth, G. (1991), "Consumer Perceptions of Hybrid (bi-national) Products", *Journal of Consumer Marketing*, Vol. 8, No. 4, pp. 13-18.

Fayerweather, J. (1969), *International Business Management*, McGraw-Hill, 戸田忠一訳, 『国際経営論』, ダイヤモンド社, 1975 年。

Fetscherin, M. and Toncar, M. (2010), "The Effects of the Country of Brand and the Country of Manufacturing of Automobiles : An Experimental Study of Consumers' Brand Personality Perceptions", *International Marketing Review*, Vol. 27, No. 2, pp. 164-178.

Funk, C.A., Arthurs, J.D., Treviño, L.J. and Joireman, J. (2010), "Consumer Animosity in the Global Value Chain : The Effect of International Production shifts on Willingness to Purchase Hybrid Products", *Journal of International Business studies*, Vol. 41, No. 4, pp. 639-651.

Furukawa, H. (2018), "Global Marketing Management Based on the Brand Concept : A Theoretical Framework", 『淑徳大学研究年報』, Shukutoku University, Vol. 1, pp. 241-252.

Furukawa H. (2019), "The Dilemma of Data-Driven Marketing in the Era of Big Data and AI : from the Perspective of Global Marketing and National Culture," *The Journal of Japan Society for Distributive Sciences (JSDS)*, No. 44, pp. 121-130.

Furusawa, M., Brewster, C. and Takashina, T. (2016), "Normative and systems integration in human resource management in Japanese multinational companies", *Multinational Business Review*, Vol. 24, No. 2, pp. 82-105.

Gaedeke, R. (1973), "Consumer Attitudes toward Products 'Made in' Developing Countries", *Journal of Retailing*, Vol. 49, No. 2, pp. 13-24.

Gadiesh, O., Leung, P. and Vestring, T. (2007), "The Battle for China's Good-Enough Market", Harvard Business Review, Vol. 85, No. 9, pp. 81-89.

Gelade, G.A. and Young, S. (2005), "Test of a Service Profit Chain Model in the Retail Banking Sector", *Journal of Occupational and Organizational Psychology*, Vol. 48, pp. 1-22.

Cachon, G.P. and Swinney, R. (2011), "The Value of Fast Fashion : Quick Response, Enhanced Design, and Strategic Consumer Behavior", *Management Science*, Vol. 57, No. 4, pp. 778-795.

Ghemawat, P. (2007), *Redefining Global Strategy: Crossing Borders in a World Where Differences Still Matter*, 望月衛訳, 『コークの味は国ごとに違うべきか』, 文藝春秋, 2009 年。

Ghemawat, P. (2009), "Competitiveness, Productivity and Externalization : Food Versus Autos in Catalonia", Working paper, IESE Business School, July, p. 16. pp. 1-34.

Goi, C.L. (2009), "A Review of Marketing Mix : 4Ps or More?", *International Journal of Marketing Studies*, Vol. 1, No. 1, pp. 2-15.

Govindarajan, V. and Trimble, C. (2012), *Reverse Innovation: Create Far From Home, Win Everywhere*, Harvard Business Review Press.

Govoni, N.A. (2003), *Dictionary of Marketing Communications*, SAGE Publications.

Granger, C.W.J. (2001), "Spurious Regressions in Econometrics", in Baltagi, B.H. ed., *A Companion to*

Theoretical Econometrics, Blackwell Publishing.

Grinder, J. and Bandler, R. (1983), *Reframing: Neuro-linguistic Programming and the Transformation of Meaning*, Real People Press.

Hair, J.F., Black, Q.C., Babin, B.J. and Anderson, R.E. (2014), *Multivariate Data Analysis*, Essex CM, Pearson Education Limited.

Hall, E.T. (1976), *Beyond Culture*, Anchor Books.

Hammond, A., Kramer, W., Katz, R., Tran, J. and Walker, C. (2007), *The Next 4 Billion: Market Size and Business Strategy at the Base of the Pyramid*, World Resources Institute and International Finance Corporation.

Hart, S. (2007), *Capitalism at the Crossroads: Aligning Business, Earth, and Humanity*, 石原薫訳, 『未来をつくる資本主義 ―世界の難問をビジネスは解決できるか―』, 英治出版, 2008 年。

Heskett, J.L., Jones, T.O., Loveman, G.W., Sasser, W.E.J. and Schlesinger, L.A. (1994), "Putting the Service-Profit Chain to Work", *Harvard Business Review*, Vol. 72, No. 2, pp. 164-174.

Heskett, J.L., Sasser, W.E. and Wheeler, J. (2008), *The Ownership Quotient: Putting the Service Profit Chain to Work for Unbeatable Competitive Advantage*, 川又啓子・諏澤吉彦・福冨言・黒岩健一郎翻訳, 『OQ（オーナーシップ指数）―サービスプロフィットチェーンによる競争優位の構築』, 同文館, 2010 年。

Hirschman, E. and Holbrook, M. (1982), "Hedonic Consumption : Emerging Concepts, Methods and Propositions", *Journal of Marketing*, Vol. 46, No. 3, pp. 92-101.

Hogan, T.P., Benjamin, A. and Brezinski, K.L. (2000), "Reliability methods : A note on the frequency of use of various types", *Educational, Psychological Measurement*, Vol. 60, No. 4, pp. 523-531.

Hofstede, G. (1980a), " Motivation, Leadership and Organization : Do American Theories Apply Abroad?", *Organizational Dynamics*, Vol. 9, No. 1, pp. 42-63.

Hofstede, G. (1980b), *Culture's Consequences*, Sage Publications, 萬成博・安藤文四郎訳, 『経営文化の国際比較 ―多国籍企業の中の国民性―』, 産業能率大学出版部, 1984 年。

Hofstede, G. (1983), "The Cultural Relativity of Organizational Practices and Theories", *Journal of International Business Studies*, Vol. 14, No. 2, pp. 75-89.

Hofstede, G. (1991), *Cultures and Organizations -Software of the Mind-*, McGraw Hill International, 岩井紀子・岩井八郎訳, 『多文化世界 ―違いを学び共存への道を探る―』, 有斐閣, 1995 年。

Hofstede, G., and Bond, M.H. (1984), "Hofstede's Culture Dimensions : An Independent Validation Using Rokeach's Value Survey", *Journal of Cross-Cultural Psychology*, Vol. 15, No. 4, pp. 417-433.

Hofstede, G., and Bond, M.H. (1988), "The Confucius Connection : From Cultural Roots to Economic Growth", *Organizational Dynamics*, Vol. 16, No. 4, pp. 5-21.

Hofstede, G., Hofstede, G.J., Minkov, M. (2010), *Cultures and Organizations -Software of the Mind-*, 3rd edition, McGraw Hill, 岩井八郎, 岩井紀子訳, 『多文化世界 ―違いを学び未来への道を探る 原書第 3 版―』, 有斐閣, 2013 年。

Hofstede, G., Neuijen, B., Ohayv, D.D. and Sanders, G. (1990), "Measuring Organizational Cultures : A Qualitative and Quantitative Study Across Twenty Cases", *Administrative Science Quarterly*, Vol. 35, No. 2, pp. 286-316.

Holbrook, M.B. (1996), "Customer Value -A Framework for Analysis and Research", *Advances in Consumer Research*, Vol. 23, pp. 138-142.

Holbrook, M.B. and Hirschman, E.C. (1982), "The Experiential Aspects of Consumption : Consumer Fantasies, Feelings, and Fun", *Journal of Consumer Research*, Vol. 9, No. 2, pp. 132-140.

Hollensen, S. (2016), *Global Marketing*, 7th edition, Pearson.

Holt, D.B., Quelch, J.A. and Taylor, E.L. (2004), "How Global Brands Compete", *Harvard Business Review*, Vol. 82, No. 9, pp. 68-75.

House, R.J., Hanges, P.J., Javidan, M., Dorfman, P.W. and Gupta, V. (2004), *Culture, Leadership, and Organizations: The GLOBE Study of 62 Societies*, Sage Publications.

Hsieh, M.H. (2002), "Identifying Brand Image Dimensionality and Measuring the Degree of Brand Globalization : A Cross-National Study", *Journal of International Marketing*, Vol. 10, No. 2, pp. 46-67.

Hsu, C.K. (2017), "Selling Products by Selling Brand Purpose", *Journal of Brand Strategy*, Vol. 5, No. 4, pp. 373-394.

Hung, H.C., Chiu, Y.C. and Wu, M.C. (2017), "Analysis of Competition Between IDM and Fabless-Foundry Business Models in the Semiconductor Industry", *IEEE Transactions on Semiconductor Manufacturing*, Vol. 30, No. 3, pp. 254-260.

Huszagh, M.H., Fox, R.J. and Day, E. (1986), "Global Marketing : An Empirical Investigation", *Columbia Journal of World Business*, Vol. 20, No. 4, pp. 31-43.

Hutzschenreuter, T., Han, U.S., and Kleindienst, I. (2018), "Exploring managerial intentionality", *Managerial Decision Economics*, Vol. 41, pp. 406-414.

Hymer, S. (1960), The International Operations of National Firms : A Study o of Direct Foreign Investment, *Doctoral Dissertation*, MIT Press.

Inglehart, R. and Baker, W.E. (2000), "Modernization, Cultural Change, and the Persistence of Traditional Values", *American Sociological Review*, Vol. 65, No. 1, pp. 19-51.

Jaffe, E.D. and Nebenzahl, I.D. (2006), *National Image & Competitive Advantage: The Theory and Practice of Place Branding*, 2nd edition, Copenhagen Business School Press.

Jeannet, J.P. and Hennessey, H.D. (2004), *Global Marketing Strategies*, Houghton Mifflin College.

Jiménez, N.H. and Martín, S.S. (2010), "The Role if Country-Of-Origin, Ethnocentrism and Animosity in Promoting Consumer Trust. The Moderating Role of Familiarity", *International Business Review*, Vol. 19, pp. 34-45.

Johanson, J. and Vahlne, J.E. (1977), "The Internationalization Process of the Firm—A Model of Knowledge Development and Increasing Foreign Market Commitments", *Journal of International Business Studies*, Vol. 8, pp. 23-32.

Keegan, W.J. (1969), "Multinational Product Planning : Strategic Alternatives", *Journal of Marketing*, Vol. 33, No. 1, pp. 58-62.

Keegan, W.J. and Green, M.C. (2017), *Global Marketing*, Ninth Edition, Pearson.

Keller, K.L. (1993), "Conceptualizing, Measuring, and Managing Customer-Based Brand Equity", *Journal of Marketing*, Vol. 57, No. 1, pp. 1-22.

Khanna, S.R. (1986), "Asian Companies and the Country Stereotype paradox : An Empirical Study", *Columbia Journal of World Business*, Vol. 21, Issue 2, pp. 29-38.

Kindleberger, C.P. (1984), *Multinational Excursions*, MIT Press.

Kim and Mauborgne (2015), *Blue Ocean Strategy: Expanded Edition*, 入山章栄監訳, 有賀裕子訳, 『［新版］ブルー・オーシャン戦略：競争の無い世界を創造する』, ダイヤモンド社。

Klein, J.G. and Ettenson, R. (1999), "Consumer Animosity and Consumer Ethnocentrism : An Analysis of Unique Antecedents", *Journal of International Consumer Marketing*, Vol. 11, No. 4, pp. 5-24.

Klein, J., Ettenson, R. and Morris, M. (1998), "The Animosity Model of Foreign Product Purchase : An Empirical Test in the People's Republic of China", *Journal of Marketing*, Vol. 62, pp. 89-100.

Knickerbocker, F.T. (1973), *Oligopolistic Reaction and Multinational Enterprise*, 藤田忠訳, 『多国籍

企業の経済理論』，東洋経済新報社，1978 年。

Kosterman, R. and Feshback, S. (1989), "Toward a Measure of Patriotic and Nationalistic Attitudes", *Political Psychology*, Vol. 10, No. 2, pp. 257-274.

Kotabe, M. and Helsen, K. (1998), *Global Marketing Management*, Wiley.

Kotler, P. and Armstrong, G. (2006), *Principles of Marketing*, Pearson Prentice Hall.

Kotler, P., Kartajaya, H. and Huan H.D. (2007), *Think ASEAN ! Rethinking Marketing toward ASEAN Community 2015*，洞口治夫訳，『ASEAN マーケティング』，マグロウヒル・エデュケーション，2007 年。

Kotler, P., Kartajaya, H. and Setiawan, I. (2010), *Marketing 3.0 -From Products to Consumers to the Human Spirit*，恩藏直人監修，藤井清美訳，『マーケティング３．０ ―ソーシャルメディア時代の新法則』，朝日新聞出版，2008 年。

Kotler, P., Kartajaya, H. and Setiawan, I. (2016), *Marketing 4.0 -Moving from Traditional to Digital*，恩藏直人監修，藤井清美訳，『コトラーのマーケティング４．０ ―スマートフォン時代の究極法則』，朝日新聞出版，2017 年。

Kreutzer, R.T. (1988), "Marketing-Mix Standardization : An Integrated Approach in Global Marketing", *European Journal of Marketing*, Vol. 22, Issue 10, pp. 19-30.

Kroeber, A.L. and Kluckhohn, C. (1952), *Culture; A Critical Review of Concepts and Definitions*, Harvard University Printing.

Kumar, V., Singh, D., Purakayastha, A., Popli, M. and Gaur, A. (2020), "Springboard Internalization, by Emerging Market Firms : Speed of First Cross-Border Acquisition", *Journal of International Business*, Vol. 51, pp. 172-193.

Kurzweil, R. (2006), *The Singularity is near: When Humans Transcend Biology*, Penguin Books.

Landrum, N.E. (2014), "Defining a Base of the Pyramid Strategy", *International Journal of Business and Emerging Markets*, Vol. 6, No. 4, pp. 286-297.

Laroche, M., Kirpalani, V.H., Pons, F. and Zhou, L. (2001), "A Model of Advertising Standardization in Multinational Corporations", *Journal of International Business Studies*, Vol. 32, No. 2, pp. 249-266.

Lee, R. and Lee, K.T. (2013), "The Longitudinal Effects of a Two-Dimensional Consumer Animosity", *Journal of Consumer Marketing*, Vol. 30, Issue. 3, pp. 273-282.

Leibenstein, H. (1950), "Bandwagon, Snob, and Veblen Effects in the Theory of Consumers' Demand", *Quarterly Journal of Economics*, Vol. 64, No. 2, pp. 183-207.

Levitt, T. (1960a), "Marketing Myopia", Harvard Business Review, Vol. 38, pp. 45-56.

Levitt, T. (1960b), "M-R Snake Dance", Harvard Business Review, Vol. 38, pp. 76-84.

Levitt, T. (1969), The Marketing Mode : Pathways to Corporate Growth，土岐坤訳，『マーケティング発想法』，ダイヤモンド社，1971 年。

Levitt, T. (1983), "The Globalization of Markets", *Harvard Business Review*, May-June, pp. 93-102.

Levy, S.J. (1959), "Symbols for Sale", *Harvard Business Review*, Vol. 37, No. 4, pp. 117-124.

Lillis, C.M. and Narayana, C.L. (1974), "Analysis of Made in Product Images : An Exploratory Study", *Journal of International Business Studies*, Vol. 5, No. 1, pp. 119-127.

Lovelock, C. and Wirtz, J. (2011), *Service Marketing-People, Technology, Strategy*, Seventh Edition, Pearson.

Lovelock, C. and Wright, L.K. (1999), *Principle of Service Marketing and Management*，小宮路雅博監訳・高畑秦・藤井大拙訳，『サービス・マーケティング原理』，白桃書房，2002 年。

Lynn, M., Zinkhan, G.M., Harris, J. (1993), "Consumer Tipping : A Cross-Country Study", *Journal of Consumer Research*, Vol. 20 (December), pp. 478-488.

Magnusson, P., Westjohn, S.A. and Zdravkovic, S. (2011), ""What? I Thought Samsung Was Japanese" : Accurate or Not, Perceived Country of Origin Matters", *International Marketing Review*, Vol. 28, No,5, pp. 454–472.

McAlister, L. (1982), "A Dynamic Attribute Satiation Model of Variety-Seeking Behavior", *Journal of Consumer Research*, Vol. 9, No. 2, pp. 141–150.

McAlister, L. and Passemier, E. (1982), "Variety Seeking Behavior : An Interdisciplinary Review", *Journal of Consumer Research*, Vol. 9, No. 3, pp. 311–322.

McCarthy, E.J. (1960), *Basic Marketing: A Managerial Approach*, Richard D. Irwin Inc..

McDonald, R.P. (1978), "Generalizability in factorable domains : Domain validity, generalizability", *Educational and Psychological Measurement*, Vol. 38, No. 1, pp. 75–79.

Minkov, M. and Hofstede, G. (2011), "The Evolution of Hofstede's Doctrine", *Cross Cultural Management: An International Journal*, Vol. 18, No. 1, pp. 10–20.

Mooij, M.K. de (1998), *Global Marketing and Advertising −Understanding Cultural Paradoxes−*, Sage Publications.

Mooij, M.K. de (2004), *Consumer Behavior and Culture −Consequences for Global Marketing and Advertising−*, Sage Publications.

Nebenzahl, I.D. and Jaffe E.D. (1996), "Measuring the joint effect of brand and country image in consumer evaluation of global products", *International Marketing Review*, Vol. 13, Issue 4, pp. 5–22.

Obermiller, C. and Spangenberg, E. (1989), "Exploring the Effects of Country of Origin Labels : an Information Processing Framework", *Advances in Consumer Research*, Vol. 16, pp. 454–459.

Olsen, J.E., Granzin, K.L. and Biswas, A. (1993), "Influencing consumers' selection of domestic versus imported products : implications for marketing based on a model of helping behavior", *Journal of the Academy of Marketing Science*, Vol. 21, No. 4, pp. 307–21.

Park, W.C., Jaworski, B.J. and MacInnis, D.J. (1986), "Strategic Brand Concept-Image Management", *Journal of Marketing*, Vol. 50, No. 4, pp. 135–145.

Perlmutter, H.V. (1954), "Some Characteristics of The Xenophilic Personality", *The Journal of Psychology*, Vol. 38, Issue. 2, pp. 291–300.

Perlmutter, H.V. (1969), "The Tortuous Evolution of the Multinational Corporation", *Columbia Journal of World Business*, Vol. 4, pp. 9–18.

Pine, J.B. and Gilmore, J.H. (1999), *The Experience Economy: Work is Theater & Every Business a Stage*, 岡本慶一, 小高尚子訳『[新訳]経験経済 —脱コモディティ化のマーケティング戦略』, ダイヤモンド社, 2005年.

Polanyi, M. (1983), *The Tacit Dimension*, 高橋勇夫訳『暗黙知の次元』, 筑摩書店。

Porter, M.E. (1980), *Competitive Strategy: Techniques for Analyzing Industries and Competitors*, Free Press.

Porter, M.E. (1986), *Competition in Global Industries*, 土岐坤・小野寺武夫・中辻万治訳, 『グローバル企業の競争戦略』, ダイヤモンド社, 1989年。

Prahalad, C.K. and Hammond, A. (2002), "Serving the world's poor, profitably", *Harvard Business Review*, Vol. 80, No. 9, pp. 1–11.

Quelch, J.A. and Hoff, E.L. (1986), "Customizing Global Marketing", *Harvard Business Review*, Vol. 64, No. 3, pp. 59–68.

Rawwas, M.Y.A., Rajendran, K.N. and Wuehrer, G.A. (1996), "The influence of world mindedness and nationalism on consumer evaluation of domestic and foreign products", *International Marketing Review*, Vol. 13, No. 2, pp. 20–38.

Rialp, A., Rialp, J. and Knight, G.A. (2005), "The Phenomenon of Early Internationalizing Firms : What do We Know After a Decade (1993-2003) of Scientific Inquiry?", *International Business Review*, Vol. 14, pp. 147-166.

Riefler, P. and Diamantopoulos, A. (2009), "Consumer cosmopolitanism : Review and replication of the CYMYC scale", *Journal of Business Research*, Vol. 62, pp. 407-419.

Robinson, A.B., Tuli, K.R. and Kohli, A.K. (2015), "Does Brand Licensing Increase a Licensor's Shareholder Value?", *Management Science*, Vol. 61, No. 6, pp. 1436-1455.

Rogers, E.M. (1976), "New Product Adoption and Diffusion", *Journal of Consumer Research*, Vol. 2, No. 4, pp. 290-301.

Rosch, M. and Segler, K.G. (1987), "Communication with Japanese", *Management International Review*, Vol. 27, No. 4, pp. 56-67.

Rostow, W.W. (1959), "The Stage of Economic Growth", *The Economic History Review*, Vol. 12, No. 1, pp. 1-16.

Rostow, W.W. (1960), *The Stages of Economic Growth -A Non-Communist Manifesto-*, Cambridge University Press, 木村健康・久保まち子・村上泰亮訳, 『経済成長の諸段階　一一つの非共産党宣言一』, ダイヤモンド社, 1974 年。

Roth, M.S. (1992), "Depth Versus Breadth Strategies for Global Brand Image Management", *Journal of Advertising*, Vol. 21 (June), pp. 23-36.

Roth, M.S. (1995a), "The Effects of Culture and Socioeconomics on the Performance of Global Brand Image Strategies", *Journal of Marketing Research*, Vol. 32, No. 2, pp. 163-175.

Roth, M.S. (1995b), "Effects of Global Market Conditions on Brand Image Customization and Brand Performance", *Journal of Advertising*, Vol. 24 (Winter), pp. 55-75.

Rugman, A.M. (1981), *Inside the Multinationals*, Colombia University Press, 江夏健一・中島潤・有澤孝義・藤沢武史訳, 『多国籍企業と内部化理論』, ミネルヴァ書房, 1983 年。

Sanchez, R. (1995), "Strategic Flexibility in Product Competition", *Strategic Management Journal*, Vol. 16, pp. 135-159.

Schmitt, B.H. (1999), *Experiential Marketing: How to Get Customer to Sense, Feel, Think, Act, and Relate to Your Company and Brands*, 嶋村和恵・広瀬盛一訳, 『経験価値マーケティング　一消費者が「何か」を感じるプラス α の魅力』, ダイヤモンド社, 2000 年。

Schmitt, B.H. (2003), *Customer Experience Management: A Revolutionary Approach to Connecting with Your Customers*, 嶋村和恵・広瀬盛一訳, 『経験価値マネジメント　一マーケティングは, 製品からエクスペリエンスへ』, ダイヤモンド社, 2004 年。

Schumpeter, J, (1911), *Theorie der Wirtschaftlichen Entwicklung*, Duncker und Humblot.

Schooler, R.D. (1965), "Product Bias in the Central American Common Market", *Journal of Marketing Research*, Vol. 2, No. 4, pp. 394-397.

Schwartz, S.H. (1999), "A Theory of Cultural Values and Some Implications for Work", *Applied Psychology: An International Review*, Vol. 48, No. 1, pp. 23-47.

Schwartz, S.H. (2006), "A Theory of Cultural Value Orientations : Explication and Applications", *Comparative Society*, Vol. 5, Issue 2-3, pp. 137-182.

Shankarmahesh, M.N. (2006), "Consumer Ethnocentrism : An Integrative Review of Its Antecedents and Consequences", *International Marketing Review*, Vol. 23, No. 2, pp. 146-172.

Sharma, P. (2011), "Country of Origin Effects in Developed and Emerging Markets : Exploring the Contrasting Roles of Materialism and Value Consciousness", *Journal of International Business Studies*, Vol. 62, No. 2, pp. 285-306.

Sharma, S., Shimp, T.A. and Shin, J. (1995), "Consumer ethnocentrism : a test of antecedents and moderators", *Journal of the Academy of Marketing Science*, Vol. 23, No. 1, pp. 26-37.

Sheth, J. and Sisodia, R. (2012), *The 4A's of Marketing: Creating Value for Customers, Companies and Society*, 小宮路雅博訳,『The 4A・オブ・マーケティング』, 同文舘出版, 2014年。

Sheth, J.N., Newman, B.I., Gross, B.L. (1991a), *Consumption Values and Market Choices: Theory and Applications*, South-Western Publishing Co..

Sheth, J.N., Newman, B.I., Gross, B.L. (1991b), "Why We Buy What We Buy : A Theory of Consumption Values", *Journal of Business Research*, Vol. 22, pp. 159-170.

Shimp, T. and Sharma, S. (1987), "Consumer ethnocentrism : Construction and validation of the CETSCALE", *Journal of Marketing Research*, Vol. 24, pp. 280-289.

Smith, P.B. and Dugan, S. (1996), "National Culture and the Values of Organizational Employees", *Journal of Cross-Cultural Psychology*, Vol. 27, Issue 2, pp. 231-259.

Smith, P.B. and Bond, M.H. (1998), *Social Psychology across Cultures*, 2nd ed., Prentice Hall, 笹尾敏明・磯崎三喜年訳,『グローバル化時代の社会心理学』, 北大路書房, 2003年。

Solomon, M.R. (2013), *Consumer Behavior*, 10th Edition, 松井剛監訳,『ソロモン消費者行動論』, 丸善出版, 2015年。

Sweeney, J.C. and Soutar, G.N. (2001), "Consumer Perceived Value : The Development of a Multiple item scale", *Journal of Retailing*, Vol. 77, pp. 203-220.

Takeuchi, H. and Porter, M.E. (1986), "Three Roles of International Marketing in Global Strategy", in Porter, M.E. ed. *Competition in Global Industries*, Harvard Business School Press, Chapter 4, pp. 111-146.

Teece, D.J. (2007), "Explicating Dynamic Capabilities : The Nature and Microfoundations of (Sustainable) Enterprise Performance", *Strategic Management Journal*, Vol. 28, pp1319-1350.

Teece, D.J. (2009), *Dynamic Capabilities & Strategic Management*, 谷口和弘・蜂巣旭・川西章弘・ステラSチェン訳,『ダイナミック・ケイパビリティ戦略 : イノベーションを誘発し, 成長を加速させる力』, ダイヤモンド社。

Trompenaars, F. and Hampden-Turner, C. (1997), *Riding the Waves of Culture*, 2nd edition, Nicholas Brealey Publishing Ltd., 須貝栄訳,『異文化の波 ―グローバル社会 : 多様性の理解―』, 白桃書房, 2001年。

Trotignon, J. (2010), "Does Regional Integration Promote the Multilateralization of Trade Flows? : a Gravity Model Using Panel Data", *Journal of Economic Integration*, Vol. 25, No. 2, pp. 223-251.

Tushman, M.L. (1977), "Special Boundary Roles in the Innovation Process", *Administrative Science Quarterly*, Vol. 22, No. 4, pp. 587-605.

Tushman, M. and Scanlan, T. (1981), "Boundary Spanning Individuals : Their Role in Information Transfer and Their Antecedents", *The Academy of Management Journal*, Vol. 24, No. 2, pp. 289-305.

Usui, T., Kotabe, M. and Murray, J.Y. (2017), "A Dynamic Process of Building Global Supply Chain Competence by New Ventures : The Case of Uniqlo", *Journal of International Marketing*, Vol. 25, No. 3, pp. 1-20.

Van Pham, K. (2006), "Strategic Offshoring from a Decomposed COO's Perspective : A Cross-regional Study of Four Product Categories", *Journal of the American Academy of Business*, Vol. 8, No. 2, pp. 59-66.

Vargo, S.L. and Lusch, R.F. (2004), "Evolving to a New Dominant Logic for Marketing", *Journal of Marketing*, Vol. 68, No. 1, pp. 1-17.

Verlegh, P.W.J. (2007), "Home Country Bias in Product Evaluation : The Complementary Roles of Economic and Socio-Psychological Motive", *Journal of International Business Studies*, Vol. 38, pp. 361-373.

Verlegh, P.W.J. and Steenkamp, J.B.E.M. (1999), "A Review and Meta-Analysis of Country-Of-Origin Research", *Journal of Economic Psychology*, Vol. 20, pp. 521-546.

Vernon, R. (1966), "International Investment and International Trade in the Product Cycle", *The Quarterly Journal of Economics*, Vol. 80, pp. 190-207.

Vogel, E.F. (1979), *Japan as Number One: Lessons for America*, Harvard University Press.

Wang, C.L., Li, D., Barnes, B.R. and Ahn, J. (2012), "Country Image, Product Image and Consumer Purchase Intention : Evidence from an Emerging Economy", *International Business Review*, Vol. 21, pp. 1041-1051.

Walters, P.G.P. and Toyne, B. (1989), "Product Modification and Standardization in International Markets : Strategic Options and Facilitating Policies", *Colombia Journal of World Business*, Winter, pp. 37-44.

Wells, L.T. (1968), "A Product Life Cycle for International Trade?" *Journal of Marketing*, Vol. 32, No. 3, pp. 1-6.

Williamson, O. (1975), *Markets and Hierarchies, Analysis and Antitrust Implications: A Study in the Economics of Internal Organization*, 浅沼萬里・岩崎晃訳,『市場と企業組織』, 日本評論社, 1980年。

Williamson, P. (2010), "Cost Innovation : Preparing for a 'Value-for-Money' Revolution", *Long Range Planning*, Vol. 43, pp. 343-353.

Wind, Y. and Douglas, S.P. (1972), "International Market Segmentation", *European Journal of Marketing*, Vol. 6, No. 1, pp. 17-25.

Wind, Y., Douglas, S.P. and Perlmutter, H.V. (1973), "Guidelines for Developing International Marketing Strategies", *Journal of Marketing*, Vol. 37, No. 2, pp. 14-23.

Woo, H. (2016), *Single Brand with Multiple Country Images: The Effect of Discrepancies Between Country Images on Brand Credibility and Prestige*, Ph.D. Dissertation, The Graduate School at The University of North Carolina at Greensboro.

Zeithaml, V.A. (1988), "Consumer Perceptions of Price, Quality, and Value : A Means-End Model and Synthesis of Evidence", *Journal of Marketing*, Vol. 52, No. 3, pp. 2-22.

Zeschky, M.B., Widenmayer, B. and Gassmann, O. (2011), "FRUGAL Innovation in Emerging Markets", *Research-Technology Management*, Vol. 54, No. 4, pp. 38-45.

Zeschky, M.B., Winterhalter, S. and Gassman, O. (2014), "From Cost to Frugal and Reverse Innovation : Mapping the Field and Implications for Global Competitiveness", *Research-Technology Management*, Vol. 57, No. 4, pp. 20-27.

Zhao, Z.J. and Anand, J. (2013), "Beyond boundary spanners : The 'collective bridge' as an efficient interunit structure for transferring collective knowledge", *Strategic Management Journal*, Vol. 34, Issue. 13, pp. 1513-1530.

青島矢一・武石彰 (2001),「アーキテクチャという考え方」, 藤本隆宏・武石彰・青島矢一編,『ビジネス・アーキテクチャ ─製品・組織・プロセスの戦略的設計』, 有斐閣, 第2章, 27-70頁。

浅川和宏 (2020),「未来の多国籍企業におけるこれからの「本社」のあり方」, 浅川和宏・伊田昌弘・臼井哲也・内田康郎監修, 多国籍企業学会著,『未来の多国籍企業 : 市場の変化から戦略の革新, そして理論の進化』, 文眞堂, 第6章, 145-164頁。

安部悦生 (2010),「資生堂の中国戦略　―中国女性をより美しくする―」,『経営論集』, 明治大学経営学部, 第 57 巻, 第 1・2 号, 37-62 頁。

伊田昌弘 (2020),「ICT による「越境 EC」の進展　―中小企業が多国籍企業になる日―」, 浅川和宏・伊田昌弘・臼井哲也・内田康郎監修, 多国籍企業学会著,『未来の多国籍企業：市場の変化から戦略の革新, そして理論の進化』, 文眞堂, 第 13 章, 302-320 頁。

井上真里 (2002),「ブランド管理と「製品」　―製品思考ブランド管理の論理―」,『経営学研究論集』, 明治大学大学院経営学研究科, 第 16 号, 465-485 頁。

井上真里 (2003),「グローバル・ブランド管理の実態と研究課題　―2 つの定量調査を基調に―」,『経営学研究論集』, 明治大学大学院経営学研究科, 第 19 巻, 35-52 頁。

井上真里 (2004),「日系企業における製品ブランド管理の実態」, 大石芳裕編著,『グローバル・ブランド管理』, 白桃書房, 第 5 章, 105-132 頁。

井上真里 (2017),「ネスレにおける製品開発とメタナショナル経営」, 大石芳裕編著,『グローバル・マーケティング零』, 白桃書房, 第 1 章, 19-34 頁。

井上真里 (2020),「中小企業のグローバル・ビジネス」, 井上真里編著,『グラフィック　グローバルビジネス』, 新世社, 第 11 章, 180-192 頁。

井上善美・井上真里 (2018),「日本酒流通国際化の現状と課題」,『淑徳大学教育学部・経営学部研究年報』, 淑徳大学埼玉キャンパス, 171-182 頁。

上田隆穂 (2002),「グローバル価格戦略　― Global Pricing Strategy ―」,『学習院大学経済論集』, 学習院大学経済学会, 第 39 巻, 第 3 号, 135-151 頁。

薄井和夫 (2010),「アメリカ企業のデザイン・マーケティング」, マーケティング史研究会編,『海外企業のマーケティング』, 同文館, 第 4 章, 55-69 頁。

薄井和夫 (2019),「マーケティングと消費文化研究に関する覚え書」,『埼玉学園大学紀要　経済経営学部篇』, 第 19 号, 87-100 頁。

臼井哲也 (2006),『戦略的マス・カスタマイゼーション研究』, 文眞堂。

大石芳裕 (1993a),「国際マーケティング標準化論争の教訓」,『佐賀大学経済論集』, 佐賀大学, 第 26 巻, 第 1 号, 1-34 頁。

大石芳裕 (1993b),「グローバル・マーケティングの分析枠組み」,『佐賀大学経済論集』, 佐賀大学, 第 26 巻, 第 2 号, 1-27 頁。

大石芳裕 (1993c),「グローバル・マーケティングの具体的方策」,『佐賀大学経済論集』, 佐賀大学, 第 26 巻, 第 3 号, 1-25 頁。

大石芳裕 (1996),「国際マーケティング複合化戦略」, 角松正雄・大石芳裕編著,『国際マーケティング体系』, ミネルヴァ書房, 第 6 章, 126-149 頁。

大石芳裕 (2000),「グローバル・マーケティングの概念規定」, 高井眞編著,『グローバル・マーケティングへの進化と課題』, 同文館, 第 2 章, 33-53 頁。

大石芳裕 (2004),「国際マーケティング研究におけるブランドの位置づけ」, 大石芳裕編著,『グローバル・ブランド管理』, 白桃書房, 第 1 章, 19-45 頁。

大石芳裕 (2013),「グローバル・マーケティングの特徴」, 日本流通学会監修, 大石芳裕・山口夕妃子編著,『グローバル・マーケティングの新展開』, 白桃書房, 第 1 章, 3-18 頁。

大石芳裕 (2015),「グローバル・マーケティングの最重要課題」, 大石芳裕編著,『マーケティング零』, 白桃書房, 1-17 頁。

大石芳裕 (2017),『実践的グローバル・マーケティング』, ミネルヴァ書房。

大石芳裕 (2020),「新型コロナ危機と BtoB 企業のグローバル・マーケティング」,『BtoB コミュニケーション』, 一般社団法人日本 BtoB 広告協会, 第 52 巻, 第 5 号, 36-42 頁。

大木清弘 (2014),『多国籍企業の量産知識　―海外子会社の能力構築と本国量産活動のダイナミクス

—』，有斐閣。

太田正孝・佐藤敦子 (2013)，「異文化マネジメント研究の新展開と CDE スキーマ」，『国際ビジネス研究』，国際ビジネス研究学会，第 5 巻，第 2 号，107-120 頁。

小川進 (2013)，『ユーザーイノベーション：消費者から始まるものづくりの未来』，東洋経済新報社。

角松正雄 (1983)，『国際マーケティング論』，有斐閣経済学叢書 7，有斐閣。

角松正雄 (1996)，「国際マーケティングと世界市場」，角松正雄・大石芳裕編著，『国際マーケティング体系』，ミネルヴァ書房，第 12 章，261-284 頁。

唐沢龍也 (2015)，「広告戦略」，大石芳裕編著，『マーケティング零』，白桃書房，108-122 頁。

唐沢龍也 (2019)，『広告会社の国際知識移転と再創造』，文眞堂。

川端基夫 (2000)，『小売業の海外進出と戦略　—国際立地の理論と実践—』，新評社。

川端基夫 (2009)，「吉野家ホールディングス」，『日本企業のグローバル・マーケティング』，白桃書房，第 2 章，41-60 頁。

川端庸子 (2017)，「インバウンドと越境 EC の連携」，大石芳裕編著，『グローバル・マーケティング零』，白桃書房，第 9 章，155-179 頁。

川邉信雄 (2017)，『「国民食」から「世界食」へ　—日系即席麺メーカーの国際展開—』，文眞堂。

金炯中 (2016)，『未来を創造する国際マーケティング戦略論　—標準化・適応化戦略の理論と実践』，ミネルヴァ書房。

久保拓弥 (2012)，『データ解析のための統計モデリング入門　——般化線形モデル・階層ベイズモデル・MCMC（確率と情報の科学)』，岩波書店。

久保俊彦 (2011)，「日本におけるウイスキー産業発展の経緯　—産業基盤を形成した 1950 年代から 1960 年代を中心に—」，『弘前大学経済研究』，弘前大学経済学会，第 34 号，132-144 頁。

久保田進彦 (2020)，「消費環境の変化とリキッド消費の広がり　—デジタル社会におけるブランド戦略に向けた基盤的検討—」，『マーケティングジャーナル』，Vol. 39, No. 3, 52-66 頁。

桑名義晴 (1993)，「国際人的資源のマネジメント」，江夏健一・首藤信彦編著，『多国籍企業論』，八千代出版，第 17 章，259-274 頁。

黒岩健一郎・福冨言・川又啓子・西村啓太・牧口松二 (2012)，『なぜ，あの会社は顧客満足度が高いのか　—オーナーシップによる顧客価値の創造』，同文館。

黒岩真由美 (2009)，「ハウス食品株式会社」，大石芳裕編著，『日本企業の国際化　—グローバル・マーケティングへの道』，文眞堂，第 1 章，14-42 頁。

黄磷 (1994a)，「マーケティング」，吉原秀樹編著，『外資系企業』，同文館，第 4 章，59-89 頁。

黄磷 (1994b)，「海外市場参入の理論展開：市場環境，競争，取引と企業能力」，『流通研究』，日本商業学会，第 2 巻，第 1 号，31-41 頁。

黄磷 (2003)，『新興国市場戦略論　—グローバル・ネットワークとマーケティング・イノベーション』，千倉書房。

小林一 (2005)，「戦略的 SCM と競争優位」，諸上茂登・Kotabe, M.・大石芳裕・小林一編著，『戦略的 SCM ケイパビリティ』，第 2 章，31-40 頁，同文館出版。

近藤隆雄 (2010)，『サービス・マーケティング（第 2 版)』，生産性出版。

近藤文男 (2004)，『日本企業の国際マーケティング　—民生用電子機器産業にみる対米輸出戦略—』，有斐閣。

柴田典子 (2004)，「消費者行動における自己表現と自己概念」，『季刊マーケティングジャーナル』，日本マーケティング協会，Vol. 23, No. 4, 99-115 頁。

嶋正 (2000)，「グローバル・マーケティングの進化」，高井眞編著，『グローバル・マーケティングへの進化と課題』，同文館，第 1 章，13-31 頁。

嶋正 (2016)，「ボーン・グローバル企業のマーケティング戦略」，『国際ビジネス研究』，国際ビジネス

研究学会，第 8 巻，第 2 号，19-33 頁。

鍾淑玲 (2005)，『製販統合型企業の誕生 ―台湾・統一企業グループの経営史―』，白桃書房。

白井美由里 (2012a)，「価格の時間的リフレーミング ―自動車の価格表現における使用期間と時間的単位の分析―」，『マーケティングジャーナル』，第 32 巻，第 2 号，37-49 頁。

白井美由里 (2012b)，「価格の時間的リフレーミング戦略の購買意図への影響過程」，『横浜経営研究』，第 33 巻，第 2 号，61-71 頁。

秦小紅 (2019)，『現地市場における国際総合小売企業の発展プロセス研究』，五絃舎。

新宅純二郎 (2009)，「新興国市場開拓に向けた日本企業の課題と戦略」，『JBIC 国際調査室報』，日本政策金融公庫国際協力銀行国際経営企画部，Vol. 2, 53-66 頁。

筋内彰子 (2014)，「WTO における途上国優遇制度の見直し論」，『アジ研ワールド・トレンド』，No. 225, 10-13 頁。

鈴木典比古 (1989)，『国際マーケティング』，同文館。

高嶋克義 (1989)，「流通チャネルにおける延期と投機」，『商経学叢』，近畿大学，第 36 巻，第 2 号，153-166 頁。

竹田志郎 (1976)，『多国籍企業の支配行動』，中央経済社。

竹田志郎 (1985)，『日本企業の国際マーケティング』，同文館出版。

竹田志郎 (1998)，『多国籍企業と戦略提携』，文眞堂。

竹田志郎 (2000)，「グローバル化における競争戦略の展望 ―市場開発面にみる多国籍企業の近未来―」，高井眞編著，『グローバル・マーケティングへの進化と課題』，同文館，第 4 章，71-90 頁。

竹田志郎 (2003)，『新・国際経営』，文眞堂。

竹田志郎 (2012)，「グローバル化の進展とマーケティング・パラダイムの新機軸」，『経済集志』，日本大学経済学部，第 82 巻，第 3 号，203-210 頁。

竹田志郎 (2020)，「グローバル化の進展と市場開発 ―マーケティング戦略の変質―」，『横浜経営研究』，第 40 巻，第 3・4 号，21-36 頁。

多田和美 (2008)，「海外子会社の製品開発活動の進展プロセス ―日本コカ・コーラ社の事例―」，『国際ビジネス研究学会年報』，国際ビジネス研究学会，Vol. 14, 71-83 ページ。

多田和美 (2010)，「日本コカ・コーラ社の製品開発活動と成果」，『經濟學研究』，北海道大学大学院経済学研究科，第 60 巻，第 2 号，27-77 頁。

立本博文 (2017)，『プラットフォーム企業のグローバル戦略 ―オープン標準の戦略的活用とビジネス・エコシステム』，有斐閣。

田中洋 (2015)，『消費者行動論』，中央経済社。

田中洋 (2017)，『ブランド戦略論』，有斐閣。

趙命来・向山雅夫 (2009)，「KUMON」，『日本企業のグローバル・マーケティング』，白桃書房，第 1 章，13-39 頁。

張磊 (2012)，「SPA における俊敏かつ適応的な垂直統合型 SCM ―ザラの事例を通して―」，『経営学研究論集』，明治大学大学院経営学研究科，第 36 号，1-20 頁。

寺﨑新一郎 (2017)，「外国に対する肯定的な態度に着目した消費者行動研究」，『JSMD レビュー』，日本商業学会，第 1 巻，第 1 号，25-32 頁。

寺﨑新一郎 (2019)，「カントリー・オブ・オリジン研究の生成とカントリー・バイアス研究への展開」，『立命館経営学』，立命館大学，第 58 巻，第 4 号，61-82 頁。

寺﨑新一郎・古川裕康 (2018)，「外国への相反する二つの態度が製品の評価や購買意図に及ぼす影響」，『日本マーケティング学会ワーキングペーパー』，日本マーケティング学会，Vol. 4, No. 10, 1-21 頁。

寺﨑新一郎・古川裕康 (2020)，「対日ギルトと好況感が輸入製品態度へ及ぼす影響 ―台湾，中国の

消費者を対象に―」,『JSMD レビュー』, 第 4 巻, 第 1 号, 17-23 頁。

戸田裕美子（2015），「流通革命論の再解釈」,『マーケティングジャーナル』, 日本マーケティング学会, 第 35 巻, 第 1 号, 19-33 頁。

富山栄子（2005），『わかりすぎるグローバル・マーケティング ―ロシアとビジネス―』, 創成社。

富山栄子（2012），「ロシア市場進出戦略」, 大石芳裕・桑名義晴・田端昌平・安室憲一監修, 多国籍企業学会著,『多国籍企業と新興国市場』, 第 10 章, 186-202 頁。

富山栄子（2020），「ESG と SDGs による経営戦略の変化」, 浅川和宏・伊田昌弘・臼井哲也・内田康郎監修, 多国籍企業学会著,『未来の多国籍企業：市場の変化から戦略の革新, そして理論の進化』, 文眞堂, 第 2 章, 43-70 頁。

中西大輔（2007），「偶有的マーケティング市場の内実 ―ポストモダン・マーケティングを手がかりに―」,『日本大学経済学部経済集志』, 日本大学経済学部, 第 77 巻, 第 1 号, 53-81 頁。

西村捷敏（1992），「国際的製品・価格戦略」, 竹田志郎・島田克美編著,『国際経営論 ―日本企業のグローバル化と経営戦略―』, ミネルヴァ書房, 第 4 章, 79-104 頁。

根本孝（1988），「グローバル競争と国際経営戦略の進化」, 根本孝・諸上茂登編著,『国際経営の進化』, 学文社, 第 1 章, 2-19 頁。

野中郁二郎・竹内弘高（1996），『知識創造企業』, 東洋経済新報社。

野村総合研究所・平本督太郎・松尾未亜・木原裕子・小林慎和・川越慶太（2010），『BOP ビジネス戦略 ―新興国・途上国市場で何が起こっているか―』, 東洋経済新報社。

朴正洙（2012），『消費者行動の多国間分析-原産国イメージとブランド戦略』, 千倉書房。

橋本雅隆（2006），「SPA 型小売チェーンにみるスリムで俊敏な SCM」,『流通情報』, 第 446 巻, 8-14 頁。

馬場一（2004），「国際マーケティング標準化 ―適合化フレームワークの再構築」,『關西大學商學論集』, 関西大学, 第 49 巻, 第 2 号, 275-301 頁。

林吉郎（1994），『異文化インターフェイス経営 ―国際化と日本的経営―』, 日本経済新聞社。

林吉郎（1996），「アナログ経営のメタデジタル化：新しい国際化戦略の考え方」,『經營學論集』, 日本経営学会, 第 66 巻, 75-83 頁。

林倬史（2016），『新興国市場の特質と新たな BOP 戦略 ―開発経営学を目指して―』, 文眞堂。

原木英一（2012），「BOP ビジネス研究出現の背景」,『経営学研究論集』, 明治大学大学院経営学研究科, 第 37 号, 1-14 頁。

原田将（2001），「ブランド管理の現代的形態」,『経営学研究論集』, 明治大学大学院経営学研究科, 第 15 号, 29-56 頁。

原田将（2010），『ブランド管理論』, 白桃書房。

原田将（2011），「国際マーケティングの発展段階とグローバル・ブランド管理 ― Quiksilver における 2 つの管理形態―」,『商大論集』, 兵庫県立大学神戸学園都市キャンパス学術研究会, 第 63 巻, 第 1・2 号, 89-105 頁。

原田将（2017），「レクサスのグローバル・ブランド戦略の展開と課題」, 大石芳裕編著,『グローバル・マーケティング零』, 白桃書房, 第 3 章, 51-62 頁。

平山弘（2004），「ザ・リッツ・カールトンにおける経験価値マーケティング」,『阪南論集 社会科学編』, 阪南大学学会, 第 40 巻, 第 1 号, 17-34 頁。

廣田俊郎（2007），「企業ドメインの設定と変革の戦略についての概念的考察」,『關西大學商學論集』, 関西大学, 第 52 巻, 第 3 号, 45-64 頁。

藤澤武史（2000），『多国籍企業の市場参入行動』, 文眞堂。

藤澤武史（2005），「ボーン・グローバル・ベンチャーの戦略特性」,『商学論究』, 関西学院大学, 第 53 巻, 第 2 号, 45-63 頁。

藤田麻衣（2005），「ベトナムの二輪車産業 —中国車の氾濫，政策の混乱を経て新たな発展段階へ—」，佐藤百合・大原盛樹編，『アジアの二輪車産業 —各国二輪車産業の概要』，日本貿易振興機構アジア経済研究所，113-129 頁。

藤本隆宏（2001），「アーキテクチャの産業論」，藤本隆宏・武石彰・青島矢一編，『ビジネス・アーキテクチャ —製品・組織・プロセスの戦略的設計』，有斐閣，第 1 章，3-26 頁。

藤本隆宏（2004），『日本もの造り哲学』，日本経済新聞社。

藤原栄子（2020），「新しく生まれたモノ／コト／文化／ビジネス」，大石芳裕監修，株式会社ドゥ・ハウス編，『ミレニアル世代事業戦略：なぜ，これまでのマーケティングはうまくいかなかったのか？』，白桃書房，第 3 章，83-111 頁。

舟橋豊子（2011），「BOP ビジネスとフィリピン市場の可能性」，『経営学研究論集』，明治大学大学院経営学研究科，第 35 号，39-57 頁。

舟橋豊子（2018），『フィリピンの流通チャネルにおける零細小売店の役割 —サリサリストアの実証研究から—』，明治大学大学院経営学研究科博士学位論文。

古川一郎（2013），「嫌いだけど買う人達の研究」，『マーケティングジャーナル』，日本マーケティング学会，第 33 巻，第 1 号，99-115 頁。

古川裕康（2011a），「消費価値概念に基づくブランド・イメージ戦略類型」，『経営学研究論集』，明治大学大学院経営学研究科，第 34 号，41-57 頁。

古川裕康（2011b），「経済発展度とブランド・イメージ戦略」，『経営学研究論集』，明治大学大学院経営学研究科，第 35 号，131-147 頁。

古川裕康（2013），「企業の無形資産投資とグローバル・ブランド価値獲得の関係分析 —2000〜2010 年の日米時系列データから—」，『多国籍企業研究』，多国籍企業学会，第 7 号，1-18 頁。

古川裕康（2016），『グローバル・ブランド・イメージ戦略 —異なる文化圏ごとにマーケティングの最適化を探る』，白桃書房。

古川裕康（2017），「IPLC とコカ・コーラのグローバル／リージョナル／ローカル・ブランド」，大石芳裕編著，『グローバル・マーケティング零』，白桃書房，第 2 章，35-49 頁。

古川裕康（2018），「日本企業の強みを生かすグローバル・マーケティング：世界市場でプレゼンスを獲得するために」，『AD Studies』，公益財団法人吉田秀雄記念事業財団，Vol. 65，22-27 頁。

古川裕康（2020），「文化とグローバル・ビジネス」，井上真里編著，『グラフィック　グローバルビジネス』，新世社，第 4 章，48-70 頁。

古川裕康・寺﨑新一郎（2018），「原産国イメージと便益ベースイメージ研究の関係性」，『JSMD レビュー』，日本商業学会，第 2 巻，第 1 号，23-28 頁。

古川裕康・李炅泰（2020），「コスモポリタニズムがバラエティシーキングとノベルティシーキングに及ぼす影響 —最適刺激水準理論に基づく経験的研究—」，『国際ビジネス研究』，国際ビジネス研究学会，第 12 巻，第 2 号，35-47 頁。

古沢昌之（2013），『「日系人」活用戦略論：ブラジル事業展開における「バウンダリー・スパナー」としての可能性』，白桃書房。

松井剛（2013），『ことばとマーケティング —「癒し」ブームの消費社会史』，碩学舎。

松井剛（2019），『アメリカに日本の漫画を輸出する —ポップカルチャーのグローバル・マーケティング—』，有斐閣。

丸谷雄一郎（2001），「国際マーケティング」，松江宏編著，『現代マーケティング論』，創成社，第 10 章，193-215 ページ。

丸谷雄一郎（2015），『グローバル・マーケティング』，第 5 版，創成社。

三浦俊彦（2017），「国家ブランドとしてのクールジャパン」，三浦俊彦・丸谷雄一郎・犬飼知徳著，『グローバル・マーケティング戦略』，有斐閣，第 11 章，248-278 頁。

宮本文幸 (2013),「中国における化粧品市場の成り立ちと今後の展望」,『愛知大学国際問題研究所紀要』, 愛知大学国際問題研究所, 第 141 巻, 81-97 頁。

茂垣広志 (1988),「国際経営理念と組織文化の進化」, 根本孝・諸上茂登編著,『国際経営の進化』, 学文社, 第 2 章, 21-38 頁。

森下二次也 (1967),「ワールド・マーケティングについて」,『大阪市立大経済学雑誌』, 第 56 号, 4・5 巻, 58-75 頁。

森脇丈子 (2006),「コンビニ利用型の消費行動と日本的買い物習慣　―日本でコンビニが流行る理由―」,『商経論叢』, 鹿児島県立短期大学, 第 56 巻, 1-25 頁。

諸上茂登 (1988),「国際マーケティング戦略の進化」, 根本孝・諸上茂登編著,『国際経営の進化』, 学文社, 第 3 章, 39-58 頁。

諸上茂登 (1993),『国際市場細分化の研究』, 同文館出版。

諸上茂登 (2005),「戦略的グローバル SCM の研究課題」, 諸上茂登・Kotabe, M.・大石芳裕・小林一編著,『戦略的 SCM ケイパビリティ』, 第 1 章, 3-30 頁, 同文館出版。

諸上茂登 (2012a),『国際マーケティング論の系譜と新展開』, 同文館出版。

諸上茂登 (2012b),「多国籍企業のビジネス・プラットフォームと新興国市場開拓」, 大石芳裕・桑名義晴・田端昌平・安室憲一監修, 多国籍企業学会著,『多国籍企業と新興国市場』, 第 5 章, 93-133 頁。

諸上茂登 (2013),『国際マーケティング講義』, 同文館出版。

諸上茂登 (2019),『国際マーケティング・ケイパビリティ　―戦略計画から実行能力へ』, 同文館出版。

諸上茂登・根本孝 (1996),『グローバル経営の調整メカニズム』, 文眞堂。

諸上茂登・藤澤武史 (2004),『グローバル・マーケティング [第 2 版]』, 中央経済社。

安室憲一 (2011),「BOP (Base of the Economic Pyramid)の概念と現実 ：われわれは何に BOP 研究の座標軸を求めるべきか」,『多国籍企業研究』, 多国籍企業学会, 第 4 号, 43-61 頁。

安室憲一 (2013),「デザインマネジメントの課題と展望」,『大阪商業大学論集』, 大阪商業大学商経学会, 第 8 巻, 第 3 号, 1-14 頁。

柳純 (2017),「小売国際化の論点と検討課題」, 岩永忠康監修, 片山富弘・西島博樹・宮崎卓朗・柳純編著,『アジアと欧米の小売商業　―理論・戦略・構造―』, 第 3 章, 67-83 頁。

矢作敏行 (1992),「流通システムにおける延期―投機概念の拡張」,『経営志林』, 法政大学, 第 29 巻, 第 1 号, 77-91 頁。

山本学 (2010),『進化する資生堂　中国市場とメガブランド戦略』, 株式会社翔泳社。

吉川弘之 (2008),「サービス工学序説　―サービスを理論的に扱うための枠組み―」,『Synthesiology』, 国立研究開発法人産業技術総合研究所, 第 1 巻, 第 2 号, 111-122 頁。

吉田満梨 (2012),「市場の定義を考える」, 栗木契・水越康介・吉田満梨編著,『マーケティング・リフレーミング　―視点が変わると価値が生まれる』, 有斐閣, 第 4 章, 79-94 頁。

吉村純一 (2017),「消費者文化理論と流通機構の解明」, 木立真直・佐久間英俊・吉村純一編,『流通経済の動態と理論展開』, 同文館出版。

吉村純一 (2019),「現代流通研究と消費文化理論 (CCT) の可能性」,『流通』, 日本流通学会, 第 4 号, 101-109 頁。

李炅泰 (2011),「アニモシティ, マテリアリズム, ギルト　―韓国消費者の日本製品評価について―」,『多国籍企業研究』, 多国籍企業学会, 第 4 巻, 119-137 頁。

李炅泰 (2012),「エスノセントリズムとマテリアリズムが製品判断と購買意向に与える影響　―台湾消費者の日本製品と中国製人に対する反応―」,『流通研究』, 日本商業学会, 第 14 巻第 1 号, 35-51 頁。

李炅泰・古川裕康（2020），「消費者の物質主義と探索傾向がアパレル・サブスクリプションの利用意図に及ぼす影響」，『流通』，日本流通学会，第 47 号，59-72 頁。

李美智（2010），「韓国政府による対東南アジア「韓流」振興政策 ―タイ・ベトナムへのテレビ・ドラマ輸出を中心に―」，『東南アジア研究』，京都大学大学院アジア・アフリカ地域研究研究科，第 48 巻，第 3 号，265-293 頁。

劉寧・上田隆穂（2003），「資生堂のグローバル展開における中国での成功 ―株式会社資生堂」，『マーケティングジャーナル』，日本マーケティング協会，第 23 巻，第 1 号，84-100 頁。

和田充夫（2002），『ブランド価値共創』，同文舘出版。

参考資料・記事一覧

Airbnb, https://www.airbnb.jp/host/experiences（2020 年 2 月 27 日アクセス）。

AliResearch（2016），Global Cross Border B2C e-Commerce Market 2020 : Report Highlights & Methodology Sharing, https://unctad.org/meetings/en/Presentation/dtl_eweek2016_AlibabaResearch_en.pdf（2020 年 2 月 28 日アクセス）.

American Marketing Association, https://www.ama.org/（2020 年 2 月 28 日アクセス）。

Brand Finance, https://brandfinance.com/（2020 年 2 月 28 日アクセス）.

Coca-Cola company web サイト, https://www.coca-colacompany.com/（2020 年 2 月 28 日アクセス）。

Coca Cola Company, "Chairman of the Board", https://www.coca-colacompany.com/our-company/board-of-directors-muhtar-kent（2019 年 8 月 24 日アクセス）.

Coca Cola Company（2017），*2017 Annual Report*, pp. 4-5.

Coca Cola Company（2017），*First Quarter 2017 Results*.

Coca Cola Journey（2017），"The Evolution of Fanta", https://www.coca-colajourney.co.nz/stories/the-evolution-of-fanta（2019 年 8 月 24 日アクセス）。

Euromonitor, Passport Database.

Financial Times（2018），"Cafés are the real thing for Coca-Cola", September, 5th, 2018.

Future Brand（2019），*Future Brand Country Index*.

Gap Minder Database, https://www.gapminder.org/（2020 年 3 月 8 日アクセス）.

Geert Hofstede.com, VSM 2013, https://geerthofstede.com/research-and-vsm/vsm-2013/（2020 年 3 月 30 日アクセス）.

Google Trend, https://trends.google.co.jp/（2020 年 3 月 8 日アクセス）.

Globalwebindex（2018），*Voice Search Report*.

IBM Big Data & Analytics Hub, https://www.ibmbigdatahub.com/infographic/four-vs-big-data（2018 年 10 月 1 日アクセス）。

IBM, Watson, https://www.ibm.com/watson（2018 年 10 月 1 日アクセス）.

Ifixit.com, https://www.ifixit.com/（2020 年 2 月 28 日アクセス）.

Interbrand Inc., http://www.interbrand.com/（2020 年 2 月 28 日アクセス）.

International Commission for Colour, https://intercolor.nu/（2019 年 8 月 25 日アクセス）.

IMF, http://www.imf.org（2020 年 2 月 12 日アクセス）。

IMF Data Warehouse, Balance of Payments Statistics, World and Regional Aggregates, https://data.imf.org/, 2020 年 2 月 23 日アクセス.

J.D. Power（2019），「2019 年ホテル宿泊客満足度調査」。

JETRO（2018），「2018 年度日本企業の海外事業展開に関するアンケート調査」。

Kent, M.（2011），「コカ・コーラ 10 年間で事業を 2 倍に成長させる」，『ダイヤモンド・ハーバード・ビジネス・レビュー』，12 月号，12-21 ページ。

Nielsen (2014), *Is Sharing the New Buying?.*

Millward Brown, http://wwwmillwardbrown.com/ (2020 年 2 月 28 日アクセス).

Millward Brown (2015), *BrandZ Top 100: Most Valuable Global Brands 2015.*

Millward Brown (2019), *BrandZ Top 100: Most Valuable Global Brands 2019.*

Morozoff, http://www.morozoff.co.jp/, International Commission for Color, http://intercolor.nu/, (2019 年 8 月 25 日アクセス).

OECD, International Direct Investment Database.

OECD Data, Elderly population, https://data.oecd.org/pop/elderly-population.htm, 2020 年 2 月 23 日アクセス.

OECD, Glossary of Foreign Direct Investment Terms and Definitions, https://www.oecd.org/daf/inv/investment-policy/2487495.pdf （2019 年 8 月 19 日アクセス）。

OECD stat., https://stats.oecd.org/, 2020 年 2 月 23 日アクセス.

PwC (2016),「シェアリングエコノミー：コンシューマーインテリジェンスシリーズ」。

PwC (2019),「国内シェアリングエコノミーに関する意識調査 2019」。

Salesforce (2017), *State of Marketing Insight and Trends from 3500 Global Marketing Leaders.*

Starbucks, Our Starbucks Mission, https://www.starbucks.co.jp/company/mission.html, 2020 年 2 月 23 日アクセス.

The Goizueta Foundation, https://www.goizuetafoundation.org/life-and-work-of-roberto-goizueta/ (2019 年 8 月 24 日アクセス)。

The New York Times (1997), "Ivester is Named to Top Posts at Coca-Cola", Oct 24th, p. 2.

The New York Times (2000), "Transition in the Chief Executive Post at Coca-Cola Comes Early", Feb 18th, p. 9.

The New York Times (2004), "Coca-Cola Reaches into Past for New Chief : A Former Executive, Passed Over Before, Returns After an Absence of 2 Years New Chief. Old Problems", May 5th, p. 1.

The Wall Street Journal (2014), "'Share a Coke' Credited With a Pop in Sales", https://www.wsj.com/articles/share-a-coke-credited-with-a-pop-in-sales-1411661519 (2019 年 8 月 24 日アクセス)。

UNCTAD (2020), "Impact of the Coronavirus Outbreak on Global FDI", *Investment Trends Monitor*, March 2020, Special Issue.

World Values Survey Web ページ, http://www.worldvaluessurvey.org/ (2020 年 8 月 5 日アクセス).

WTO Web ページ, https://www.wto.org/ (2020 年 3 月 8 日アクセス).

WTO (1986), The Text of The General Agreement on Tariffs and Trade, https://www.wto.org/english/docs_e/legal_e/gatt47.pdf （2020 年 3 月 8 日アクセス）。

WTO, Regional Trade Agreements Information System (RTA-IS), https://rtais.wto.org/UI/Public MaintainRTAHome.aspx (2020 年 2 月 8 日アクセス)。

Zuora (2019), *The End of Ownership: Results from an International Survey of Twelve Countries on Changing Consumer Preferences in the Subscription Economy.*

荒井伸二 (2019),「JD.com」, グローバル・マーケティング研究会報告資料, 2019 年 8 月 27 日。

池田信太朗 (2013),「無印流「負けない」備え」,『日経ビジネス』, 2013 年 3 月 11 日号, 48-55 頁。

太田正人 (2013),「中国における資生堂ブランドマーケティング」,『セミナー年報』, 関西大学, 公開講座第 197 回, 2012 年 10 月 8 日, 135-142 頁。

オリエンタルランド, パーク運営の基本理念, http://www.olc.co.jp/ja/tdr/profile/tdl/philosophy.html, 2020 年 2 月 23 日アクセス。

外務省, 経済連携協定 (EPA)／自由貿易協定 (FTA), https://www.mofa.go.jp/mofaj/gaiko/fta/index.html (2020 年 3 月 8 日アクセス)。

韓国国家ブランド委員会, http://17koreabrand.pa.go.kr/ （2018 年 8 月 10 日アクセス）。

経済産業省,「ドーハラウンド」, https://www.meti.go.jp/policy/trade_policy/wto/1_doha/Doha_Round.html（2020 年 3 月 8 日アクセス）。

経済産業省,「貿易紛争での実力行使, アンチダンピング関税」, https://www.meti.go.jp/main/60sec/2016/20160427001.html（2020 年 3 月 8 日アクセス）。

国土交通省（2013）,『国土交通白書』。

サントリー Web ページ,「世界の 5 大ウイスキーとは」, https://www.suntory.co.jp/whisky/flight/about.html（2020 年 2 月 27 日アクセス）。

サントリー Web ページ,「「ハイボール復活」プロジェクト」, https://www.suntory.co.jp/recruit/fresh/development/kakuhigh.html（2020 年 2 月 27 日アクセス）。

首相官邸（2016）,「第 1 回シェアリングエコノミー検討会議における一般社団法人シェアリングエコノミー協会提出資料」, https://www.kantei.go.jp/jp/singi/it2/senmon_bunka/shiearingu1/dai1/siryou1_6.pdf（2020 年 2 月 26 日アクセス）。

上條憲二（2010）,「What is a "Global Brand" 真のグローバル・ブランドを目指して —インターブランドグローバルネットワーク調査から—」,『Interbrand Japan's Best Global Brands 2010』, Interbrand Inc.

住友化成 Web ページ, https://www.sumitomo-chem.co.jp/sustainability/society/region/olysetnet/initiative/（2020 年 3 月 9 日アクセス）。

総務省（2014）,『情報通信白書』。

総務省（2017）,『情報通信白書』。

総務省「労働力調査」データベース, https://www.e-stat.go.jp/stat-search/database?page=1&toukei=00200531&kikan=00200&tstat=000000110001&result_page=1（2020 年 3 月 9 日アクセス）。

染原睦美・宇賀神幸司（2017）,「訪日消費「爆買い」の次 3 つの新潮流をつかめ」,『日経ビジネス』, 日経 BP 社, 2017 年 8 月 28 日号, 52-56 頁。

ダイヤモンド社ブランドコンテンツチーム（2019）,「無印良品は 2000＋6600 頁の「マニュアル」で生き返った」, Diamond Online, https://diamond.jp/articles/-/218448

帝国データバンク（2015）,『本業の現状と今後に対する企業の意識調査』。

特許庁（2012）,『知的財産権を巡る国際情勢と今後の課題』。

特許庁（2012）,「新しいタイプの商標の保護制度」, https://www.jpo.go.jp/system/trademark/gaiyo/newtype/index.html（2019 年 8 月 16 日アクセス）。

中小企業庁（2011）,『中小企業白書』。

利根コカ・コーラボトリング株式会社 40 年史編集委員会（2003）,『利根コカ・コーラボトリング株式会社 40 年史』, 利根コカ・コーラボトリング株式会社。

日本経済新聞,「FTA の果実 日本つかめず」, 2019 年 8 月 17 日, 1 ページ。

日本経済新聞,「アップル, 米でサムスンに勝利 世界で訴訟 長期化の様相」, 2012 年 8 月 25 日, 3 ページ。

日本コカ・コーラ株式会社 製品の歴史（ファンタ）, https://www.cocacola.co.jp/stories/fanta-history（2019 年 8 月 24 日アクセス）。

日経ビジネス（2004）,「米コカ・コーラ 飲料を多角化し再成長へ」,『日経ビジネス』, 日経 BP 社, 2004 年 1 月 26 日号, 50-54 頁。

日経ビジネス（2008）,「世界メジャーがノウハウ吸収で熱視線 販売戦略は「日本道場」で磨く」,『日経ビジネス』, 日経 BP 社, 2008 年 4 月 21 日号, 28-31 ページ。

博報堂（2013）, Global Habit：博報堂のグローバル生活者調査レポート 2013 年版。

羽子田礼秀（2020）,「カレーライスを中国でも人民食に：ハウス食品の対中市場開拓作戦」, 日本流通

学会関東甲信越部会資料，2020 年 3 月 14 日。

マツダ株式会社 Web ページ，次世代デザイン，https://www2.mazda.com/ja/next-generation/design/（2019 年 8 月 16 日アクセス）。

矢野経済研究所（2016），「シェアリングエコノミー（共有経済）市場に関する調査」。

索　引

【著者略歴】

古川　裕康（ふるかわ・ひろやす）

明治大学経営学部准教授。

明治大学経営学部卒業。その後，明治大学大学院経営学研究科にて2012年に修士号（経営学），2015年に博士号（経営学）を取得。経営学博士（Ph.D. in Business Administration）。明治大学経営学部助手，淑徳大学経営学部助教，日本大学経済学部専任講師，准教授を経て，2022年より現職。専門はグローバル・マーケティング，グローバル・ブランド・イメージ管理。第7回多国籍企業学会学術研究奨励賞，第12回多国籍企業学会若手研究者最優秀論文賞，第5回異文化経営学会学会賞，第21回日本流通学会奨励賞受賞。

Journal of Global Marketing, Journal of International Consumer Marketing 等，国内外の学術誌に論文を発表している。著書に『グローバル・ブランド・イメージ戦略：異なる文化圏ごとにマーケティングの最適化を探る』（単著，白桃書房），『グローバル・マーケティング零』（共著，白桃書房）等がある。

グローバル・マーケティング論

2021 年 4 月 10 日　第 1 版第 1 刷発行	検印省略
2022 年 8 月 31 日　第 1 版第 2 刷発行	

著　者　古　川　裕　康

発行者　前　野　　　隆

発行所　株式会社　文　眞　堂

東京都新宿区早稲田鶴巻町 533
電　話 03（3202）8480
ＦＡＸ 03（3203）2638
http://www.bunshin-do.co.jp/
〒162-0041 振替 00120-2-96437

印刷・真興社／製本・高地製本所

Ⓒ 2021

定価はカバー裏に表示してあります

ISBN978-4-8309-5096-4 C3034